加密騙局

Erica Stanford

艾瑞卡・史坦福 ——

陳雅馨

CRYPTO WARS

Faked Deaths, Missing Billions and Industry Disruption

目錄

引言

古諺有云，正常情況下，如果有個東西看起來像鴨子，游起來像鴨子，叫起來像鴨子，那麼它一般就會被認為是鴨子。或至少是隻特徵像鴨子的動物。加密貨幣，一種巔峰期估值曾經飆升到一點八兆美元的數位貨幣生態系統，一直都有點像拓荒時代的美國西部。至少在最近這幾年，加密貨幣的監管都還沒跟上技術與創新的腳步，基本上可說是無法無天狀態。這導致眾目睽睽之下一個黑社會的誕生，黑手黨、組織犯罪、間諜、駭客、機會主義者及騙徒在這裏交織共生。一個充滿詐騙、駭客與竊賊、綁票、勒索與失蹤人口的世界隨之而來，在這裏，數十億美元的龐氏騙局（Ponzi scheme）、專案一籌集到資金就捲款逃跑的情形，都是司空見慣。

很不幸地，在加密貨幣的世界裡，遇到騙徒的機會比大多數其他產業還要高很多，鴨子測試給出的結果截然不同。在加密貨幣產業中，正如萊特幣（Litecoin）創始人及網紅查理．李（Charlie Lee）曾在推特上強調的，如果它看起來像鴨子，游起來像鴨子，叫起來也像鴨子，那麼它就是個龐氏騙局。[1]而在加密貨幣中，騙局生生不息。

我在私密團體中聽到的故事

二〇一九年十二月，我在我們加密幣俱樂部（Crypto Curry Club）會員的聖誕午餐上款待了傑米．巴特利特（Jamie Bartlett），他是研究員、調查者，也是英國廣播公司（譯按：下簡稱ＢＢＣ）風靡一時的《失蹤的加密幣女王》（*The Missing Cryptoqueen*）播客（podcast）節目主持人。這是這系列節目受歡迎的核心原因，全世界都豎起耳朵，收聽他們尋找這位偉大的茹雅．伊格納托娃（Ruja Ignatova）的最新節目，她是失蹤的四十至一百五十億美元維卡幣（OneCoin）龐氏騙局的創始人。茹雅在美國聯邦調查局（譯按：下簡稱ＦＢＩ）追捕下已失蹤兩年了。

茹雅似乎是通過了一個關於單戀、間諜活動及組織犯罪的故事聽說自己在ＦＢＩ的通緝名單上，從此就再也沒有出現過了，但她的名下至少有五十億美元，加上喜歡整容，她可能藏身在任何地方。這個故事是個當今正在實時發生的偵探小說，一個「她在哪裡」之謎，當他說話時，房間裡的氣氛大家可想而知。傑米分享了整個故事，並在「查達姆研究所守則」（Chatham House rule）下談論及回答問題。在那個房間裡談論的內容不會在其他地方被復述，所以我們都暢所欲言。幾個小時裡，傑米將所知和盤托出，並講述了一個又一個他們發現的最黑暗故事。

在那次聚會之後，其他關於犯罪、騙局和詐欺的故事開始一一浮現。有更多我們的成員（均是加密貨幣各方面的專家）知道他們沒有公開透露過的、關於一些其他大型加密貨幣騙局的故事。其中有些騙局已成為過去式，但大多數都仍是現在式，仍在活躍地從普通人身上騙取數十億美元，並在你我每天使用的搜尋引擎和社交媒體平台上進行宣傳。

我開始找這些人談話，想知道更多的故事。許多人通過他們多年在加密貨幣世界中工作及調查的經驗，已經揭露並發現了這些黑暗的騙局，他們知道的比任何人都多。有幾個人接到過死亡威脅；更多人因為他們知道的事情或進行的調查而反覆在網路上受到恐嚇。這些人再也不會公開談論這些事了——對他們來說不值得冒這種風險。但他們分享了幕後上演的真實故事的種種片段，這些事與那些最大加密貨幣騙局的光鮮亮麗行銷相去甚遠，這些訊息足以引導我更深入調查其中的一些騙局，並使我得以進入一些仍在積極詐騙世界各地人們（以及彼此）的聊天室和群組中，看看到底真正發生了什麼。

八千億美元泡沫的行程

比特幣之後，數千種加密貨幣被憑空創造出來。要這樣做實在太容易了。任何人只要用很少的努力或金錢都可以創建一個全新的加密貨幣。曾出不窮的專案以「首次代幣發行」（initial coin offering，簡稱ＩＣＯ）的新加密貨幣募資方式推出，它們給自己取了從耶穌幣（Jesus Coin）、性愛幣（Sexcoin）到大麻幣（PotCoin）、川普幣（TrumpCoin）、貓咪幣（Catcoin）及其他無奇不有的各種名字。

迅速致富潛力的炒作與希望助長了泡沫的形成，一個巔峰期達到一點八兆美元、由成千上萬不同加密貨幣專案構成的泡沫。大多數ＩＣＯ在真實世界中的價值及使用次數均為零。

就像網路泡沫以及歷史上的所有其他泡沫一樣，加密貨幣的收益很瘋狂，波動性及數額十分巨大，而且在大部份情況下都完全沒有道理可言。人們看到比特幣和第一批加密貨幣的早期投資者賺了多少錢，也想從中分一杯羹。那是個瘋狂時期，瘋狂大撒幣、駭客攻擊、騙局，天花亂墜卻永遠沒有兌現希望的宣稱與承諾。而執法部門總會及時將百分之九十八的加密貨幣ＩＣＯ專案認定為騙局或失敗，或是造成投資者金錢損失的計畫。[2]一段時間後，大多數這些專案就開始變成一團亂帳，在二〇一八年之前幾年的加密貨幣與ＩＣＯ泡沫炒作狂潮中消失無蹤。

撒幣秀

但不是所有這些專案都會被遺忘。有些屹立不搖。這些專案似乎最能刺激人心。它們會大手筆舉辦最瘋狂的派對，讓人們從世界各地飛去參加奢華的活動，付錢讓它們的投資者乘坐豪華私人遊艇。這些專案憑空出現，但卻募得了最多的錢（通常每個都募到數十億美金），擁有最多的追隨者。

這些專案背後的主事者不一定是聰明、好看、美麗、口才便給或魅力出眾，他們也不一定有什麼過人特質，可以解釋人們為何受到他們的吸引。有些專案（其實這是許多騙局的一個共通特質）根本就沒有人現身運作；它們完全匿名。但人們還是趨之若鶩，為這些人掏空所有。人們想要成為他們之中的一員。

本書中寫到的這些騙局影響了居住在世界各地的數百萬人。數百萬人為它們傾家蕩產，還有數十億美元的錢被這些專案捲走。在無數的恐怖故事中，人們失去房子、失去自己生活存款、失去他們父母、家人及至愛的生活存款，老人因為這些騙局失去所有，不得不回去工作，還有人自殺、生活變得四分五裂。另一方面，你則看到這些騙局的經營和宣傳者的鑽石、汽車、遊艇、別墅，以及百萬富豪的豪奢生活。

他們下一個要騙的人是誰？

這些騙局今天仍在上演。有些騙局是這本書中提到的，其他則幾乎是原封不動照抄，在一些例子中，創辦者甚至是同一批人。今天，詐騙集團橫行於每個瀏覽器和社交媒體平台。如果不是因為那是事實，在最大的加密幣騙局的地下世界裡到底發生了什麼幾乎令人難以相信。

加密幣騙局不只影響了加密幣的投資者，更繼續從世界各地的普通人身上捲走數十億美元。你也難逃被騙的下場。騙局並不會一天到晚——至少不會一開始——告訴你它是個「騙局」。有些很容易看得出來。有些騙術拙劣，充滿錯誤，幾乎任何人都能一眼看出是騙局。其他的則有良好的行銷及精美網站，雇用了錢可以買得到的說服力絕佳的一流銷售員。正如這本書將揭露的，這些騙局要讓人上鉤實在太容易了。

在這本書中，我們將在雲霄飛車般的敘述中了解一些不僅在加密幣領域，而且在現代歷史上均是最大的騙局，這些騙局令整個社群及國家為之動搖。我們也將深入剖析騙局的構成，何以一些人深陷其中難以自拔，而其他人卻知道要在整件事如同一疊紙牌般倒塌之前適時全身而退。

讀到最後，針對這些問題，你會得到自己的答案：

- 為何有些騙局規模如此龐大，其他的卻失敗？
- 你如何得知某樣東西是真正的好東西，還是好到不會是真的？區別在哪裡？
- 有何有些人會上這些騙局的當？
- 當他們明明可以把他們的錢投資在其他各種地方時，為何某些騙局會讓人相信到傾家盪產？
- 在騙局瓦解前，何以人們就是看不出這是騙局？以及為何有些人持續投資及支持這些騙局，即使騙局已經瓦解並受到執法部門的控告？這些騙局的觸角是如何伸得如此之深？

- 有些人（一小部份的人）能夠在聽到或看見某個項目的幾秒鐘後就本能地知道那是個騙局，他們是為何及如何做到的？
- 以及人們如何能夠學會成為那一小部份不會成為騙局受害者的人，那些能夠瞬間清楚看穿騙局的人？

許多灰色地帶

我想說清楚的是，這本書不是只跟騙局有關，在加密幣領域，不是所有事情都可以像「騙局」或「不是騙局」那樣黑白分明。傳統金融產業（在某些情況下）似乎已經不遺餘力地讓可能合法的加密幣公司很難獲得銀行服務或按照它們的意願運作。不只一家加密幣公司成為傳統銀行服務或其他非它們可控因素的受害者。加密幣的變化如此快速，隨著比特幣價格的飛漲（或暴跌）以及加密幣需求的激增，一些簽約加入小型新創公司的人很快就跟不上了。本書的某些章節呈現了清楚的騙局，這些專案從一開始就是欺詐性的，或是明顯的龐氏騙局。但有些則不是那麼清楚，也許是情況或意圖改變了，或是專案的正當性或目的隨著時間的推移變得更加模糊。其他的我不完全認為是騙局——或至少不是有意為之，毋寧說是一連串的不行事件以及一些糟糕的決定——以及一些非常糟糕的決定和錯誤。我覺得有些加密幣專案既是缺乏傳統融資選項的受害者，同時自己本身也是意圖不良的作惡者——但當然，某些個案是存在著缺乏理解及難以清楚定義的情況。

希望尚存

幾乎這世上的所有產業都存在著有良好行銷、遠大承諾及高額初始報償的同類型騙局，不只存在於加密幣領域。如果這本書可以讓一個人不會因落入騙局而損失大筆金錢，無論是不是與加密幣有關，那麼它就做了一件好事。

從正面來看，加密貨幣是項革命性技術，它發揮的影響力實際上改變了數十億人的生活。加密幣的力量極其驚人，當它的騙局成為歷史的碎片之後，它仍將持續長存。加密貨幣具有巨大潛力，可為數十億世界上最貧窮的人帶來經濟解放，這些人從根本上受到傳統金融體系的忽視甚至剝削，此外，加密幣還可為更多人帶來政治自由；本書的最末章「為人民服務的加密幣」將對此提供少許說明。

在加密幣領域事情變化得十分快速，這自不待言，而編輯一本書需要一段很長的時間

（及許多的工作）。這裏所寫的是寫作期間我們所能知道的最新情況，幾乎可以肯定的是，當您讀到這本書時，有些事情已經改變了。但我希望你喜歡這本書！

第一章

狂野西部

仍籌募到數百萬美元的笑話和欺詐專案

山寨加密幣，一文不值的數位代幣（digital token）

早期的加密貨幣帶來了真正的技術創新，並使得價格野蠻暴漲。比特幣（Bitcoin）和以太幣（Ethereum）等第一批也是最早的加密貨幣讓它們的早期投資人賺到了在任何其他領域都不可能或甚至想像不到的回報——報酬率可達百分之好幾十萬。

最早且主要的加密貨幣比特幣雖然價格有起有落，但是價值及用途大致上仍隨著時間而增加。到了二〇一七年初，比特幣的價值已經從它在二〇〇九年推出時的幾美分漲到了一千多美元。[1]人們看見這些投資人賺得了驚人的財富，也想要獲得同樣的回報。

輕鬆賺錢及迅速致富的機會一直都是很強大的誘惑。對好幾千人來說，投資已經存在的加密貨幣已經不夠了。許多人認為創建自己的加密貨幣是賺錢的最快捷徑，而在那些年裡並沒有太多東西阻礙人們這樣做。

從二〇一六年以來，推出一種新的加密貨幣實在是太容易了。它的程式碼是開放原始碼，這意味著艱難的工作別人（在這種情況下指的是既存區塊鏈協定〔blockchain protocol〕背後才華洋溢的程式開發者，加密貨幣就是在這些區塊鏈協定上運作的）已經做完了，但是（直到現在），還是有許多偽專家可以受僱為各企業從事這項工作。這代表任何專案若想要透過推出自己的加密貨幣而從加密幣炒作中獲利，甚至不需要對加密幣或是技術的運作原理有絲毫的了解。他們可以把工作外包，付點小錢（通常是通過一個線上零工平台〔gig platform〕）讓人為他們做這件事。

如果有人創造一個新加密貨幣的動機是擁有，而不是為了驅動創新，創造它基本上就意味著複製既有的程式碼，只要做些微調就好。有些甚至連微調都不用。不只一種加密幣實際上一字不漏地照抄了其他公司的程式碼、書面內容和白皮書，除了行銷的公司名稱以外，什麼都沒改。[2]

新的加密貨幣開始推出，每年有成千上萬的加密貨幣被憑空創造出來，每一種都承諾要比上一種更大、更好。與比特幣不同的是，比特幣在確認程式碼和概念上投注了大量心思，注重細節及測試，以創造出至今仍佔主導地位的全球性加密貨幣，但從二〇一六年開始出現的大多數新加密貨幣在創造時並不存在任何的使用案例、價值或創新。大多數新加密貨幣除了對剛起飛的加密幣泡沫作出了貢獻之外，簡直是毫無用處可言。即使稱它們為加密貨幣或數位貨幣都仍言過其實。它們之中的大多數永遠不會被用來作為任何東西的支付手段，儘管如此，這些專案仍照樣行銷他們的代幣。大多數新專案創造加密貨幣不是因為擁有加密貨幣是專案的重要部份，或它是種必須的支付工具，而是因為推出加密貨幣是為它們的創建者籌募資金的輕鬆辦法，而且是在很短時間內，無須多作解釋。圍繞著最新流行語——首次代幣發行（下稱ICO）的泡沫才剛剛起飛。

神奇技術

二〇一七年初，許多人開始第一次聽到人們在談論區塊鏈技術。區塊鏈是一種去中心化並且可說是更安全的儲存資料、傳送訊息及金錢的方法，它自比特幣發明以來就存在（而且在那之前就早已有類似的概念），但是到現在各公司才開始使用，或至少是開始研究如何以及是否應該使用這項技術。

區塊鏈對全世界各產業而言是項改變遊戲規則的技術，它提供全新水準的透明性和可問責性，但它也是一項仍在迅速演進的新技術。二〇一七及一八年時，區塊鏈話題受到了些許炒作。人們強調它不僅是一項技術，而且還是一項解決所有問題的神奇技術。人們承諾它將從根本上改變每個現存的產業。已經存在好幾世紀、價值高達數兆美元的產業和市場將被瓦解、崩潰及徹底顛覆。銀行將崩潰，從零售業到宗教、房地產到牙科、色情到約會，每個產業都會在區塊鏈上。人們作出了弘大的宣稱，許多人真的相信現有的玩家——如eBay或亞馬遜（Amazon）或谷歌（Google）等巨人——將被以區塊鏈技術為基礎的新一波新創公司取代，它們承諾要改變世界，只因為它們用了——或宣稱用了——區塊鏈。

在這種環境下，首次代幣發行受到的吹捧和受歡迎程度超出了它們創始人的最狂野夢想。這些ＩＣＯ宣稱它們的新創公司——往往只由小貓兩三隻組成——將改變整個產業的運作方式，一切都需要在區塊鏈上進行，而所有東西，無論是否已經完全可以用傳統方式輕鬆支付，都將用加密貨幣來支付。人們信了，他們高高興興地接受了這些說法，將數十億美元投入到這些專案——這些錢大部份都是有去無回。

巨大泡沫

二〇一七年，原已高度波動的加密幣市場爆出了一個過度膨脹的巨大泡沫。因駭客、竊盜和洗錢而惡名昭彰的市場進一步沉淪，成為以詐騙、龐氏騙局、腐敗的基礎建設以及數以千計的笑話專案聞名的狂野西部，這些專案籌募了數十億美元的資金，主導並扭曲了整個市場。

這個泡沫主要是由ＩＣＯ強力推升，這是種透過加密貨幣籌募資金的相對較新方式。

ＩＣＯ允許公司憑空創造出代幣並出售這些代幣，而不是發行股票。這對公司們是個福音；它們不用出讓股權或經歷各種繁文縟節就可以籌募資金，一切都可在一個不受監管的市場中輕鬆進行，在這裡幾乎做什麼都可以。ＩＣＯ有效地為新成立的公司提供了一種方式，不受監管地籌募大量資金，而不需要先做什麼來創造出一種產品，或是讓任何人可以向它們問責。一家公司不需要做太多事情就可以創造一個ＩＣＯ，除了在自由接案網站上付錢給某個人，讓他建立一個網站，將代幣放在幾個以加密幣為標的的平台上進行銷售即可。

ＩＣＯ籌募的是無論從愚蠢的任何定義來看都是愚蠢的資金。在正常情況下，一家新創公司可能會很難籌募到任何資金——這使得市場免於另一次投資損失，或不可避免的徹底破產，因為那些專案比較差。即便是最優秀的新創公司，傳統上也會考慮它們的需求以及營運成本，並尋求籌募剛好足以維持一年左右所需的資金，也許是幾十萬美元，因為它們敏銳地意識到，籌募到的資金越多，要出讓的股權就越多。這些限制ＩＣＯ都沒有。ＩＣＯ專案籌募到幾百萬資金，然後有些籌募到幾千萬，接著是幾億。有些更籌募到幾十億。絕大多數籌募到如此巨額資金的專案後來都沒有什麼表現；很多是徹頭徹尾的騙局。

一種新的募資方式

不是所有的ICO都是騙局；有些ICO帶來了了不起的公司和創新。二〇一七年五月，一家新的（而且非常棒！）網際網路瀏覽器推出了他們的ICO。Brave瀏覽器的ICO在三十秒內就銷售一空！他們籌募到三千五百萬的資金[3]，並繼續做著很棒的工作。到了二〇一七年中，在加密幣領域，一個新專案籌募到這樣的金額已不是罕見的情況。數以千計的新ICO專案不斷冒出，在幾分鐘或幾小時內就籌募到數百萬或數千萬美元的資金。Brave的例子只是速度高於平均而已。在它推出的下個月，一家新的新創公司幾乎從天而降，並在三小時內籌募到一億五千三百萬美元。這家ICO叫做Bancor，它的價值從那之後就迅速崩潰，現在面臨了一些法律問題，但它籌募到的金額也並不罕見。[4]從二〇一七年六月至隔年六月間，一家當時並不知名的區塊鏈公司透過ICO形式籌募了四十億美元的資金，但至今許多人仍不是完全清楚它到底用這些錢做了什麼。[5]

那是個很容易賺錢的時代。ICO為這世界帶來了一種新的募資方式。早期的加密幣熱中者設計出這種募資方式，不需要依賴或受限於第三方機構，但這種一開始十分單純的募資機制很快就失控了。跟首次公開發行（initial public offering，或簡稱IPO）不同，

ＩＣＯ不用律師（或至少不知道它們需要律師），而且（一開始）也不用任何監管機構批准。更準確地說，許多ＩＣＯ選擇無視這件事，而且嘗試想辦法繞過監管，這一事實如今讓許多人深感困擾。無論是從銀行、貸款、新創加速器、親朋好友，還是創投（ＶＣ）或投資人那裡取得，要獲得資金，不僅需要一個好的想法，還需要一個好的、可證明的商業案例、一個團隊，以及完成它的執行力。簡言之，它要求說服那些或者是認識你、或者是在他們所做的事情上是專家的人冒險投資他們的錢在你身上，然後，由於合約或法規規定，還要有一定的艱苦工作來完成整個專案。但ＩＣＯ繞過了這一切。它們更類似於群眾募資（**crowd-funding**），但沒有任何檢核或繁瑣的規定。資金以加密貨幣的形式籌募，通常是以太坊（**Ethereum**，以太坊是大部份加密貨幣以之為建立基礎的區塊鏈平台的數位貨幣），但不一定。加密幣ＩＣＯ年代是狂野西部的年代，成千上萬的投機專案憑空出現在一個不受監管的空間中，充滿了希望與炒作，資金四處浪擲，駭客、騙局及難以實現的瘋狂承諾是常態而不是例外。

ＩＣＯ是個迅速致富的機會（但這對某些人而言是實際，對更多人而言只是理論），它們為它們的創始人提供了獲得與早期加密幣投資人相同水準報酬的機會。一些ＩＣＯ創始人真的只是為了錢。有個著名ＩＣＯ創始人持有自己的ＩＣＯ代幣高達百分之九十八，這意味著他對自己創造出的市場擁有瘋狂的壟斷。但它的投資人似乎大體上沒有對此提出質疑。無論如何，Veritaseum，這一受到高度炒作的ＩＣＯ，仍成功吸引了大量的瘋狂買入，從在ＩＣＯ籌募到一千五百萬美元開始，直到瘋狂的交易使其總市值在高峰期達到了三點八一億美元。[6]這位創始人目前已與美國執法機構美國證券交易委員會（Securities and Exchange Commission，簡稱ＳＥＣ）就其非法ＩＣＯ發行達成了和解。[7]

在正常情況下，有更多人或許會懷疑這是否是個安全的投資場所，但是二〇一七和一八年真的是加密幣的狂野西部年代。做什麼都可以，而且有一段時間資金一直在流動。

首次代幣發行是新的熱門生意。它們是籌募資金的新辦法、輕鬆辦法，讓新創公司能夠籌募到比它們用其他方式所能籌募到的更多的資金，而加密幣空間緊緊抓住了這個窗口。ＩＣＯ為它們的創始人籌募到幾十億的資金。從二〇一六到一八年初，這個市場以創紀錄的速度擴張，將新生的加密幣市場推到了八千多億的估值，直到一切嘎然而止，開始直線墜落。隨後的市場崩潰蒸發了大約六千億美元，強制監管、創始人被捕，一個又一個的騙局也終於被揭露。在主要的ＩＣＯ泡沫開始後，不到兩年的時間，百分之八十一的ＩＣＯ被宣布是場騙局，百分之九十二的ＩＣＯ不是損失了全部就是絕大部份它們投資人的資金。[8]

創造性僱傭

ＩＣＯ的問題是創造它們是件很容易且便宜的事。任何人都可以在完全不了解技術或商業的情況下推出一個ＩＣＯ，甚至不需要有人在他們身邊提供基本常識或協助。推出一個ＩＣＯ的成本只要幾百或幾千美元，端視創始人是否雇用了在fiverr.com或其他零工經濟網站上排隊的自由接案者，或是付了大把錢給那些突然冒出來的專業ＩＣＯ行銷機構而定。只需要幾個簡單的步驟即可推出一個ＩＣＯ，而這些步驟可以抄襲或是外包給幾乎任何人。只需要付錢給一兩個自由接案者做一點調整，發行ＩＣＯ的人就可以決定他們要創造出多少代幣、要以多少錢出售這些代幣，用模板弄個簡單的網站，給他們的新加密貨幣取個名字，在多家代幣上市平台中選一家將代幣放上去銷售即可，然後一下子你就有了一部印鈔機，人們會自動把他們的錢投進去。

領英公司（LinkedIn），這個自由接案及零工經濟網站忽然間變得到處都是ＩＣＯ專家和ＩＣＯ接案工作者，這些人沒有比別人更多的專業，只是有意願組成ＩＣＯ團隊而已。許多這些新的ＩＣＯ「專家」甚至願意以專案推出的代幣支付，而不是政府的法償貨幣（tender currency，被稱為法定貨幣〔fiat currency〕），因為他們不是抱持妄想，就是樂觀地希望這些代幣的價格會飆漲並能保值。只要幾十或幾百美元，任何人都可以讓人建個ＩＣＯ網站、做個標誌、寫份白皮書來說明這個專案打算做什麼，以及所謂的代幣經濟學（tokenomics，如同它的金融及技術模式——這應該是個相當關鍵的因素），並搞定行銷代幣的社交媒體。有些ＩＣＯ在行銷他們的代幣銷售上更費心些，他們付給接案工作者五塊或十塊美金，讓他們製作影片或寫有關他們專案的（假的）評論文或推薦文，說這些專案多棒又多棒，假裝他們是快樂的消費者。一些ＩＣＯ甚至更有創意，他們付錢給接案工作者將ＩＣＯ的名字寫在他們的身上，[9]或提供為團隊成員提供假的個人檔案，一切都以行銷他們代幣的名義進行。

當然了，在一個理想的世界裡，ＩＣＯ團隊會搞定他們的財務模式，撰寫白皮書來說明他們的專案，甚至理想上，網站上的內容也是他們寫的。理想上，這個團隊會由真正參與這項專案的真實的人組成，不是由名字、領英檔案及照片組成的假的個人檔案，這些資料是從那些毫無戒心的人那裡取得的，他們往往對ＩＣＯ是什麼一無所知，甚至不知道他們現在忽然成了其中的一員！但是在加密幣ＩＣＯ熱潮中，許多專案為了在最短前期時間或最小財務投資下迅速獲利，就將這類崇高抱負放在一旁了。

如果目標只是要欺騙天真、滿懷希望的投資人，ＩＣＯ團隊的組成可以相當迅速。這些專案往往根本不在乎他們雇了誰，或是他們團隊的名字或照片是不是真實的人，更別說是不是他們領域裡的真正專家了。在二〇一七年，一個ＩＣＯ在領英網站上與我接觸，詢問我是否願意收取價值約兩千五百美元的代幣，成為他們的法律專家。當我回答我對法律根本一竅不通時，他們才不在乎——因為他們只是想要在他們的網站上放上更多領英個人檔案而已。想必他們大量傳送訊息給任何在個人檔案上透露對加密幣感興趣的人，希望有人能答應他們的要求。我拒絕了。但至少我還是真實的人。許多其他的ＩＣＯ的手法更無所不用其極。一個亞洲的ＩＣＯ秀出了一個外表很有魅力的團隊成員的頭像，他在團隊裡面角色是「經驗豐富的圖像設計師，明確專注於認同及插圖」。推測這個專案背後的團隊沒有意識到萊恩．葛斯林（Ryan Gosling）到底有多有名，因為他們似乎不知道把他的照片用在他們的ＩＣＯ可能會引起一些人的質疑。然而這個ＩＣＯ還是從三百八十名投資人身上籌募到八百三十萬美元。[10]其他的ＩＣＯ沒有做到把名流或陌生人的照片拿來用的地步；有些只是沒有提供關於他們團隊的任何細節，而是秀出卡通照片和名字而已，這些名字是無中生有的，真實性就和它們是真實團隊成員名字的可能性一樣大。[11]

不同類型的詐騙發行

有些ＩＣＯ從一開始就明顯是個騙局。有些甚至在名字上就透露了這點。在這方面做得明目張膽的一些ＩＣＯ例子是龐氏幣（PonziCoin），但它依舊籌募到二十五萬美元，以及騙人幣（ScamCoin），[12]它承諾會是「你可以有把握的唯一ＩＣＯ！從你百分之百的投資中取得百分之零的回報，保證！」這些罕見而相對誠實的ＩＣＯ在它們的網站上到處寫著警語，甚至告訴人們它們一文不值，或是個龐氏騙局、人們不該投資，但人們卻仍把錢扔給它們。

有個ＩＣＯ稱自己是「沒用的以太坊幣」（Useless Ethereum Token）——以作為它創建的區塊鏈協議以太坊來命名，但是在它的網站上表明，開發者除了給自己買些科技產品，主要是一台平面電視以外，不會用他籌募到的資金來做任何事情。但「沒用的以太坊幣」很可能是第一個在它的宣稱上完全準確的ＩＣＯ，它說它是「世界上第一個百分之百誠實的以太坊ＩＣＯ」。開發者清楚表示這個專案「明明白白不為投資人提供任何價值」、肯定沒有經過審計，而且它那份智慧型合約（smart contract）是從GitHub（**譯按：一個軟體原始碼的雲端代管平台**）抄來的。無用的以太坊幣背後的開發者清清楚楚地表明了他的觀點：「你在拿錢給網路上的隨便某個人，他們會把錢拿走，然後拿去買東西。老實告訴你，可能是買電子產品。甚至是一台大螢幕電視。說真的，不要買這些代幣。」[13]但人們還是從口袋掏出了四萬美元的錢給這個專案。[14]

有些ＩＣＯ則反其道而行，他們的目的是用一些稍微比較難以捉摸的名字讓他們的潛在投資人拿出他們的資金。有些ＩＣＯ的名字裡用上了諸如「真的」、「有錢」或「黃金」這類字眼，也許它們是希望投資人會只看名字就相信它們。果然，人們上鉤了，這些專案也都募到了錢。大多數的ＩＣＯ專案幾乎沒有要努力隱藏一個事實，那就是它們其實並沒有任何目標或價值。

其他的ＩＣＯ則讓自己聽起來很了不起。雖然一點都沒有說服力。它們承諾它們跟萬事達卡（MasterCard）或Visa或跟亞馬遜或微軟（Microsoft）建立了夥伴關係。一些ＩＣＯ新創公司則宣稱它們擁有龐大的既有客戶和基本用戶，甚至比許多世界上最大的公司都更龐大。它們承諾的技術成就就連那些可以拿出幾十億美金來開發、擁有這世上所有經驗來實現的最大公司都不可能辦得到。一些ＩＣＯ宣稱它們會為無法獲得銀行服務的人提供服務，他們會為世界各地的二十五億人提供融資，這些人從未獲得世界上最大的銀行的任何服務。儘管它們沒有這樣做更多是因為沒有意願在這上面投注精力和金錢，而不是因為技術上無法達成，但這也不是什麼平庸的成就，而且在現實上可能對任何不知名的小型新創公司而言都不具可行性。它們只是提出了一些只能被認為是可笑的主張，人們卻相信了。這些專案累計籌募到了幾十億美元。

機會主義者的機會

除了少數真正激動人心的商業和技術例外，ICO形形色色，從投機角度毫無價值可言到徹底騙局，並觸及了幾乎世界上所有產業。一個相對典型但同樣是毫無價值且具詐騙本質的ICO是一個以茶葉為中心的中國小眾專案。普洱幣（Pu'er Coin）的出現是為了銷售普洱茶的所有權，換取ICO代幣。當然，幾個世紀以來，普洱茶產業運作得十分良好，人們至今仍銷售這種特殊風味的茶葉以換取現金。無論是普洱茶或任何其他類型茶葉，都完全沒有以加密貨幣來買賣茶葉的需求。但是圍繞ICO泡沫形成的炒作氛圍讓機會主義者紛紛冒出頭來，在包括小眾、奢侈品茶葉在內的所有領域嘗試欺騙投資人。六名男子在中國各地的豪華飯店舉行了發表會，承諾投資人購買代幣將獲得高額回報，他們聲稱擁有總值數十億美元的圖博普洱茶，這些代幣只代表其中的一小部份。在一段短時間內，這六個人就從三千名中國投資人身上籌募到了四千七百萬美元。直到他們籌募到這筆錢後，消息才傳開來，原來他們根本沒有擁有什麼價值幾十億美元的普洱茶，當然甚至也沒有價值四千七百萬美元的普洱茶，而他們對於這個市場或是銷售普洱茶代幣的生意也一無所知。這場詐騙背後的六個主謀立刻就被逮捕了，但是對他們投資人的傷害已經造成——他們的錢全都沒了。[15]

有個叫做Benebit的ICO表面上給人一種不是騙局的假象，拜它們在行銷上投注的大筆預算之賜，累積了一個龐大的社群。它們的騙局中唯一少了的一樣東西就是團隊。原來他們從一個英國男子學校的網站上盜取了照片，聲稱是他們團隊的照片。當事情暴露時，Benebit的團隊很聰明地從他們網站和社交媒體動態上移除了這些照片，而在那之前他們早已帶著剛剛籌募到的四百萬美元遠走高飛。[16]

不只一個投機者嘗試用已經存在的公司的名字和商標來創建ICO，可能是希望他們真的可以這樣做而不被發現。Turbulent Energy是家受歡迎的比利時能源公司，它的追隨者很高興這家公司推出了ICO，現在他們可以投資它自己的代幣了。但是Turbulent的首席執行長知道這消息後可就不那麼高興了。他們的情況是，一個寂寞的俄國女士用了這公司的名稱，刪除它的網站上的內容，然後創建了一個新網站以及臉書和推特頁面，以銷售她正在用詐騙手法嘗試銷售出去的加密貨幣。值得慶幸的是在這場騙局被執法部門關閉之前，這位女士只設法詐取了約一千美元。[17]

不是所有ICO都從一開始就是騙局。有些只是毫無希望的機會主義，因為它們真的毫無希望。絕大多數的ICO都是一些有想法的人或是剛剛成立的小公司，他們相信這些想法有些商業上的潛力值得開發。在二〇一七年，當時區塊鏈還是個熱門詞彙，而在關於公司的說明中加入區塊鏈一詞就會讓估值立刻竄升。還有一個例子也是圍繞著茶，只是這次是冰茶。總部位於美國的長島冰茶公司（Long Island Ice Tea Corp）將名字改成長島區塊鏈公司（Long Blockchain Corp）就是個有名的例子。他們的價格一夜之間暴漲了百分之兩百八十九。但美國聯邦調查局現在正在調查其中涉及的內線交易，[18]然而這個例子代表了加入區塊鏈一詞的炒作，這種炒作標準而且再常見不過。

性、約會、家庭、沙子、紅酒及禱告

許多人開始關注他們可以談論要放上區塊鏈的產業。性空間的ICO很受歡迎，而且蓬勃發展。當然，把性產業放在區塊鏈的需求就跟把普洱茶放上區塊鏈一樣多，儘管如此，幾乎每個禮拜都有ICO專案宣稱實現了最新與性相關的所謂革命性產品。有一家叫做性幣（Sexcoin）的公司推出自己的虛擬貨幣——旨在防止性產業的詐騙——雖然他們從未說明他們打算如何做到這點。唯一可以使用性幣的地方是他們自己的虛擬性用品商店，性幣女僕（Sexcoin Maid），但該商店從未真正起飛。用途實在有點受限。

性產業的支付是個巨大且持續存在的問題。無論出於何種未知的原因，人們總是不願意性產品的購買明細出現在他們的銀行對帳單上——可能是擔心有些合夥人和家庭成員會因為這些訊息的揭露而不讓他們有好日子過。視訊女郎和性工作者也很難獲得銀行服務。儘管有些人很樂意接受亞馬遜的現金優惠券付款，但這對較小服務的小額支付或是租金的支付來說是無法持續下去的，一大批瞄準性產業的ICO因此湧現，它們企圖利用傳統金融在這一特殊領域的失敗獲得好處，卻不明白區塊鏈不一定是問題的答案。

打屁股鍊（SpankChain）由Spanktoshi Nakabooty所創立——這名字是對使用假名的比特幣創始人Satoshi Nakamoto（譯按：台譯中本聰）的戲仿——它通過提供性服務幣打屁股幣（SpankCoin）的小額支付試圖扭轉局面。打屁股鍊平台將允許它的使用者用打屁股幣來支付他們的直播影片內容。任何人都可以做他們想做的事，而不需要提供他們的信用卡資訊。

這個平台從未推出，對那些有這種傾向的人來說是個遺憾。他們設法推出了一個所謂的教育平台，應該是一門有關女性解剖學的課程，叫做加密奶子（Crypto Titties），但是影片平台似乎從未開放，打屁股幣也沒有任何用處。奶子幣（TittieCoin）也許是所有加密幣產業中最好的商品，它的使用者可以造訪奶子島（Tittie Island），這是個「走奢華路線的度假勝地，提供分時共享度假（timeshare）的可能性」。[19]考慮到已知與分時共享度假有關的騙局數量，你會認為當人們看到加密幣ＩＣＯ、性愛島與分時共享度假三者的結合時，心裡會自動豎起警界標誌。但顯然不是。對那些希望不要太清楚自己投資後會得到什麼的人來說，髒髒幣（Dirty Coin）提供了「快速、謹慎的歡愉之道」。[20]親密（Intimate）提供了一個任何人都可以購買任何想要的東西的平台，從按摩棒到約會，只要是用它自己的加密代幣就可以。[21]但他們就是不說清楚要如何提供約會服務。這些與性相關的ＩＣＯ不是個案；它們只是爭先恐後地跳進ＩＣＯ性空間、名字很有創意的眾多專案之一。[22]

針對那些憧憬浪漫愛更甚於性愛的人，其他牽強的ＩＣＯ則嘗試以約會為基礎提供服務。網路約會應用程式眾所週知的問題之一是它們幾乎沒有保護它們的使用者資料。任何人都可以找到任何他們想找的人，如果他們想要知道對方是否在某個約會程式上的話，他甚至可以很容易看到對方上線的時間和地點。就和幾乎所有應用程式一樣，人們可以自由地利用這些應用程式上的資料，用螢幕截圖方式存下個人檔案和訊息，只要想要，就可以追蹤它們的使用者行蹤。Ashley Madison這個專為想搞婚外情的人設計的約會網站就曾經遭駭、資料被曝光，這樣做的人自認為是在用抓姦的方式為世界做件好事。他們這樣想自然站得住腳，但是那些偷情被曝光的人可就不買單了。[23] Bumble是嫻熟科技的年輕人間廣為流行的一個約會程式，對於任何願意花兩分鐘時間來了解該程式的演算法如何運作的人來說，它會顯示某人何時登入，並對他們使用該程式的頻率以及他們距離你有多遠給予十分清楚的提示。有些人也許不喜歡這種程度的曝光。畢竟約會應用程式和網站並不隱私或安全，這是眾所週知的。

於是在二〇一七和一八年，人們推出了一連串在區塊鏈上的約會應用程式，聲稱他們想要讓他們掌握的使用者資料更安全。從某角度來說，這是正確的。儲存在單一中心化資料庫的資料，像是Ashley Madison儲存他們資料的那種方式，確實很容易遭到駭客攻擊，因此將這些資料儲存在區塊鏈上會令它更加安全，從某角度來說是正確的。但這種說法完全忽略了區塊鏈運作方式的要點。區塊鏈持有儲存在它上面的資料的永久紀錄。因此，將個人檔案和約會訊息當成永久的資料輸入紀錄儲存——這是區塊鏈的一個十分重要特質——結果正好跟任何人希望的恰恰相反。有些技術方式可以利用區塊鏈來解決這個問題，例如將資訊儲存在鏈下（off-chain）並將資料加密，但這些ＩＣＯ基本上沒有考慮到這點。然而這些ＩＣＯ

卻仍持續進行。

對那些相對無意投資在性或約會產業的人，有不少具宗教意義的ＩＣＯ專案試圖恢復人們對ＩＣＯ的信仰。一些加密貨幣宣稱有真實世界資產的支持。就像以黃金為基礎的金本位美元一樣，禱告幣（Prayer Token）也聲稱它是以禱告為基礎。它的創造者是否真的相信上帝或根據他們話語的祈禱，即祈禱禱告幣會「送到上帝那裡並儲存在區塊鏈上」，正如那位創造者宣稱的，「我不知道禱告是否有用，但如果有用，那麼你從禱告幣獲得的價值會比幾乎所有其他的代幣都要多得多……這不是個笑話、騙局或騙術。我會以最大的誠實與真誠為你禱告。」[24]禱告幣最後沒有拯救大量、靈魂；這種代幣沒有持續很久，現在也已經停止交易了。

如果人們不想投資在性、約會或禱告，那麼家庭積分（Family Points）提供了一種顛覆教養產業的方式。但是到底加密貨幣如何做到這點或是為何需要這樣做則從未得到解釋。沙子幣（Sand Coin）提供了購買沙子的方式。紅酒專案的紅酒幣（ＷＩＮＥ）提供他們的投資人一種比用信用卡或任何其他傳統方式都複雜得多的購買紅酒方式，但它向任何看他們網站的人賣力保證，他們「雇用的人數遠遠超過七個人，我們可以計算所有在葡萄園及生產中心工作的人，我們會很快上傳一張整個團隊的照片」。[25]可以說，他們能計算團隊人數是件好事，雖然通常這種個人身份或個人檔案或整個團隊照片的證據確實有助於保證這個團隊的確存在。對那些不想要紅酒的人，垃圾幣（Trash Coin）提供它的投資人「終極加密幣，可以將所有傾倒在你錢包裡的垃圾換成一個可以在交易所交易的代幣……現在你可以把所有垃圾都放在一個地方了」。[26]幾乎任何有利可圖的生意都可以找到它的ＩＣＯ。

如何推銷一個騙局

幾乎百分之九十九的ＩＣＯ都有個共通點。它們根本不需要或用不上加密貨幣或區塊鏈，對其他人也提供不了任何價值。但它們仍設法在創紀錄的時間內吸引到了數百億美元的資金。它們到底是如何辦到的？

某部份原因是，ＩＣＯ並不需要做很多事情。時機以及一個被炒作起來的市場扮演的角色都比個別項目重要得多。換一個時間點根本不會有任何其他人多看一眼的專案卻可以在幾分鐘內籌募到數百萬美元。人們將ＩＣＯ看成是他們的賺錢機會並想要投資，他們對警告視若無睹，連聽都不想聽。大部份的投資人真的沒有那麼深入地研究過這些專案。如果曾經有些醒目的警告標誌，也在很大程度上被忽略了。人們更想要買進ＩＣＯ，為自己買一個迅速發大財的機會，而不想要花時間評估投資風險。即使那些能夠認出這些騙局的人從屋頂上對著他們大聲吼叫，ＩＣＯ投資人也不會想聽。害怕錯過機會（fear of missing out，簡稱ＦＯＭＯ）及其造成的瘋狂買入已經開始。

由於炒作和時機的緣故，行銷ＩＣＯ很容易。推銷他們的新加密貨幣只需要一個網站、一份白皮書、一些社交媒體，以及在ＩＣＯ上市或評級平台付費掛牌上市——而這一切都可以輕鬆廉價地外包給人。隨著「賞金獵人」的崛起，願意接受以這些憑空出現的加密幣而不是現金支付來做這些事，推銷ＩＣＯ往往甚至不需要花很多錢。

賞金獵人

漏洞賞金的概念在科技界已存在一段時間。碼農和科技迷會掃視新專案的代碼並試圖（大部份是道德地）駭入它們。當他們發現漏洞和缺陷時，這些專案通常會獎勵他們的努力。為了網路安全，這是一種標準且被廣為接受的支付。早期的ＩＣＯ一開始也會提供漏洞賞金，他們會用代幣支付人們發現的任何安全或編碼缺陷。這還不夠；ＩＣＯ很快了解到，如果他們可以讓科技迷接受他們一文不值的代幣作為工作的代價，那麼他們也能讓其他人用同樣的方式做其他的工作。

ＩＣＯ開始發放賞金，他們彼此競爭誰能給出更多的代幣作為看似慷慨的賞金獎勵，以吸引最多的賞金獵人為他們工作。領英上幾乎一夜之間就出現了一種新的職銜——賞金獵人！賞金獵人雖然大多數來自發展中國家但絕對不限於這些國家，他們不知疲倦地在社交媒體上工作、寫文章、生產內容、製作影片、翻譯網站及白皮書，並做著ＩＣＯ忽然間不必付錢給任何人做的一切工作。當然了，他們用代幣支付，也許佔他們代幣供應的百分之一到二，但這些是他們剛無中生有創造出來的的代幣啊。ＩＣＯ的創始人可以在推出專案時決定他們要變出多少代幣。就大多數情況來說，這些代幣真的是一文不值，只有當它們成功在加密幣交易所上市，其中一些被買走或幣值上升時才有會有價值。但大多數都沒有。

成千上萬人每天為這些ＩＣＯ工作數小時，他們不拿一毛錢，只希望賺到的加密代幣幣值能夠上升。一些專案的代幣幣值確實飆升，但願有一些賞金獵人能來得及在它們暴跌之前成功變現。但其他代幣的價值從未上漲，在進入交易所的那一刻就崩盤了。對每個發行代幣及成功進入代幣交易所的ＩＣＯ來說，其中至少有一個是退場騙局（exit-scammed，**譯按：一種類似龐氏騙局的賭博遊戲**）或在進入可以交易或變現的交易所之前就已經崩盤。據統計只有百分之八的ＩＣＯ進入交易所，[27]這意味著百分之九十二的專案代幣持有者沒有機會將他們工作獲得的代幣變現。這些代幣的持有者永遠無法拿回他們的錢或時間。至少一個ＩＣＯ——包括一個由總部位於杜拜（Dubai）的英國豪華地產開發商運營的ＩＣＯ——因找到方法不向賞金獵人支付全額賞金報酬而惡名昭彰，這些錢是他們努力工作賺得的。[28]表現得最好的ＩＣＯ與團隊的品質或是產品的實用性根本毫無關係，而主要歸功於它們吸引網紅們為它們行銷的能力。

行銷：壞行銷、更糟的行銷及醜陋的行銷

有些ＩＣＯ變得如此貪婪，也許它們太會玩這場遊戲，所以它們甚至連代幣都沒付，就可以搞定它們的工作。相反，它們讓潛在投資人替它們做行銷。有個ＩＣＯ讓對它懷抱希望的投資人做所有的行銷工作，以交換投資其代幣的特權。當代幣崩盤及銷毀，投資人不太高興，他們發現這個專案背後的兄弟從來沒有真正去做他們承諾要做的工作。投資人失去了時間和金錢；一些人現在正在對該ＩＣＯ提出集體訴訟（Class Action case）。[29]想知道它的投資人到底有多麼不滿的人可以谷歌「GEMS ICO」，並閱讀Reddit上的討論串，可以讀到一些悲傷但有意思的文章。關於「GEMS ICO」讓它的投資人替它做了所有苦工的諷刺之

處在於，它的目標是成為一個「去中心化的mechanical turk（譯按：電商亞馬遜推出的一個群眾外包平台）」、一個「合約工作者執行微型任務的協議」。[30]加密貨幣世界的諷刺從未停止過。

其他ICO則乾脆付錢給名流和網紅。這些名流中有不少人後來都因為沒有公開聲明自己有償推廣專案而遭到逮捕或罰款，因為這些專案很多後來都證明是騙局。佛洛伊德・梅威瑟（Floyd Mayweather）和DJ卡利（DJ Khaled）就是遭到罰款的人之一，[31]因為他們沒有公開聲明他們收錢推廣某個叫作Centra Tech的ICO，[32]這個ICO被證明是最大的騙局之一。網路安全專家、加密幣領域中多次暴漲及暴跌的幕後推手約翰・邁克菲（John McAfee）最近被捕，據說他收了兩千一百萬美金推廣ICO，卻聲稱自己立場公正，這些ICO讓數千名投資人賠了錢。[33]

抱歉，但運氣實在太壞了

但事情不能總是全部怪到ICO。有時好的專案也會是騙局，它們的網址和社交媒體都被冒充了。騙子不是接管他們的社交媒體動態或聊天管道，就是把投資人重新導向到不同的加密幣網址。這意味一件事：投資人將他們的加密幣轉給了騙子，而不是他們想要投資的ＩＣＯ。而在加密幣領域，至少在二〇一八年之前，是沒有所謂「取消交易」功能的。

如果你把你的加密幣轉到錯誤的網址，即便你是因為受騙而把它轉給了一個騙子，你也會損失你的加密幣。而ＩＣＯ也沒有收到這些加密幣，所以投資人拿不到他們的代幣，而騙子則笑著逃跑了。抱歉，但運氣實在太壞了——這幾乎就是所有人能說的一種補償了。加密幣就是加密幣，這是種正常現象。對於ＩＣＯ，你永遠不會知道你把錢轉過去的那個加密幣網址是不是正確的，或你是否能得到任何回報。有時你會，但端視你希望投資的那些專案而定，但往往你會損失你的錢，並且再也不會聽到它的消息。除非你投資的ＩＣＯ特別正派，會退錢給投資人或找到某個其他補救方法——它們沒有義務這麼做——否則在ＩＣＯ年代是沒有機會找回加密幣的。

ＩＣＯ：生態系大混亂

儘管有許多優秀的專案和行動者，以及許多人真心希望加密幣及加密幣社區能有更好的未來，但ＩＣＯ生態系整體上還是一團亂。任何能利用加密幣炒作及貪婪得到好處的人都在這麼做，每個人都是。ＩＣＯ顧問憑空出現，利用ＩＣＯ創辦人的無知得到好處；ＩＣＯ則利用他們的投資人；加密幣上市及評級網站開設商店，收取他們想要收取的費用——有些是好的，有些則較糟。機會主義者利用ＩＣＯ及投資人，他們收取高昂費用組織全球性發表會，向ＩＣＯ收取私人晚宴及豪奢活動的費用，他們會邀請投資人參加這些晚宴及活動。對ＩＣＯ而言，唯一的壞處是浪費錢：一些出席者確實是投資人，其他人（在許多情況中這佔了大部份）雖然聲稱自己是或表現得像是投資人，但其實只是為了自己的人脈或是免費晚餐而去，根本沒有絲毫投資意願。這些發表會仍會收取高昂費用，每個晚上在不同城市舉辦晚宴及活動。

加密幣交易所則成功向專案收取高達數百萬美元的費用，只為能在這些交易所上市。交易所知道它們對於專案的交易至關重要，也知道這些專案正籌募到數百萬美元，並收取相應的費用。交易所不但收取高額費用，有些還犯下各式各樣罪行，包括內部交易、監守自駭、關閉加密幣錢包以便讓交易所進行交易，以他們用戶為代價從任何暴漲或劇烈波動中獲利，[34]因此用戶有時會無法訪問他們的加密幣，甚至永遠損失他們的加密幣；或是全面操縱市場。

不像其他的募資方式那樣，投資人可以要求公司承擔責任，並在達到某些里程碑時才釋出資金；ＩＣＯ沒有任何這些因素可以要求它們的團隊承擔責任。它們從一開始就已經拿到所有它們投資人的錢了！這個ＩＣＯ募資模式的關鍵因素，也意味著大部份的團隊不會有任何動機想要去實現它們在白皮書中提出的所有雄心抱負。對大部份的ＩＣＯ而言，拋下他們的投資人捲款而逃、拍拍屁股一走了之要容易多了。在傳統公司可能只籌募到幾十萬美元的階段，ＩＣＯ可能會籌募到幾百萬甚至幾千萬，而且往往在一夜之間。

許多ＩＣＯ的情形是，它們的創建者起步時可能只有一個一文不值的想法，但有時卻忽然間就籌募到幾百萬甚至幾千萬美元，他們把這些錢視為遊戲鈔票，也就是他們可以拿去換成比特幣或美元或其他政府的「法定」貨幣——而無需承擔責任。對許多人來說，退出騙局並將錢佔為己有，而不必去落實那些他們當初敷衍承諾的不可靠想法，這樣的誘惑實在太大了。

百分之八十一的加密幣ＩＣＯ專案最終證明是騙局，或者是變成了騙局，百分之六的專案失敗，百分之五夭折，[35]但是在所有專案中，「只有」大約三分之一是這樣開始的。剩下的專案只是應付不來，或是在籌到錢之後匆匆做出決定。這些數字呈現了十分嚴峻的狀況：每天有九百萬美元投資人的錢因加密幣駭客及騙局而損失。在所有ＩＣＯ中只有百分之一點九最終獲得了成功。[36]

死幣

二〇一七年，一個叫做死幣（Dead Coins）的網站開始受到關注。這一專案一直在悄悄地觀察加密幣市場，並報導一些夭折專案——也就是賠掉所有投資人的錢並停止交易的加密貨幣。這些死幣的名單只會越來越長。有幾千個曾經籌募到資金（往往是幾千萬美元的資金）的加密貨幣如今已經消失無蹤。

名單中列出這些加密貨幣消失的原因是夭折、騙局、遭駭或模仿。夭折的專案從一開始就沒有價值或使用案例，也沒有希望賺錢或提供投資人任何回報。在任何其他情況下，在加密幣狂野西部以外的地方，這些專案都不會有任何生存機會，而且早早就被知道他們正在做什麼的人禮貌地（或者也許不是那麼禮貌）地架出房間了。

造成特定專案暴跌或詐騙其投資人的原因應有盡有：從團隊放棄其推出的專案到創始人本身就是個騙子；團隊落跑，消失無蹤；專案從一開始就是對另一專案的模仿，團隊完全抄襲原始碼，有些個案還抄襲了另一個專案的措辭；創始人把錢花光；團隊雇用了一群外包工作的自由接案者來取代他們，假裝他們企圖繼續他們所做的工作，但其實他們已經把籌募到的資金套現並捲款潛逃了；專案企圖用改名的方式繼續詐騙投資人；或者它就是個失敗專案，創始人對自己在做什麼毫無頭緒，把錢扔到水裡，在做出一拖拉庫的糟糕決定以及花太多錢在其他價格過高、可疑或詐騙性質的ＩＣＯ操作上之後，賠光了所有的錢。[37]我已經轉述了一些原因，但重點很清楚。原因不勝枚舉，你可以在deadcoin.com上面自由查閱。如果不是因為它列出的是可悲的事實，讀起來其實相當有趣。

其他的專案則遭到駭客攻擊，由於缺乏任何基礎的安全措施，造成了它們投資人的資金損失。有鑒於加密幣是風險最高、最脆弱的環境之一，也是常態性駭客攻擊及竊盜的主要目標，網路安全極度缺乏甚至根本不存在的加密幣專案數量實在太高了。當這些專案幾乎不存在的網路防線被攻破、資金被竊時，它們真的只能怪自己。

這就是加密幣狂野西部的繁華年代。當時，成千上萬的騙局開張，從世界各地的投資人那裡竊走了數十億美金，無須承擔任何後果。它們當時還不知道，執法部門會從後面趕上它們，回頭調查並逮捕其中許多專案的創始人。

立即合法的比特幣倍增器

ＩＣＯ、ＩＣＯ發起人及交易所只是二〇一七至一八年加密幣狂野西部年代的一部份而已。似乎只要涉及到比特幣、加密幣或區塊鏈這些字眼，許多滿懷希望的投資人就會立即將他們的常識拋到窗外。希望，或者也許是樂觀主義，支配了一切，導致騙局遍地橫行。快速發財的承諾如此之多，人們只想相信加密幣公司及它們產品的宣稱。

最難以置信的加密幣騙局之一就是比特幣倍增器（bitcoin doubler）了，但它至今仍存在並在各個搜尋引擎上大作廣告。它的承諾是：把你的比特幣發送給它們，它們會幫你交易，並且在二十四或四十八小時內還給你雙倍的比特幣。這類網站不計其數，過去它們透過社交網站、搜尋引擎的廣告並且向任何想聽的人宣傳，可悲的是它們現在仍然這樣做。無數的人把自己的比特幣發送給它們。但很少人（如果有人的話）拿回他們的比特幣。然而這些網站和廣告仍然存在，繼續吸走那些希望輕鬆賺取回報的人們的錢。加密幣騙子們曾經最喜歡用的詞語之一就是「合法」，如今仍是。他們似乎真心認為把「合法」一詞放在任何網站上或加進任何描述裡，人們就會相信那不是個騙局。不幸的是他們是對的，許多人確實相信太多騙局宣稱的「合法」。試試看把「讓你的比特幣倍增」（double your bitcoin）或「比特幣倍增器」，甚至「合法比特幣倍增器」（legit bitcoin doubler）輸入谷歌或臉書，看看還可以找到多少結果。加密幣狂野西部的年代離完全結束還遠得很呢。

還有希望

必須重申的是，不是所有ICO都是騙局。還是有一些很棒的ICO專案，它們的創始人誠實、勤奮，或者因為相信加密貨幣，或者因為加密貨幣是他們商業模式的固有部份，或者只是因為這個概念是種很棒的、獨立的募資方式，他們將首次代幣發行視為一種創新的融資方式。上面提到過的Brave瀏覽器ICO就是個這樣的例子。這家公司今天仍然十分強大，它推出了一個以它的加密貨幣為運作特色的網路瀏覽器，如今相當成功，許多投資人都很滿意。令人遺憾的是，人們不得不強調，在這些騙局及如今已停止運作的專案中還是有些好的專案。因為在一個理想世界中，事情應該是倒過來才對。

第二章

加密幣退場騙局

五千萬美元的惡作劇

二〇一八年初，一個承諾為每個人實現加密貨幣民主化的新ＩＣＯ推出，這是個不切實際的誇大宣稱。他們打算透過他們聲稱的一個獨一無二、由人工智慧驅動的加密幣生態系來實現這一承諾，這一生態系可為大眾提供儲蓄與投資服務。他們籌募到五千萬，這不是個小數目。出於感激，這個團隊關閉了商店並捲款潛逃。創始人在該公司的推特上留下了一條訊息，內容只有五個英文字：「謝啦！關門走人囉…」（Thanks guys! Over and out...）[1]並附上一張在機場的自拍照，還有一張他在沙灘上拿著一瓶啤酒的照片。他們的網站也被一張來自《南方四賤客》（South Park）的全螢幕梗圖覆蓋：「錢都不見了」（AANNND IT'S GONE）。[2]對恐慌的投資人來說，這種行為實在有點沒品。

提奧・古德曼（Theo Goodman）是一位媒體及區塊鏈顧問，也是位於他們總部附近的法蘭克福加密幣社群的一個活躍成員，他去了他們辦公的地方。他們的辦公室空蕩蕩的，螢幕還在原地，一些披薩和瓶子被留在那裡。雖然無法證實什麼，但一切看起來像極了一個退場騙局。那些一直關注這個ＩＣＯ或是曾為它籌到的五千萬美元作出貢獻的人湧上推特；他們都想知道到底發生了什麼事。

原來，上面提到的這個ＩＣＯ，Savedroid，它的創始人在德國法蘭克福城外威斯巴登（Wiesbaden）的主要新創基地租了一間辦公室。一募到錢，他們就突然走人了。他們在離開辦公室並在推特上發佈他們離去消息的二十四小時內關閉了網站及社交媒體。他們的管理員也離開了它在reddit的論壇及在Telegram的聊天室。佔據了他們社交媒體聊天室的訊息——「躲不掉的，擔心你的老命吧」[3]——則可能是騙子或機器人貼的，目的是為了警告該團隊，但是誰知道呢，也可能是該團隊為了增加他們演出的戲劇效果而貼的。

Savedroid的退場騙局對這一時期的ＩＣＯ並不罕見。退場騙局不僅常見，而且幾乎是可以預期的。Savedroid退場騙局不尋常之處在於，它的執行長回來了。執行長雅信·韓克爾（Yassin Hankir）表示這不是退場騙局，這是個惡作劇，目的是為了要讓人們知道他們是多麼容易相信加密幣領域中那些難以置信的宣稱，並指出這裡面有多少騙局存在。他說，這整個惡作劇只是個公關噱頭。[4]

投資人一開始鬆了口氣，滿心希望他們的五千萬美元不是完全有去無回。但這個惡作劇很快就出現了反效果。投資人對整個團隊怒火難消，也對專案失去了信仰，或信心。Savefroid不是退場騙局，該專案想要強調ＩＣＯ退場騙局問題存在的這一目的也很可能是出於善意，但是，就像許多的ＩＣＯ，Savedroid遠遠沒有實現它的計畫，[5]而對投資人來說，可悲的是，最終的結局並沒有太大不同。Savedroid代幣價格崩潰；[6]人們也澈底喪失了對該專案的任何希望或信心。無論如何，它籌募到的五千萬美元價值在幾個月內就蒸發掉了。Savedroid代幣如今的價值遠低於過去，約莫縮水了百分之九十八，交易量也減少到幾乎為零。今天，除了一個模板網站，提醒著人們曾經發生過一場導致嚴重反效果的毫無品味的公關噱頭以及一場針對他們的集體訴訟之外，[7]Savedroid ICO真的是一無所有了。

在調查人員進行的一次後續訪談中，Savedroid的執行長說他們曾在推出ＩＣＯ的過程中遇到了許多的騙局，並因此受騙，這對他們是個十分挫折的經驗，因此他們希望強調這個問題的嚴重性。[8]他是有道理的。正如我們在前一章中看到的，二〇一六至一八年間的加密幣ＩＣＯ領域就是個騙局的溫床，形形色色、規模不一的騙局遍地開花。但正如那句古老的諺語所言，冤冤相報何時了。如法炮製一個退場騙局，即使只是假的，這樣做造成的價值崩潰也讓他們的投資人損失了五千萬美金，而且對加密幣空間沒有任何幫助。

對Savedroid團隊而言，這個惡作劇是個沒有經過深思熟慮的糟糕決定。他們似乎壓根沒考慮到行動的後果，在二十四小時內就將這整件事執行完畢。對他們投資人而言，可悲的現實是，它的結果和任何真正的退場騙局無異，他們還是損失了所有的錢。

捲款潛逃

二〇一九年，投資人在退場騙局中損失了數十億美元。這數字在二〇一七和一八年還要高得多，當時圍繞加密幣和ＩＣＯ泡沫的炒作正在蓬勃發展中。退場騙局在其他產業中早已存在，但沒有像在圍繞二〇一七至一八年ＩＣＯ泡沫的加密幣空間中那樣佔主導地位。正如我們在前一章中看到的，ＩＣＯ讓幾乎任何人都可以輕易為各種專案籌募資金，從糟糕到真正怪異應有盡有。這些專案太容易突然從ＩＣＯ投資人身上籌募到資金，不需要真正投資自己的任何時間或金錢就能辦到，而加密幣在那些年受到的監管檢核程度又不像今天，對某些人來說，捲款潛逃的誘惑實在大到難以抗拒。

茄子和其他蔬菜

在二〇一八年初的立陶宛，一個要在區塊鏈上銷售蔬菜的ＩＣＯ推出了。他們做了一些典型ＩＣＯ風格的行銷，比如在零工經濟網站 fiverr.com 上以每人五塊錢的代價請打零工的人在身體上寫上他們公司的名字，假裝這是忠實粉絲自己用筆將他們的名字寫在身上的。

但是沒過多久BuzzFeed的記者就發現，對任何會用五塊美金雇用她們打零工的人來說，這些被拍到將「Prodeum」寫在她們身上的女孩們都會是他們的忠實粉絲。[9]事實證明，在Fiverr網站上，人們願意以五塊美金代價將公司訊息寫在身上的零工多得很。但是誰知道呢。

Prodeum ICO只籌到了一百美金。他們沒有籌到很多錢是件好事。ICO推出後不久，他們就將網站下架，取而代之的是用小小的字體寫在白色空白背景上的一個詞：陰莖（penis）。[10]

也許是最明顯的退場騙局

推出退場騙局的不只是ICO。從二〇一七至一九年，又有另一家交易所發起了退場騙局。許多加密幣交易所只能說是可疑，而在那些年又很少對它們進行檢核，尤其是對那些不遺餘力保持匿名的小型交易所更是如此。

在今天關於加密幣的辯論中，人們至少有個普遍的共識，即有一定程度的監管督察以協助避免無辜者受騙，這不是件壞事。但是就在幾年前，人們並不是這樣想的。

作為加密幣創建基礎的區塊鏈技術，核心的概念之一就是可以去中心化。去中心化是繼ＩＣＯ之後加密幣領域的又一最熱門流行語。如果有某樣東西被去中心化了，人們就會認為它更安全、更不可能遭駭，總之就是「更好」。在一些使用個案中，去中心化確實更好。一些加密幣交易所用去中心化來自我宣傳——從許多方面來說，這確實提供了好處，過去和現在都如此。中心化交易所雖受到監管部門的檢核，但往往與政府分享用戶的詳細資料。不是每個人都希望這件事發生，無論是從洗錢的角度，還是從倫理或資料隱私的角度。然而，儘管去中心化交易所提供了許多有益功能，但是人們還是給予其中一些沒有採取安全措施或接受檢核的交易所過多的信賴。

在ＩＣＯ年代的加密幣領域（一般而言指的是二〇一六至一八年），人們在很大程度上並不知道當裂縫開始顯現以及監管開始加強時會產生什麼影響。在ＩＣＯ年代，一些在幾個月前還不知道加密貨幣是什麼的人開始談論推出加密幣交易所，以替代投資加密幣或推出ＩＣＯ作為一種可行的快速致富途徑。安全程度不一的交易所開始如雨後春筍般冒出。當一個加密幣交易所推出時，它的安全性、團隊或任何相關事物往往沒有經過任何的檢核。人們將自己的錢送到這些新推出的、未經檢核、往往是以匿名方式運作的交易所並儲存在那裡，希望或盲目地相信這樣做不會有問題。在加密幣社群內，一個又一個的警告告訴人們不要將大量加密幣儲存在交易所，在那裡只存放你會積極進行交易的加密幣，其他的則存放在線下一個更安全的錢包裡。但不是每個人都聽得進去。將加密幣存放在交易所意味著更大的致富潛力，即有更多的錢可以進行交易，或直接拿來投資在下一個ＩＣＯ，或者是，對那些投資ＩＣＯ的人來說，他們隨時有某一特定的加密貨幣可用，雖然機會很小，但萬一它在交易所的價值忽然暴漲，他們就可立刻拿來套現。於是新的加密幣交易所推出了，這些經營交易所的人不一定知道自己在做什麼，也不見得意識到他們這樣做的法律後果將很快找上他們。

正如市場也許是不可避免地看到的，加密幣交易所在所有退場騙局中可能處於最明顯的位置。加拿大交易所卡德里加（Quadriga）清楚強調了這點，它剛剛被裁定從一開始就是個騙局，創始人死亡後，它的用戶再也無法取回他們高達數億美元的資金[11]——從此之後許多人就一直要求將他的屍體挖出來。因為很多人不相信他已經死了。完整的故事我們會在第六章〈詐死、失蹤的數億加元及掘屍要求〉中看到。和ＩＣＯ十分類似的是，加密幣交易所甚至不需要做那麼多的宣傳活動；他們可以只是列出他們的交易所，而一些人有意願交易加密幣的人就會成為用戶了。對任何想要在谷歌上做點功課的人來說，白標交易所模板在過去很容易取得，現在仍是如此而且還容易得多，只要花一筆相對較少的金額，你就可以在很短時間內幾乎不費吹灰之力地建立自己的加密幣交易所。

加密幣交易所可以隱藏在受到駭客攻擊及技術困難的藉口背後，由於這兩種情形在那段時間是如此常見，人們往往很難知道他們是否說的是真話。此外，一些交易所會將它們持有的加密幣集中儲存在一個錢包或帳戶中，並紀錄哪個人擁有什麼加密幣，但如果每個用戶的加密幣都被分別儲存的話，那麼當駭客攻擊時就會更安全。這不像所有用戶往往會一次提領出他們所有資金的那種情形，所以如果資金是慢慢流失，或是如果交易所成為多次小型駭客攻擊的受害者，而交易所沒有掌握這一情況，在他們的錢全被不見之前，他們可能永遠不會知道。這聽起來難以置信，但某程度上已經發生，正如我們將在日本佔有市場領先地位的交易所芒特高（Mt. Gox）身上看到的那樣。

謝謝你，很抱歉

Pure Bit是一家韓國交易所，走的是許多ＩＣＯ最喜愛的那種毫無想像力的退場騙局路線：推出一個幾乎完成的加密幣交易所，以幾個月的時間進行ＩＣＯ，籌募到幾百萬美元並在整段時間裡表現得好像一切正常。

關於Pure Bit代幣的募資比較沒那麼理想的地方在於，他們在二〇一八年的一個ＩＣＯ中籌募到兩百八十萬美元，如果不是因為ＩＣＯ在二〇一七年在韓國已被認定為非法，這會是一個相當標準的代幣募資。[12]無論他們做了什麼，他們最後都會跟官方惹上大麻煩。Pure Bit背後的團隊隨後將兩百八十萬美元的加密幣發送到一個單一的加密幣錢包。這等同於將同樣金額的現金儲存在一個物理錢包裡一樣——它的安全性取決於你選擇了什麼類型的錢包以及你把它存放在哪裡。如果有人有這樣的想法，也可以使人很容易偷走那個錢包，並帶著所有的錢遠走高飛。Pure Bit隨後關閉了他們的新交易所及網站，將它們在韓國通訊網站Kakao上的聊天群組成員全部踢出群組，並張貼了最後的訊息：謝謝你。[13]

據說，Pure Bit是個純粹、乾淨的退場騙局，人們不得不納悶投資人到底在想什麼，因為在它推出時，任何ＩＣＯ在韓國都是非法的。無論發生了什麼，它們都會惹禍上身。[14]然而，在Pure Bit的故事中，還有一個轉折點。關閉交易所並企圖帶著所有用戶持有的加密幣退場的第二天，交易所的ＣＥＯ開始感到了內疚。

隔了一週，一條訊息出現了：

> 我對專案投資人的心理及財務都造成了負面影響。我犯了一個不可原諒的錯誤，我

被金錢蒙蔽了雙眼，無法回頭。事情發生還不到一天的時間，我已經開始受到內疚感的折磨。雖然這和投資人所承受的煎熬根本無法相比，我也感覺到極大的內疚。我向受到這一操作影響的ＩＣＯ中的投資人致上真誠的歉意。

不久後，該交易所開始歸還被竊的若干加密幣。[15]

藏身技術缺失背後的藝術

可悲的是，對加密幣生態系及其投資人而言，騙子感到內疚，後悔他們的所作所為，並把錢退還（至少是部份的錢），這並不是個常態。一些加密幣交易所躲藏在技術問題的背後，拿技術缺失作為延遲處理提幣及人們為何無法提存自己的錢的原因。波蘭交易所Coinroom據說甚至不屑拿技術缺失當藉口。他們只是在某天寄給用戶一個訊息，說他們必須在隔天之前提出他們的資金，然後他們會關閉交易所。有些用戶來得及這麼做。但如果無法在那個突然告知的時間框架之內提出他們的資金——如果沒有每分鐘都在檢查電子郵件的話這很容易發生——用戶就必須發一封電子郵件給Coinroom團隊，要求他們用手動方式處理他們的提幣。諷刺的是，交易所完全有權利這麼做，因為他們把這個條款寫進了他們的用戶協議中，當他們的用戶在交易所開戶時，他們就已經（很可能是在不知情的情況下）接受了這份協議。[16]

Coinroom沒有權利做的是它忽然停止回應提幣的要求，並完全停止處理提幣。他們關閉了他們的網站、交易所、所有的社交媒體帳戶，電話也打不通了。即使是那些他們回應了提幣要求的客戶也抱怨他們只收到了部份的存款。在任何人看來，這個交易所都算是消失了。[17]

全球金融體系的重塑

PlexCoin最初是個聽起來相當雄心勃勃的ＩＣＯ。這家公司講述了它如何旨在重塑全球金融體系，並以此成為有史以來最惡名昭彰的ＩＣＯ之一。Plexcoin一開始就做了一些令人十分印象深刻的宣稱說法；這些宣稱說法的規模及不可能達成的程度都令人印象深刻，這些壯舉是整個全球金融體系都沒有人接近達成過的。作為一個新創公司，PlexCoin說它發放的簽證卡會遠遠超過至今任何知名銀行曾經達到過的數量。「這是革命性且前所未見的，

PlexCard將在世界各地被接受，無論你的國家使用什麼貨幣，你的卡將適應你所在的地理區域。」[18]

世界上沒有一個金融體系可以有辦法讓貨幣適應地理區域。因此我們持續面臨著外匯市場及外國交易手續費的問題。也因此，歐盟創造了歐元，美國則有美元，而不是各州都擁有自己的貨幣。讓貨幣能夠適應每個地理區域，而不用考慮該地區的貨幣，這種事從來沒有實現過，人們也不清楚如何可能實現。不幸的是，我們不是生活在神奇貨幣的時代。如果世界上沒有國家或金融機構曾設法做到這一點，那就實在不清楚PlexCoin何以認為他們能夠做到，或他們何以認為自己能夠說服夠多的人他們會做得到。但這是個加密幣ＩＣＯ，它針對的不是了解金融市場的人，相反，它專門針對那些不了解的人。

預測未來的能力及其他危險信號

除了其他一些令人難忘且不可置信的宣稱說法之外，[19]PlexCoin確實為任何想要看見的人發出了夠多的危險信號。問題是，和其他的ＩＣＯ一樣，不是每個人都想要看見它們。對於想要看到危險信號的所有人而言，其他人只會把所有負面言論視為貪婪的傳播，他們認為散播這些言論的人只是想要壓低價格，讓自己可以以更低價格入手而已。[20]

PlexCoin將會發行Visa卡，而這些Visa卡將透過另一家公司發行，用他們的話說，就是「一家發行Visa卡並符合我們期望的姐妹公司」。[21]他們沒有提到這家姐妹公司的名字，這件事應該引起一些警覺。[22]似乎沒有證據表明Visa對這個所謂的夥伴關係有所知情，可以推測就跟PlexCoin的一些其他宣稱說法一樣，這件事也是捏造的。

另一個偉大的宣稱說法是：「PlexCoin可以像傳統貨幣一樣用來支付帳單。」[23]許多加密幣領域的人都希望有一天真的能用加密幣支付他們的帳單。甚至有些新創公司就是在做這個。問題在於PlexCoin宣稱他們能做到這點，卻沒有提到現實上他們將如何與所有全球性能源供應商、直接付款公司以及帳單簽發機構合作，讓它成為實際的現實。這是一個不錯的想法，但如果沒有全球性的接納，就是個不可能，而且可說是相當有欺騙性的宣傳。

一般情況下，對任何想要把自己辛苦賺來的錢投資到一家公司上的人而言，他們會想知道這家公司做過什麼，以及他們的目標是什麼。大多數的加密幣公司會將這個訊息發佈在白皮書上——白皮書是某程度上的技術文件，它會詳細說明他們計畫用他們希望籌募到的這筆錢來做什麼。現在，許多或者說大部份的白皮書都被外包給自由接案者或零工工作者，他們不是公司的成員，只要他們粗製濫造出來的另一份ＩＣＯ模板白皮書能夠拿到錢，他們根本不在乎公司做過或沒做過什麼，但至少白皮書裡面會有一些關於這個專案聲稱要做什麼的貌似訊息。PlexCoin顯然認為這沒必要。或者更可能的是，他們早就料到如果他們的白皮書在ICO之前發佈，它會立刻被那些能夠在一英哩外就發現騙局跡象及危險信號的人撕成碎片。他們給出的理由簡直是胡說八道：

> 我們想要避開一種棘手情況，即人們可以在我們推出前就已經讀過我們的白皮書並發展了我們的概念。因此我們決定讓您多等一會！就是這樣，我們的預售將在幾小時後開始。[24]

這真是瘋了。PlexCoin做出了那樣偉大的宣稱，它們肯定不會如此輕易就被抄襲走。他們用這個理由作為他們沒有更早發表白皮書的藉口，等於是忽視了他們的所有宣稱，說如果有人看了他們的想法，他們就可以把它們抄襲走。這沒道理，更不可思議的是他們會把這樣的東西印出來。但他們就是做了。

同樣不可思議而且根本一派胡言的是，PlexCoin沒有提供任何專案成員詳細訊息的理由，他們說：

> 我們知道最終我們將不得不顯示一些我們主管人員的名字。但是在我們的專案都推出之前，我們將盡量保持謹慎。儘管如此，我們絕不會提及僱員及承包商的名字。這條規則對於我們專案的安全性以及我們周圍所有人的安全至關重要……如果我們透露我們的身份，您希望我們如何能夠向您保證完全保密呢？任何組織都可以聯絡、造訪我們、仔細審查我們的（以及您的）操作！這不是我們想要的。[25]

說他們基本上不打算揭露他們團隊成員的身份是個危險信號。說他們不能在自己無法匿名的情況下提供保密性，坦白說，實在荒唐可笑。

也許是終極諷刺的是，PlexCoin還在他們的白皮書中批評了其他的ＩＣＯ。對於一個聲稱要改變全球金融模式的公司來說，這樣做到底有何關聯或是否適當，人們並不清楚，但PlexCoin的白皮書（準確地）指出，「我們注意到一些ＩＣＯ有一樣的網站。我們甚至注意到在不同的公司，有些圖片和團隊成員卻是相同的（我們不會說出他們的名字）。我們還注意到一些完全偽造、具有誤導性的照片。」[26]許多旁觀者都注意到了這其中的諷刺意味。

PlexCoin最大的宣稱說法，也許就是它所謂的預知未來能力了。PlexCoin以精確到美分的方式估計它的代幣在未來幾年的價格。這是相當大膽的。PlexCoin賣給其第一批投資人的價格是每個代幣十三美分。有一種常見的行銷伎倆是，如果你告訴人們現在不買的話，價格很快會上漲，一些人現在就會買。所以這就是PlexCoin的做法。他們宣稱他們代幣的初始價格是〇點二六美元，任何人現在都可以以半價買進，但是價格很快就會上漲。如果所有代幣都在預售中售出的話，價值估計將急漲到每代幣一點七六美元。「如果是這種情形，」代幣持有人的購買價「將在二十九天或更短時間內增值百分之一千三百五十四。」二〇一八年底，他們又在它們的宣傳資料中表示，他們估計PlexCoin將以十四美元的價格售出。[27]這真是瘋了。人們幾乎沒有辦法事先對一個全新、未知的股票或是貨幣進行估價，更別說是對它的最終價值打包票了。然而，PlexCoin卻向它的潛在投資人十分清楚地表示他們加密貨幣的價值會一直上漲。這樣說已經不只是危險信號了。做這種宣稱既不合法，也不可能。沒有什麼東西是會一直上漲的。在這件事上，他們的猜測就沒有那麼準確了。當然，他們的代幣現在一文不值，已經停止交易了。

儘管出現了這些相當醒目的危險信號，但PlexCoin還是籌募到一千五百萬美金，而他們希望籌募二點四九五億美金。美國證券交易委員會很快就發現PlexCoin打從第一天起就是在操作一個騙局。[28]在兩個月的刑期及一萬美元的罰款之後，創始人（一對夫婦）仍然無法，也可能是沒有足夠的動力，提供任何執法部門正在調查的詳細資訊。除了這對夫婦以及一些外包的自由接案者之外團隊是否還有其他人，人們不得而知。

PlexCoin不是個典型的退場騙局，創始人夫婦還來不及這樣做，執法部門就先逮到他們了。也許退場騙局是他們的意圖，但這對創始人被指控的罪行是「定期將投資人資金從PlexCoin ICO轉出……用於日常生活開支及房屋裝修產品」。[29]他們的資產仍遭到執法部門凍結，許多投資人都已經對於是否能再次看到他們的錢不抱希望。[30]

拿投資人的錢去血拼

對他們的投資人而言相當不幸的是，ICO的創始人相對上來說經常為了個人的利益而抽走部分或全部投資人的資金。問題在於，他們並沒有因此而受到重罰；罰款往往遠低於他們能夠抽走的金額，在某些個案中，一旦和解，就不會再進行進一步的損害求償了。

曾經有個叫做Shopin的ICO宣稱它將建立一個個人化的購物平台，提供購物者個人化的購物檔案，當然，一切都在區塊鏈上進行。[31]這個ICO推出時宣稱它擁有大量的合作夥伴，這當然不是事實。[32]儘管如此，它還是以這種詐欺的方式籌募到了四千兩百萬美元；從一開始，它的募資就是建立在對投資人的謊言與欺騙基礎上。據說這個ICO的創始人將很大一部份的收益拿去購物（真正的購物），光是在房租、購物、娛樂支出及約會服務上就花了至少五十萬美元。[33]當然了，這個平台從未建立起來，但至少該創始人應該從中獲得了一些很不錯的約會。他因這樣做被罰款四十五萬美元，至少比認為是他抽走的資金部分少了五萬美元。[34]

利用人們的希望

至今最大的一樁純加密幣退場騙局是一家叫作Modern Tech的越南公司。他們的ＩＣＯ從三萬兩千人身上募得了六點六億美元。儘管在越南，所有的加密幣交易行為都是非法的，因此它大多數投資人的投資都是違法的。[35]但是PinCoin，該公司的第一個ＩＣＯ，訴諸的是人們的貪婪。[36]某種程度上，儘管非法，但人們仍然可以輕易地了解Modern Tech為何可以籌募到這個規模的資金。

正如許多其他的騙局，如我們看到的維卡幣、比特空（Bitconnect）以及普拉斯幣（Plus Token）一樣，它們承諾或保證的高額回報，吸引了那些希望擁有更好生活的人，這種普遍而可以理解的人類渴望可能導致某些人忽視了一些危險信號。PinCoin承諾每個月一百四十八趴的報酬率，除此之外，他們的投資人每帶一個新人進場投資，他們就會提供八趴的紅利。[37]這個ＩＣＯ有個美觀的網站，但除了幾個熱門流行語及空洞的花言巧語之外，就沒有什麼內容了。

從許多方面來看，它從一開始就很明顯是個騙局，但是Modern Tech仍設法吸引了那些不夠有財務意識的人，以及那些不會有能力看清這點的人。在其首度ＩＣＯ後不久，Modern Tech推出了它的第二個ＩＣＯ，名字叫作Ifan，它被引進作為名流與粉絲之間的一種支付方式。[38]他們說他們的目標是邀請越南歌手加入他們的網絡，並告訴投資人，一旦平台開始使用，這兩種新貨幣的價值就會一飛沖天。當然，這是每一個ＩＣＯ的標準說法。但它並未發生。

PinCoin一開始有付款給投資人，他們按承諾得到了每個月的回報。然後他們改變了政策，忽然改以Ifan代幣支付投資人報酬，接著就完全停止了付款。平台消失了。七名越南籍人士逃離該國，[39]人們公認這是現代史上最大的加密幣退場騙局。

加密幣退場騙局的問題在於，它們很容易做到。我們已經介紹了加密幣世界中一些較瘋狂的部份，接下來要介紹的是一些最大、最惡名昭彰的加密幣騙局。首先，感謝ＢＢＣ的熱門播客系列，我們要進入的是失蹤加密幣女王的故事。

第三章

維卡幣

失蹤的加密幣女王

一開始

比特幣是種新型的貨幣。與從二〇〇八年金融風暴後就持續失去人們信任的各國銀行和政府不同，比特幣依賴演算法，有別於政府發行的貨幣，它無法被操弄。政府的表現越差勁、它們越是把經濟帶到滅亡的境地並造成日益高漲的通貨膨漲，人們對比特幣的信任就越是加深。這是我們在全球各地看到的趨勢。

比特幣在二〇〇九年開始上路時價值還不到一美分，在二〇一四年初達到它當時的高點，超過八百美元。那時，人們已經開始注意到比特幣，並希望自己也能在這波加密幣暴富浪潮中分得一杯羹。

那一年，一種新的加密貨幣開始掀起風潮。它的創始人作出了誇大的宣稱：維卡幣將成為最大的加密貨幣，化身為「比特幣殺手」，[1]並承諾要做些前無古人的事。它會是種新的全球貨幣，實現貨幣民主化，讓無法得到融資的人得到融資，改變金融市場，並為它的投資人帶來超過他們最狂野夢想的巨大財富。維卡幣為人們投入的資金提供了難以想像的巨額回報，而且——值得注意的是——它為它的宣傳者提供了甚至更慷慨的報酬。

維卡幣的創辦人茹雅博士善於打動人心、作風霸氣，是個自信的演講者，也是優秀的業務員。她在世界各地的舞台上提供人們他們想聽的東西。她講述銀行體系如何的墮落腐敗，銀行和政府對待人們多麼地糟糕，而世界上最貧困的數十億人又是如何得不到所需的服務，以及最主要的，她的新加密貨幣將如何處理這一問題，重點是維卡幣將會讓它的投資人變得多麼富有。

結局

可悲的是，維卡幣表現得十分成功。它似乎好得不可能是真的。不幸的是，對於數百萬累計投資金額難以量化但估計約為四十至一百五十億美元的投資人而言，它確實不是真的。

BBC針對這個聰明、精緻的龐氏騙局進行了長達一年的調查，推出了他們成功的播客系列《失蹤的加密幣女王》。他們發現，維卡幣除了剽竊所謂的教育性PDF文件之外，沒有提供任何有價值的東西，而這些文件以套餐（package）的方式出售，每個套餐價格高達二十五萬歐元以上。[2]維卡幣和其他的加密貨幣生態系完全不同。它不像任何其他的加密貨幣，無法兌換或交易為比特幣或任何其他貨幣。簡言之，維卡幣從來不是加密貨幣，它只是憑空捏造出來的數字，它的領導人在表單上持續修改這些數字，而製作這一表單的目的就是欺騙投資人，使他們懷抱虛假的希望，它的創始人毫無同情心地將這些人形容為「蠢蛋」。[3]

執法部門最終還是意識到了這個騙局的存在，此後茹雅一直是FBI的追捕對象。她的名下估計有至少五億美元的資產，並且熱中於作整形手術，因此躲藏起來似乎十分容易。至今還有數十億美元仍下落不明。有個戲劇性的轉折是，茹雅的情人轉為FBI的線民，茹雅曾在他的公寓中鑽了個洞，[4]以便監視他在家中時是否對她忠誠，這個洞導致了她的消失。茹雅似乎是在事情公開之前就發現自己成為FBI的追捕對象。這是二〇一七年的事。

從此後就再也沒有人見過茹雅了，一場國際追捕、為時數年的法庭訴訟由此展開，許多人面臨終身監禁，數百萬的受害者因財務上的打擊而陷入愁雲慘霧。時至今日，仍然沒有人知道茹雅身上發生了什麼事，失蹤的數十億美元去了哪裡，以及一些販賣這個被《泰晤士報》（The Times）形容為「史上最大騙局」的人如何仍然能全身而退。[5]

（失蹤的）加密幣女王

維卡幣的一切都以它的創始人為中心。茹雅喜歡讓全世界知道她有錢——她到哪裡都穿著她的絲質長袍、戴著巨大鑽戒，並擦上鮮紅口紅。她是母系社會的女王，她希望所有人都知道這點。茹雅確實聰明，這點值得讚美。她擁有法學博士學位，她不吝讓人知道她曾在《經濟學人》（Economist）大會上發表演講，並登上《富比世》（Forbes）雜誌的封面。人們為她感到驕傲，因為她了不起的想法，因為她讓夢想成真，因為她是一名女性領導者，也因為她將希望與目標帶給了世界各地的人們。不知何故，她獲得了「加密幣女王」的封號，而她深知如何發揮它的作用。

中間：賣賣賣、發發發

比特幣是第一個也是佔主導地位的加密貨幣，它在許多方面都改變了世界發送及收受貨幣的方式。

茹雅博士曾經在座無虛席的溫布利體育場向興奮雀躍的聽眾表示，維卡幣是「比特幣殺手」。她向尖叫的粉絲們喊道，「在兩年內，就沒有人會再談論比特幣了！」[6] 維卡幣會讓它的投資人夢想成真。

這是個很容易賣的產品。人們想要加入這個新且快速發展的加密幣世界，而購買比特幣及其他加密貨幣的手續實在太複雜了。關於比特幣有著各種故事，述說人們如何因為將比特幣發送到錯誤網址，或者是將比特幣儲存在他們弄丟或不小心丟棄的電腦中而損失金錢，但他們仍然看到早期投資人賺了多少錢，並希望自己也能同樣致富。人們想要不費吹灰之力就變有錢，而這正是維卡幣提供的。

茹雅告訴會員們，將他們的朋友、家人及事業夥伴帶來投資，一起分享維卡幣將帶來的財富。他們真的這樣做了——人們把他們認識的每個人都帶進來了。許多人傾家蕩產，將他們的畢生積蓄交給茹雅，賣了他們的房子、車子和牲口，再抵押他們的房子，刷爆信用卡，借他們根本負擔不起也可能永遠還不了的貸款，只為了獲得他們負擔得起的最大維卡幣套餐。

關於維卡幣的消息像野火般傳播開來，一場運動似乎勢不可擋。消息傳播得越廣，他們的追隨者就越多，茹雅也變得越自信，這凸顯了一件事：每個人都必須知道維卡幣這個名字。

維卡幣很快就吸引了眾多追隨者。這家公司及它的分支機構每天都在世界各地的高檔旅館舉行網路研討會和招聘會，不分晝夜。熱情的維卡幣網絡成員在這些活動中述說著他們的生活如何改變，向全世界展示這是多麼了不起的大家庭，並將茹雅捧上了天。對任何稍微憤世忌俗一點的人而言，這看起來就像是經過精心排練的見證與推銷大會，但成千上萬的人仍蜂擁而至。有些人甚至不知道是為了什麼而來，是親朋好友帶他們來的。他們的演講者很會銷售，而他們銷售的是夢想。

他們帶進來的錢越多，維卡幣的招聘人員就越無所顧忌。正如英國《鏡報》（Mirror）參加的一次研討會時發現的，他們的招聘人員告訴聽眾，他們在那裡是為了讓他們「富得流油」。[7]他們的聽眾還真相信了。

很快地，維卡幣就在世界各地成立了辦公室。這對它的追隨者而言是個令人激動的時刻，他們感到自己屬於某個正在起飛的事物，並相信維卡幣將真正改變這個世界，而他們都會成為百萬或億萬富翁。

不要相信谷歌

維卡幣非常善於利用追隨者的情感需求。該公司聲稱他們提供的不「只是」保證快速致富的投資而已——他們是個大家庭、是個社群。他們的會員擁有自己的手勢——一個圓圈和一個一，當他們聚在一起時就會做這個手勢。無論它的信徒——人數現在還是很多——怎麼說，但總而言之，維卡幣就是個邪教，而茹雅則是它的教主。[8]

他們告訴投資人，這是「我們與世界的對抗」。維卡幣背後的母公司唯一生命（OneLife）告訴它的追隨者，任何提出反對意見的人都是「酸民」（hater），[9]他們只是嫉妒或不能理解，或者那是政府宣傳，目的是為了將它們關閉。他們甚至告訴追隨者不要相信谷歌！[10]這是邪教和陰謀論的典型作法。任何提出過多質疑的人都會受到霸凌並被踢出去，很簡單。

由於這家公司十分成功地利用了人們想要改善自己處境的渴望，也因此可以理解為何他們會忽視擋在他們和輕鬆賺錢的可能機會之間的一些醒目危險信號。事情在早期就曾出現過一些問題，但是人們卻認為這些問題只是小問題而已。

對於加密貨幣的最基本但關鍵的需求之一是它能夠兌換真實世界的貨幣。如果沒有這種能力，它就一文不值。人們買進維卡幣的唯一前提是他們的維卡幣價值會上漲，到時他們就能夠兌換成真實世界中由政府所發行的貨幣，也就是法幣。然而，維卡幣卻是唯一未在任何其他加密幣交易所上市的加密貨幣；人們實際上沒有辦法將它們換成比特幣或是真實世界的政府貨幣。維卡幣從來沒有告訴人們為何如此的原因。要經過好幾年後真正的原因才會透露出來。

相反，唯一生命建立了自己的交易所——換幣交易所（xcoinx）——投資人可以在這個平台上將他們的維卡幣換成真正的錢。當維卡幣推出時，這個交易所還沒上線，但是唯一生命總是說他們正在為此努力。雖然他們給的藉口一變再變，不太理想，但是距離完成總是不遠了。當交易所終於推出時，人們立刻就發現事情出了問題。因為要把歐元換成維卡幣很容易，但是唯一生命似乎不太願意買回維卡幣，並把歐元還給人們。早從二〇一六年初起，維卡幣就已經拒絕了所有的提款要求，只有極少數例外。大多數人都無法兌現他們的錢。考慮到該公司巨大的發展目標，以及他們理論上應該擁有多少儲備，那些將自己的儲蓄全部換成維卡幣的人對這件事應該要十分憂慮才對。很快地，這個交易所就會全面關閉。

揮舞著的巨大紅旗

在它的交易所關閉之後，唯一生命大張旗鼓地宣傳他們所謂即將成為全球最大加密幣上市市場的平台，即成交平台（DealShaker），它將成為唯一可以用維卡幣購買產品的全球市場。這是真的；成交平台是使用維卡幣的唯一全球市場，因為沒有其他網站會接受維卡幣為有效的貨幣。正如有辦法可以將維卡幣兌現是這個生態系的核心一樣，人們也需要有辦法花掉他們的維卡幣，只有這樣才能讓它們看似擁有某種實際價值。

二〇一六年，在倫敦有名叫做鄧肯．亞瑟（Duncan Arthur）的男子，他在一家大型美國銀行從事科技工作。他有份不錯的工作，但正如他在《失蹤的加密幣女王》播客上告訴BBC的，[11]他做得很痛苦。他描述他在那裡就是坐在電話旁，等著電話響。他極度渴望離開。後來電話真的響了。有名招聘顧問向他提供了一份工作。鄧肯．亞瑟不顧一切地接受了這份工作，管不了是否看到危險信號，他太想離開了。那份工作就是幫當時的加密貨幣新創公司維卡幣建立成交平台。

鄧肯．亞瑟已經離職，[12]對於自己曾在那裡工作了一段時間，他深感後悔，因為他現在已經明白那是個騙局了，但他比任何人都更了解這個平台的內部運作情形。鄧肯向BBC表示，成交平台是個線上跳蚤市場，上面除了垃圾什麼都沒有。平台的用戶數量也很明顯是捏造的；該網站宣稱該平台隨時都有五十九萬三千至五十九萬五千人在平台上活動，這是不可能的，如果是真的，這將會是個了不起的巧合，但也是個難以置信的統計數字，鄧肯說這個數字就跟平台的價值本身一樣都是虛構的。[13]

在一個亞馬遜、阿里巴巴（Alibaba）和eBay為王的世界裡，商家在上架商品時擁有很多選擇，他們很容易就可以在任何其他平台上用真實世界的貨幣來上架及銷售。任何新的網路市場想要吸引商家上架他們的商品，就必須要便宜而且容易上架。成交平台兩種條件都不具備。難怪商家們沒有大排長龍地等著加入這個平台。

維卡幣的分支機構基本上對網路銷售一無所知，但很快它們就被告知，如果它們想在平台上看見任何商家，它們就必須自己去找商家在平台上架。基本上，這就是在說他們沒辦法讓任何人自願加入。這就像是購物商場告訴它未來的顧客，如果他們想在那裡購物，他們要自己去找到願意支付高額租金進駐他們商場的店家。要在這個平台上架，商家必須接受至少有百分之五十付款是以維卡幣支付。除此之外，如果他們選擇以真實世界的貨幣上架，無論他們上架的百分比是多少，唯一生命都會從中抽取百分之五十，這讓人們很難看出對於任何上架擁有真實世界價值產品的企業來說，在這個平台上架如何是個可行選項。

考慮到他們所謂對於平台的信念，以及他們聲稱維卡幣會上漲的程度，有意思的是唯一生命選擇對他們在自己平台銷售的自家品牌產品和促銷T恤要求百分之五十的歐元，而不是維卡幣。成交平台的崩潰程度就像換幣交易所很快也將面臨的一樣嚴重。

不可能、難以想像的經濟學

唯一生命團隊還面臨著一個明顯而急迫的問題，許多熱切的投資人似乎在興奮中都忽略了。當維卡幣對歐元的升值幅度越大時，如果有人想要將維卡幣換成真實世界貨幣的話，唯一生命就需要越多的儲備才能應付兌現要求。而在實務上，只有當維卡幣的擁有者要求，且該幣能被實際兌換成歐元時，維卡幣才會具有任何真實世界的價值。唯一生命如何擁有它需要用來支持維卡幣的數十億歐元的現金儲備，這點他們從來不曾明確表明。一名經濟學家會問，如果維卡幣無法以任何方式實際兌換成歐元或其他任何形式的真實世界貨幣，它怎麼會擁有任何真實世界的價值呢？[14]但是人們並不擔心無法使用他們的維卡幣或直接兌現到他們的銀行帳戶；他們在螢幕上看到了他們的維卡幣的歐元價值，而且這個數字還一直在變大。

儘管出現了這些危險信號和頓挫，在交易所將再次上線、成交平台確實將成為世界上最大加密貨幣市場的承諾下，世界各地的人仍持續將他們的錢傾注在維卡幣上，他們主要是希望及期待維卡幣的價值會繼續飆升。維卡幣不斷地銷售。在兩年內，它就已經擴散到全球。到了二〇一七年時，維卡幣已經在世界各地擁有三百萬名會員。維卡幣的成長及擴散速度越來越快。

一個明顯發出這麼多危險信號的專案是如何擴散得如此之快、發展得如此失控呢？或者說，那些危險信號真的有那麼明顯嗎？

美夢成真

在尼德蘭最富盛名的街區之一納爾登（Naarden），一個充滿百萬富翁和豪宅的地區，座落著一座特殊的宅邸，隱藏在花俏華麗的黑色和紅色大門後，房子的名字「美夢成真」（What Dreams May Come）醒目地橫跨在金屬上。在它的上方有個龍形圖案及英文字母I和A的金屬標誌——這是房子主人的紋章。

房子的主人說，這間房子是夢想中的房子。年輕的伊格爾．阿爾伯茨（Igor Alberts），這名炫富的有錢業主，曾經一貧如洗的他經常匆匆經過這房子。當時這棟房子裡住著尼德蘭最有錢的人。伊格爾說，有一天他會擁有一棟像這樣的房子。伊格爾．阿爾伯茨的夢想實現了。他為自己的未來做了一張夢想板。其中最重要的是一張義大利女演員莫妮卡．貝魯奇（Monica Bellucci）的照片——那就是他未來妻子的樣子。在一次義大利旅行中，已經有了十個孩子的伊格爾遇見了一位年輕得多的義大利女士，名叫安德蕾亞（Andrea），長得與他的夢中情人非常相似。果然，伊格爾很快就說服安德蕾亞嫁給他，這對夫婦現在和他們的兩個孩子一起住在這棟豪宅中。

BBC的傑米．巴特利特和他的工作人員為了他們的播客系列去拜訪了伊格爾和安德蕾亞。這棟房子很大。它可能無法符合所有人的品味，但是很明顯他們在上面花了數不清的錢。房子的車道停滿了黑色豪華轎車，他們在花園中擁有一座等身尺寸的玻璃纖維光體動物園。如果說有什麼事情的炫富程度能與他們的房子相比，那就是伊格爾和安德蕾亞的衣服收藏了。伊格爾吹噓，光是安德蕾亞的衣服就保了一百萬歐元的險。每樣東西都出自設計師手筆，都是成套的。有興趣的人可以看看伊格爾和安德蕾亞的Instagram：@igoralberts。

這些錢不是因為他身為加密貨幣專家而賺來的。伊格爾在過去的三十一年裡都從事多層次傳銷工作（multi-level marketing）。他告訴BBC，他估計他為自己賺進了一億美元的利潤。[15]

金錢的金字塔

多層次傳銷，或簡稱MLM，是一種合法的行銷結構形式，但是必須販賣真實的產品。MLM的運作是基於金字塔結構的會員抽成（affiliate payout）。在金字塔頂端的是那些最先加入的人，他們從那些向他們購買產品的人那裡賺取豐厚的抽成。如果他們招募的新成員接著也銷售該產品，那些在最頂端的人還是能從他們的銷售額中獲得一定的抽成。同樣情況一層又一層地持續到金字塔的底端，而金字塔往往有很多層。MLM是那種如果你很早加入並表現出色，你就會變得比你最狂野的想像還要富有的產業之一。正如像伊格爾這樣的人證明的那樣，利潤可以是暴利。很早就加入並處在金字塔頂端、經驗豐富的網絡傳銷人員總是能找到一些人會向他們購買產品。但是你越往金字塔的底端走，就會看見有越多的人試圖向同一個社群的人銷售同樣的產品，其中許多人早就有人接觸過了。絕大多數的人，也就是那些後來才加入的，如果他們沒有已經建立起龐大的下線網絡，就會很辛苦，而且幾乎肯定會賠錢。但他們還是得付錢買同樣的產品或是付入會費（affiliate fee），才有權利推銷該產品，但許多人甚至永遠賺不回這筆錢。多層次傳銷的報酬結構被用來銷售從維他命到行銷課程等各式各樣的產品，不只一種透過ＭＬＭ銷售的昂貴補品被人發現成份只是普通的水而已，但ＭＬＭ最近已經成為傳播加密幣騙局的流行方式。對於ＭＬＭ，你總是不得不多點小心謹慎。

伊格爾．阿爾伯茨知道如何在多層次傳銷中找到最新、最有利可圖的機會。經驗老到的多層次傳銷者知道要儘早加入，一個機會結束就尋找下一個機會，當他們知道他們已經賺到所有可以賺到的錢，或是察覺到專案即將崩潰或快要被揭穿是個騙局時，他們就會退出。世界各地都有人以多層次傳銷為業，有些人已經建立了一整個隨時準備銷售產品的人脈網絡，他們知道所有的技巧與訣竅以及如何將各類型的產品賣給各類型的人。這些團隊會從一個產品移動到下一個產品，有些團隊誠實，有些還好，那些人不在乎產品是什麼，只是充份利用既有的網絡與累積以來的銷售技巧，把握每個最新的獲利機會而已。

塞巴斯汀．格林伍德（Sebastian Greenwood）是維卡幣的共同創始人之一，如今正蹲在美國獄中等待詐欺的指控，[16]他在多層次傳銷的領域建立了自己的事業，深知它是如何運作的。它有一個MLM傳銷人員的下線網絡，知道如何讓一個新的MLM概念順利起步。當茹雅遇見塞巴斯汀時，加密貨幣正在蓬勃發展，而茹雅——整個操作背後的大腦——立刻就明白了它的威力，如果多層次傳銷做得成功的話，它可以引發瘋狂炒作及錯失恐懼症（FOMO）的恐慌性買入。她認為這就是要讓她的加密貨幣像病毒一樣傳播出去所需要的東西。

茹雅意識到，要讓維卡幣——某種承諾將帶來巨大財富而人們可以買入的產品——傳遍地球上的每個角落，最好的方式就是擁有多個由多層次傳銷人員組成的團隊，它們有現成的銷售員、銷售管道和經驗，早已準備好要讓全世界買入她的賺錢產品。她需要做的只有一件事：讓產品夠容易銷售、讓佣金夠豐厚，以便吸引全世界最優秀、最積極進取的網絡傳銷人員團隊，專門為她銷售維卡幣。她知道這可能會像病毒般傳播出去。而它的確做到了。

茹雅博士清楚知道自己在做什麼。在FBI後來取得的電子郵件中，她將維卡幣形容為「華爾街婊子遇上了MLM」。[17]印鈔機與多層次傳銷的結合。茹雅只需要多層次傳銷人員組成的團隊即可。

伊格爾．阿爾伯茨是世界上最懂多層次傳銷的人之一。他已經透過他在MLM三十一年的職涯建立了一個由數千名世界上最優秀的專業MLM傳銷員組成的一個下線團隊。[18]這個龐大的全球團隊將迅速抓住這個最新機會，建立銷售管道及聯盟網站，用他們無懈可擊的銷售話術來舉辦各種活動及促銷，培養社群，並在事跡敗露之前適時退出。而在機緣巧合下，當維卡幣推出時，伊格爾．阿爾伯茨也正在尋找他的下一個機會。

錢香

伊格爾對茹雅印象深刻，他覺得她看起來像個女王。她極有自信，並擁有他讚賞的學術成績。而且維卡幣的銷售潛力是顯而易見的。他嗅到了錢的味道，並且被說服了。伊格爾召集了他的所有團隊，把他們直接帶過來銷售維卡幣。

在多層次傳銷裡，會有各種圖表列出世界各地不同MLM產品的最高個人收入者。當伊格爾和他的團隊開始銷售維卡幣時，在包含所有公司的多層次傳銷十大世界最高收入者中，就有七個來自唯一生命。[19]在短時間內，他們就讓維卡幣成為世界上最大的網絡傳銷公司。

伊格爾聲稱唯一生命在以網絡傳銷方式銷售套餐的第一年，製造出的百萬富翁就已經超過了安麗（Amway）在七十五年的歷史中所創造出的數量，安麗是至今為止最大的多層次傳銷公司。[20]

伊格爾和安德蕾亞·阿爾伯茨知道如何賺錢，他們使盡渾身解術推廣維卡幣。正如他們告訴BBC的，他們加入維卡幣的第一個月，「就從無到有地賺到了九萬歐元。砰！」[21]然後他們在一個月內賺了十二萬歐元；不到幾個月，他們就為自己每個月賺到百萬歐元的利潤。[22]

唯一生命會給他們的銷售員頒發一系列的名稱與頭銜，以表示對他們帶進來的金錢數目的讚美和認可，這是個排行榜，意在進一步激勵傳銷員推動更多的銷售。排行榜的頂端就是伊格爾·阿爾伯茨，他是「皇冠鑽石」頭銜的光榮擁有者，這是他們的最高頭銜，只授予每個月能創造八百萬歐元銷售額的人。當他們離開時，他們每個月仍然可賺兩百四十萬歐元。[23]這些錢全部都是銷售維卡幣賺的。

維卡幣傳播得如此之遠、之快，是因為行銷它的人是專業、經驗豐富的MLM銷售員，他們深知銷售的技巧。他們對加密幣一竅不通，但他們知道如何刺激人心並讓他們買進。他們都是成熟、富有舞台魅力的演講者，習慣炒熱氣氛，最重要的是，他們不會問任何跟產品有關的問題——在許多情況下，只要錢對了，他們什麼東西都能賣。維卡幣就是以這種方式從世界各地人們身上捲走數十億美元，包括許多世界上最貧窮的人。

對金錢的信仰

不只是專業的多層次傳銷人員犯了把人們的辛苦錢帶進維卡幣的錯誤。世界各地的維卡幣投資人自己也受到激勵，當他們帶進新成員時，他們可以獲得他們投資資金的百分之十或更多的獎勵，以及他們帶進的新成員所帶進的新成員帶來的資金的百分之二十五，如此向下延伸四級，這是個整件事的幕後策劃者精心設計的一個漂亮的小金字塔騙局。他們強制規定這些會員收益的百分之四十必須以維卡幣支付給他們。[24]

在一個理想的情境下，會員的提款請求將必須以維卡幣存在銀行中的錢或是這些會員已經帶進或投資下去的錢來支付。但這是龐氏騙局的領地，所以支付的款項來自他們的新會員。但是到了二〇一七年七月，會員提款請求已經比新進來的資金還要多了。他們只有一件事可做。允許用戶從維卡幣換成現金的換幣交易所必須關閉。如果會員或是任何的維卡幣持有者希望有辦法將這些收益換成真實世界貨幣的話，他們的希望在二〇一七年初就被粉碎了。因為換幣交易所永遠關閉，再也不曾重啟，沒有任何方式可以兌現維卡幣代幣了。但是這個消息很慢才傳開。人們對這個設置還是很有信心，而且不是每個人都想兌現，所以過了一陣子人們才意識到事情出了問題。人們開始賣出維卡幣，希望賺會員的財富；而且還是有百分之六十的會員收益是以政府貨幣支付給他們。

不是每個人都已經建立了龐大的多層次傳銷下線，但是有些維卡幣的推廣者擁有預先建立的社群，這些社群的成員本來就傾向信任這些人。世界各地的宗教領袖（無論是出於無辜，還是出於個人的貪婪）把維卡幣推廣給自己的追隨者，或是請維卡幣銷售員向他們會眾的進行介紹，然後從每筆投資中抽成。有些人是被騙的，也許他們認為自己是在為自己的社群做好事。好幾個非洲宗教領袖忽然開始搭乘豪華轎車去教堂，靠的就是他們的維卡幣會員利潤，[25]據說當他們的社群成員失去畢生積蓄時，他們竟然幸災樂禍。

合法與非法之間

在多層次傳銷這個龐大、略帶陰暗色彩的遊戲中，如果有真實的產品可供銷售，那就叫做網絡傳銷。如果沒有，那就意味著進來的錢不是來自任何產品的銷售，而是來自下一組投資人。當這種事情發生時，那就是金字塔騙局（pyramid scheme，譯按：台灣也常稱為老鼠會，此處因作者強調佣金抽成結構像金字塔，故直譯為金字塔騙局）——或者龐氏騙局。龐氏騙局是非法的，但MLM和龐氏騙局之間的差異往往只能說是灰色的。兩種模式大致相通：它們都在以誤導人的承諾及誇大不實的產品而知名的產業中進行高壓銷售。

在維卡幣的案例中，銷售的特定產品只需要稍加調整，就可變成像是可以合法銷售的產品了。和其他網絡傳銷騙局不同，其他的團隊會嘗試銷售產品，而維卡幣的產品則是販賣印錢的代幣套餐。這會是世界上最好賣的東西。對維卡幣來說不幸的是，購買代幣——這些代幣可能會被用來創造更多不受監管的數位貨幣——的機會，並不完全算是一種產品。官方本來是會早點將維卡幣列為龐氏騙局，並且更早阻止它繼續運作的。但是唯一生命的人知道如何繞過這個問題。

一種教育：剽竊的PDF檔案及更多的神奇經濟學

唯一生命需要一種可以銷售的產品，好讓他們的MLM騙局看起來比實際上更合法一點。因為他們無法推銷只包含加密代幣的套餐，他們只好發揮更多創意。於是他們成了一家教育公司。

唯一生命販售包含教育課程的套餐。他們的入會銷售員通常不會真的談到這套課程，許多人買進維卡幣的人也完全不提。很多人甚至似乎不知道有這東西。

教育也許是維卡幣入門套餐的一個合理掩護，入門套餐價格為一百歐元，但最大的維卡幣套餐價格高達二十二萬八千歐元。似乎很難為一個維卡幣寄出的數位PDF檔案包裹為何值這麼多錢作出合理解釋。尤其是當（正如BBC的調查迅速發現的）他們的教育內容幾乎是一字不漏地照抄艾瑞克．泰森（Eric Tyson）所著的《傻瓜的個人理財法》（Personal Finance For Dummies）時，[26]要為它辯護就更難了。

不像其他的加密貨幣，任何人都可在交易所購買，你不能只買維卡幣。要買維卡幣，你就必須買他們的教育套餐，這些套餐會給你代幣，然後這些代幣（據說）會挖掘或創造更多的維卡幣。他們告訴潛在投資人，這些套餐就會給他們大量的代幣，而這些代幣將會大幅升值，他們讓潛在投資人相信，只要買其中一個套餐，他們就可以變成億萬富翁！許多維卡幣投資人很快就成了億萬富翁——至少維卡幣網站上的數字是這樣顯示的。他們還不能花掉或是操作這些錢，但是這沒關係，因為在他們看來，它持續上漲，沒有崩潰。

二〇一六年七月，一段茹雅罕見的為這類維卡幣套餐宣傳的影片被公諸於世。這個新套餐叫做終極套餐（Ultimate Package），售價為十一萬八千歐元，這不是個小數目。除了附加在套餐裡的幾張抄襲教育內容的數位表格外，買家還得到一百三十一萬一千個代幣，這將產生兩百多萬個維卡幣，據說維卡幣當時的價值是每個七歐元。YouTube已經下架了這段原始的維卡幣影片，但是有興趣想看這段影片中到底胡扯些什麼的人，只要用谷歌搜尋一下或是通過參考資料中的連結，仍然可以看到這段影片和其他的影片。任何關注加密幣的人都會知道，影片中提到的一些東西，例如意思是指以更快速度挖礦的自動挖礦（auto-mining），純粹是些在技術上毫無意義的胡言亂語，就加密幣而言，維卡幣所描述的事情基本上是不可能發生的。[27]這充其量只能說是對經濟的掌控——或是惡性通膨。投入十一萬八千歐元，等幾個月好讓那些維卡幣被挖出來，短短的幾個月，你就有了一千四百萬歐元。確實是很高的回報。

事實上，維卡幣是個憑空創造出來的產物，它提供全世界最好的網絡傳銷專家高額佣金，他們銷售的賺錢機器會創造最熱門的產品——一種被吹噓成比比特幣更大、更熱門的加密貨幣。

全世界最有錢的人

伊格爾看著他的維卡幣螢幕上的數字不斷增加，他沉迷其中。正如他在《失蹤的加密幣女王》系列節目中告訴傑米的，「我計算了一下我們需要多少幣才能成為地球上最有錢的人……我告訴安德蕾亞，『我們需要把它增加到一億，因為當這種幣漲到一百歐元而我們擁有一億個，我們就會比比爾．蓋茨（Bill Gates）還要有錢了。』這是數學問題，就這麼簡單。」[28]伊格爾和安德蕾亞認為他們因為維卡幣而成為全世界最有錢的人。但伊格爾和妻子不是唯一一個會計算他們新發現的財富價值的人。其他的維卡幣會員，甚至連那些不是最成功的人，也因為夠早開始行銷維卡幣而看到他們持有的幣價值超過十億歐元。普通人深信他們已經成了億萬富翁。

對這些滿懷希望的投資人而言不幸的是，這種數學不太正確。區塊鏈熱中者、加密幣ATM公司創始人提姆．泰遜．庫里（Tim Tayshun Curry）一直從旁觀察維卡幣，等待著他預期中不可避免的崩潰到來，並盡力在人們投資並血本無歸前對他們提出警告。提姆開始做了些計算。根據唯一生命給出的數字，每分鐘都有五萬個新的維卡幣被「開採」出來。[29]根據當時的匯率，大約每個維卡幣可兌換三十歐元，這意味著唯一生命每分鐘創造出一百五十萬歐元，或者是每天憑空生出二十一億五千萬歐元。截至當時為止，已經創造出七百億個維卡幣，而每分鐘都有更多維卡幣正在被開採出來。這使得流通中的維卡幣的價值超過了世界上所有流通中的美元價值。這顯然不可能，而且一點也不可信。但似乎沒有其他人真正注意到這件事，或為此感到困擾。人們看著他們螢幕上的數字一直增加，而根據所有社交媒體管道上成千上萬的評論，許多人並不想提出質疑。

惡性通貨膨脹

以區塊鏈為基礎的貨幣——即加密幣——的好處在於，代幣的數量無法操縱。代幣的數量和通貨膨脹率會在創建時就寫進代碼中。

正如我們將在後面的章節中看到的，加密幣市場可以受到嚴重操縱，但是至少在理論上，區塊鏈對於加密幣的創建及交易提供了更大程度的透明性，而且避免一個中心化的實體有能力扭曲代幣供給，如同銀行和政府經常做的。這給了維卡幣的投資人某種程度的安心感，茹雅曾經向他們保證，維卡幣建立在最創新的區塊鏈科技上，是最大、最優質的加密貨幣。

在正常情況下，如果一種貨幣的供給量突然在一夜之間由二十一億個貨幣暴增為一千兩百億個，這就會被視為是惡性通貨膨脹。超過個位數字的通貨膨脹在全世界都被視為是高通貨膨脹。一種貨幣突然間出現百分之五千七百一十四的通貨膨脹，無論從任何定義來看，都肯定會被認為是極端。一般而言，增加貨幣的供給量就會讓價格下降，這基本上適用於世界上每個國家、每種貨幣。然而當唯一生命突然在一夜之間決定要增加這麼多的維卡幣代幣供應時，維卡幣的投資人大部份都老神在在；因為他們確信自己的維卡幣都儲存及記錄在區塊鏈上，而這意味著它們某程度上是安全的。[30]茹雅博士告訴投資人，這次他們代幣的增加（惡性通膨）會讓單個維卡幣更值錢。這是繼維卡幣對基本經濟學原則的許多非凡改寫之後的又一次改寫。[31]

正如茹雅煞費周章地解釋的，如果維卡幣的數量更多的話，就有更多人會知道維卡幣，於是就會進一步地擴散及加強維卡幣這個品牌。[32]雖然不清楚這會如何運作，或者這要如何成為可能，人們就是相信她。為了彌補代幣供應的大幅增加，茹雅把他們所有的維卡幣增加了一倍。人們本來擁有的維卡幣從一個變成了兩個。但人們並沒有看清現實，他們的維卡幣的價值實際上縮水了三十倍，這使得投資人資產的相對價值現在比他們當初買進時少了百分之九十六點六六。他們鼓掌歡呼，讚美他們的領袖。一切都很好，因為所有東西都安全地記錄在區塊鏈上了。

失蹤的加密貨幣

比約恩·比約克（Bjorn Bjorke）是名技術專家，經營著自己的資訊科技公司，他在二〇一三年因女兒的出生而休了育嬰假。比約恩·比約克抽空和我進行了談話。他以前聽過比特幣，並在休育嬰假那一年花了大部份的時間試圖破解它。接著他也把二〇一四年的大部份時間花在嘗試破解比特幣。最後他終於意識到自己無法破解它。但是那時比約恩已經上癮了。他開始專心開發區塊鏈技術，並很快就成為了領域裡公認的專家。二〇一六年十月，一名專門從事多層次傳銷的日籍招聘仲介找到比約恩，向他提供了一個為一家在保加利亞的加密幣新創公司工作的機會，這家公司希望聘請他擔任他們的技術長（CTO）。薪水很不錯——一年約二十五萬歐元。這對於所提供的這份工作而言也許高得可疑，但他們希望他搬到保加利亞，他們會為他租一間不錯的公寓，也會為他的車子和其他開銷買單。他們希望他能為他們建立自己的區塊鏈。

聽到這裡，比約恩的耳朵豎起來了。他知道如何建立一個區塊鏈；這是他一直在做的事情。但這名招聘仲介說過這是家已經擁有加密貨幣的加密幣公司。按照定義，加密貨幣建立在區塊鏈上。就技術上來說，沒有區塊鏈的加密幣不可能存在。比約恩要求對方告訴他更多詳情。最後，這名招聘召介終於透露了這家公司的名字：維卡幣。比約恩以前曾聽人提到過維卡幣這名字。對於加密幣世界裡的人來說，這是個人們很少談論，但眾所週知的騙局。

這裡的時間點很有意思。那一年的十月一日，茹雅在舞台上「啟動」了他們的新區塊鏈。[33]這個新區塊鏈會比他們之前的那個更大、更好，她這麼說。六天後，這名招聘人員就打了第一通電話給比約恩，提供了技術長的職位，要他為這家聲稱已經擁有一個運作了好幾年的加密貨幣的加密幣公司建立一個區塊鏈，他們現在需要。

唯一生命一直都在使用結構式查詢語言（ＳＱＬ，下簡稱ＳＱＬ）資料庫來儲存維卡幣的資料與價值。ＳＱＬ資料庫的運作方式跟Excel表單很類似。任何人都可以隨時進入資料庫並改變格子中的數字。

而維卡幣不在區塊鏈上。這只意味著一件事——只要茹雅按個鍵，她就可以隨時更新紀錄維卡幣價值及價格格子裡的數字，而且她持續這麼做。維卡幣被記錄在一個ＳＱＬ資料庫上，而不是區塊鏈上，這個事實意味著維卡幣可以隨意凍結帳戶或維卡幣，他們可以完全控制他們用戶的持幣，但如果維卡幣建立在區塊鏈上，那就只有擁有者才能夠移動或使用這些幣。人們在螢幕上看到他們的維卡幣投資組合價值的數字，事實上沒有任何意義。他們的價值是憑空捏造的，一切只看茹雅那天想要在格子裡輸入什麼數字。這就是維卡幣的價值一直上漲，以及它為何無法兌現真實世界貨幣的原因，也是為什麼就連唯一生命都不接受用這些一文不值的維卡幣支付他們自家品牌商品的原因。維卡幣所做的事情有百分之九十都無法在區塊鏈上完成。正如比約恩所說的：警鐘正在敲響。

粉飾太平

投資人終於開始聽到風聲，維卡幣可能不像它想要人們相信的那樣。已經有太多的危險信號，太多的事情出問題了。對一些人來說，比約恩的評論是最後一根稻草，他證實了唯一生命沒有區塊鏈，為此他多次收到生命威脅。恐慌開始來襲。許多人直到當時都仍一直死忠地在銷售維卡幣，指望它帶來的利潤，他們認為這讓他們意識到自己一直在向自己的社群和親人推銷的不過是個騙局。

唯一生命需要向世界保證，維卡幣有某種價值，才能讓騙局繼續下去。交易所關閉了。到二〇一九年時，成交平台不像它想要讓人們相信的那樣是個全球交易平台；撇開偽造的數字不談，它看起來幾乎沒有人在使用，而且現在茹雅已經逃亡兩年了。唯一生命的團隊做了任何假加密幣龐氏騙局公司在這種情形下都會做的事：他們在羅馬尼亞一條小巷子裡的旅館裡舉辦了一場選美比賽。傑米和他的ＢＢＣ團隊去了，但他們在那裡的感覺不是太好。

唯一生命宣稱他們的唯一生命小姐選美比賽會是世界最大盛事，數百萬人將收看這場比賽，萊雅（L'Oréal）是活動贊助商，而這會是加密貨幣贊助的第一場選美比賽。[34]現實跟活動主辦人的期望也許有點落差。沒有出現成群結隊的電視台攝影機，也沒有看到萊雅的廣告標誌，沒有證據表明他們曾意識到自己與唯一生命有任何關聯，隨後他們的商標也從網站上撤下，[35]只有三十位美得令人驚嘆的參賽者，她們是為了慷慨的獎品從世界各地飛來的模特兒。他們提供的獎品也許是有史以來提供給選美比賽獲勝者的獎品中最奇怪的：獲勝者可以選擇價值二十萬歐元的維卡幣或是整容手術的獎品券。[36]

錢跑到哪裡去了？

沒有人能確定到底維卡幣是從什麼時候開始把錢花光的，但是早在二〇一七年初時，他們就明顯碰到了一些大麻煩。儘管承諾了巨大的投資回報，但是維卡幣卻從這一年初就無法滿足人們的提幣請求。一些會員聲稱他們已經有好幾個月沒有拿到錢或無法提出他們的錢了。雖然有些會員或多或少不受影響，但不久之後，絕大多數人就都在抱怨他們無法拿到他們認為被拖欠的款項了。

這衝擊了維卡幣的底線，這是該公司真正承受不起的。沒有開心的會員，就沒有人帶進新的投資金，人們的投訴及壞消息不斷傳來。維卡幣努力在投訴出現後的短時間內就刪除了大部份，但人們的情緒很明顯——維卡幣的金庫裡已經沒有錢可以付給投資人和會員，而新投資金也枯竭了。考慮到失蹤的數十億美元，人們仍然不知道茹雅及唯一生命背後的策劃首腦們到底抽走了多少錢，或是這些錢到底跑到哪裡去了。[37]

愛情間諜

但這不是茹雅在這段時間擔心的唯一事情。茹雅結婚了，有個年幼的女兒。彷彿事情還不夠戲劇化的是，她和一名美籍洗錢者吉爾伯特．阿爾曼塔（Gilbert Armenta）有段長期婚外情，後者一直在幫助她轉移資金。茹雅和吉爾伯特正在談論要離開他們的配偶，甚至要為他們的孩子取什麼名字。

吉爾伯特和FBI之間有些麻煩，茹雅知情，但這不是問題。讓茹雅擔憂的是她不相信吉爾伯特會為了她離開他的妻子。茹雅顯然在二〇一五年聘請了盧森堡的一名頂尖間諜為她解決這個私人困擾。法蘭克．施耐德（Frank Schneider）現在經營著一家名為「砂石」（Sandstone）的私人情報公司，而據說茹雅就是找上他，要他為她解決自己的所有問題。茹雅的弟弟康士坦丁（Konstantin）曾在法庭上說了一些法蘭克極力否認的話。但是在二〇一七年時，對茹雅而言，愛情生活是她最急迫的問題。[38]

據報導，茹雅讓法蘭克的一名手下買下了吉爾伯特在佛羅里達與妻子同住的房子下面的那層公寓，並在天花板鑽了個洞，裡面放了個麥克風，好讓她能聽到發生了什麼事，這也許是兩個罪犯進行非法但可能得不到的戀情時的典型做法。茹雅計畫監聽他和妻子的私人談話。但茹雅不知道的是，吉爾伯特已經和FBI合作，想要用說出對她不利的事情為自己爭取一點希望。FBI已經監聽他的電話，以紀錄他和她的談話，[39]內容包括她警告他要小心參與維卡幣的「這些俄羅斯人」可以做什麼事。[40]

到了二〇一七年九月，茹雅知道他們惹上麻煩了。在那個月打給吉爾伯特的一通電話中，她威脅說有黑幫的參與，涉入其中的俄羅斯人力量很大，他們可以為所欲為。她聽起來很害怕，但似乎還不知道維卡幣惹上了什麼程度的麻煩。無論如何，到了九月底，茹雅陷入了麻煩當中。維卡幣無法支付款項，也沒有帶進新投資人，它需要這些人來維持門面，黑幫正在逐步逼近，而似乎她想與愛人遠走高飛並生下孩子的希望也破滅了。

假加密幣女王

隨著維卡幣的麻煩逐漸累積，調查研究者及憤怒的投資人也開始圍了過來。他們很快發現，關於茹雅的許多事情都是假的。《富比世》雜誌的封面其實不是封面，而是維卡幣在《富比世》保加利亞的分支機構投放的付費廣告，唯一生命將它設計成看起來像是《富比世》國際版封面的樣子。[41]當維卡幣在宣傳中（廣泛）使用這個廣告頁時，他們忘了提到它只是個廣告。在《經濟學人》的大會發表演講也是買來的——維卡幣是他們的白金贊助商。[42]

維卡幣也不是茹雅從失敗專案中消失的唯一案例。二〇〇九年，茹雅和她身為金屬工人的父親買下了德國南部一家鋼鐵廠，就在她長大的地方附近。他了解這行業，而茹雅則擔任大腦的角色，負責業務經營。這家工廠的業務過去一直十分興隆，雇用了一百四十名忠誠的工人，養活了一百四十個當地家庭。但這家工廠到了二〇一二年卻破產了。傑米・巴特利特和他的ＢＢＣ調查團隊訪談了這些人。當它的長期員工都失業時，茹雅卻開著昂貴的保時捷四處跑。[43]她在如此短暫的時間裡就把這家一度生意興榮的工廠推向破產，這導致她被判犯了二十四項詐欺罪。她承認多項指控，包括挪用員工及供應商資金、欺詐銀行、做假帳，她甚至試圖將工廠機器運回保加利亞出售。茹雅被判處了十四個月的緩刑。[44]直到維卡幣，這家工廠的人再也沒聽過她的消息，對於沒有直接受到影響的所有人而言，這件事成了令人遺憾的歷史。

她走了，拿了錢跑了

不知道是否是因為維卡幣面臨麻煩而她知道自己成了FBI的通緝對象，還是她破碎的愛情生活，或甚至是來自維卡幣捲入組織犯罪的壓力，茹雅躲起來了。人們唯一知道的是，茹雅最後一次出現是在一架飛往雅典的瑞安航空（Ryanair）班機上，她在雅典與一些俄羅斯人上了一輛車，然後就再也沒有人見過她了。這些人是否就是她在被監聽的那通與阿爾伯特的電話中提到的那些俄羅斯人？這一點就（還）不為人知了。

茹雅曾在更早的時候和她的合夥人討論過可能的退場策略：「捲款潛逃，把責任推給別人……」[45]

有一個人也許比任何人都更了解茹雅和維卡幣，那就是傑米．巴特利特。他是BBC熱門播客系列「失蹤的加密幣女王」的幕後策劃及主持，他曾在我們在倫敦的「加密幣俱樂部」活動上進行了一次最刺激的閉門會談，在本書寫作期間，他十分慷慨地與我（真正）坐下來進行了一場談話，以下就是他要說的：

人們為何不質疑或懷疑維卡幣不是加密幣？

百分之九十九的維卡幣投資人都是多層次傳銷圈子的人或他們的朋友，所以他們曾經聽過比特幣和披薩男（他臭名遠播地用一萬個比特幣買了兩個達美樂披薩〔Dominos〕，這些比特幣在二〇二一年（至今為止）高點最多約值五億美元），但不了解圍繞加密貨幣的技術。MLM圈的人往往用這樣的角度看待事情：創始人是否有博士學位，他們過去是否曾為大公司工作，推廣者開的是否是好車？他們通常會用不同的方式來建立信任，但加密幣圈的人看的則是代碼或GitHub。

很多責任要歸結到人們信任朋友。人們被比特幣和其他加密貨幣的巨大回報蒙蔽了雙眼，許多人真的很想相信維卡幣也是真的。從心理上講，一旦你下定決心相信某件事是真的，你就能夠找到支持它的證據。茹雅給了那些想要相信的人夠多的證據。

值得注意的是，維卡幣還是在加密幣相對早期階段發生的。這時幾乎每個人都將所有不同的加密幣專案稱為騙局。比特幣人稱以太坊為騙局，以太坊人稱比特幣為騙局。每個人都稱所有較小的另類幣（alt coin）為騙局。所以維卡幣看起來只是被指控為詐騙的許多加密專案之一而已。稱維卡幣為騙局就失去了它的意義。此外，維卡幣在所有關於它是個騙局的訊息傳遍網路時就開始了。

為何人們始終相信維卡幣，即使已經出現了這麼多的危險信號？

當你將你的錢投資到某樣東西上時，你就會有一種心理障礙，你會很難相信自己被騙了。很多人就是承受不了真相，所以保持著希望。

承認自己被騙了，對於許多帶著自己的親朋好友一起投資的人而言，意味著你得向你的親朋好友承認你也騙了他們，儘管不是有意的。

有幾種層次的人：

- 處於頂層的人知道這是個騙局，但並不在乎。
- 處於中間的人雖然懷疑，但並不想知道真相。

- 處於底層的人一開始真的相信維卡幣和它的宣稱，然後發現這是個騙局，但繼續假裝，因為他們不想相信。
- 有些人真的不知道它是個騙局。

為何多層次傳銷的人能夠全身而退？為何你認為人們可能成為多層次傳銷騙局的慣犯？

那些在MLM金字塔頂層的人已經賺了很多錢；他們現在有優秀的律師可以建議他們該說什麼才能保持他們的清白。事情不一定是公平的。

二〇一五年時，執法部門認為維卡幣是加密貨幣。他們沒有對它進行過足夠的調查，所以他們認為它是不受監管的，因為加密貨幣在當時就是如此。即使在二〇一五年時也已經有太多不同的加密幣專案，我不認為不同國家的執法部門知道該做什麼，或是該關注哪些專案。在大多數國家裡，這些專案根本不受監管，所以沒有人知道哪個是該負責的機構。

你認為他們會受到懲罰嗎？

執法部門可能會介入並啟動調查，但事情很難證明。要證明人們認為這是真正的投資還是個騙局實在是太難了。多層次傳銷本身是合法的，所以這是個相當程度的灰色地帶，而這些多層次傳銷的傢伙可能會找出各種理由讓自己擺脫麻煩。

你認為茹雅還活著嗎？

我想是的，可能還活著。我認為她有百分之三十到四十的可能已經死了。有些人有除掉她的動機。但是她又能獲得很多的錢，錢帶來了權力。

你知道維卡幣的幕後黑手是誰嗎——是黑手黨還是黑幫？如果它的背後是黑幫，他們是什麼時候加入的？他們從一開始就參與了，還是當它變成一筆大生意時，他們才變成帶頭的？

可能一切從一開始就是個幌子，只是為了掩護毒品交易或其他目的的洗錢活動；有可能這就是事情的真相。我個人認為它確實是茹雅和塞巴斯汀的共同構想，最初這是他們的主意，他們各佔一半。茹雅貢獻了大腦和加密幣這方面的訊息，塞巴斯汀貢獻了ＭＬＭ，也就是多層次傳銷經驗。也許黑幫是之後才進來的。

你認為它從一開始就是個騙局，還是一開始是出於善意，但是後來失控了？

也許從一開始就是騙局，也許不是。真相很難得知。但茹雅做的事情實在太可怕，對太多人產生了太大的影響，因為她創造了加密幣和MLM的結合，這是前所未見的。創造一個可以像野火一樣迅速銷售的MLM結合加密幣的賺錢產品，這是茹雅的主意。結果失控了。

我想他們一開始也嘗試著如果可以的話要讓它成功，但接下來它就不再受到他們的控制了。我認為它變得遠超出他們想像中可能達到的規模。它有點像是許多其他的加密幣ICO。在那個意義上的ICO，有些是騙局，有些是變得像是騙局的機會主義，因為它們的創始人沒辦法讓它們成功，但它們卻變得比原本預期的還要龐大。

我不認為它是像加密幣騙局那樣的黑白分明。有些人一開始確實相信它，然後他們被搞糊塗了。這就是當談到維卡幣時，為何MLM的面向如此重要的原因。維卡幣提供了所有迅速致富的巨大承諾，而百分之九十九的MLM都不賺錢，但人們還是懷著希望，並且想要相信。

騙局仍在繼續

即使維卡幣有一天完全停止交易，它造成的損害也不會消失。二〇一六年底，維卡幣的一些領導者離開了，據說他們是新加密貨幣達格幣（Dagcoin）[46]的幕後推手，從網路和社交媒體上的大量評論來看，不少旁觀者會指控它是維卡幣騙局的同一類複製。人們在高收益的期望下將真正的鈔票投資下去，ＭＬＭ會員因為推銷它而得到高額回報，它還透過它的會員網絡「成功工廠」（Success Factory）提供教育套餐。「成功工廠」和達格幣在網路上擁有許多群組，包括一個由滿懷希望的投資人組成的活躍臉書社團，他們不是相信了這場炒作，就是太絕望而無心它顧。達格幣是什麼還沒有定論，但根據許多旁觀者的說法，它就是個明目張膽的龐氏騙局，[47]幾乎可說是維卡幣的翻版，並且正在迅速吸引那些還沒有意識到他們正在這個騙局中損失金錢的投資人。

維卡幣的推廣者百萬富翁伊格爾．阿爾伯特從維卡幣受害者身上賺取了數千萬歐元，他說，當他意識到那是個騙局時，他和安德蕾亞離開了。當他看到法律開始對維卡幣展開追訴時，他就把他的多層次傳銷團隊帶到了達格幣。他們現在是達格幣的最大推廣者，每個月可從中賺取一百六十萬美元。[48]想要查看達格幣與維卡幣之間相似性的人，可以瀏覽達格幣的臉書社團，你會得到關於這些ＭＬＭ騙局如何發展的驚人見解。

一些維卡幣的罪魁禍首坐了牢，其他人還在等候審判，而茹雅依然在逃，行蹤成謎。世界各地的數百萬人，其中包括許多來自世界上最貧窮國家的人，都成了優秀業務員和他們的宗教領袖的犧牲品，他們再也看不到自己的錢了，而那通常是他們的畢生積蓄。

第四章

比特空

雙重龐氏騙局及難以捉摸、不可戰勝的交易機器人

空洞的內容與流行語，另一種新加密貨幣

又一個月，又一個ＩＣＯ。二〇一六年的二月，將影響最多人的ＩＣＯ是比特空，它在當時只是個不知道從哪冒出來的一家不知名新創公司的名字。正如許多其他的ＩＣＯ，比特空並沒有在公司網站或行銷上透露太多的訊息；公司團隊是匿名的，沒有關於專案背後是誰的訊息，也沒有說清楚比特空想做什麼。網站上只是簡單地寫道：

> 比特空幣是種開源的、點對點、由社群驅動的去中心化加密貨幣，允許人們用不受政府控制的貨幣儲存及投資他們的財富，甚至還可從投資中賺取可觀利息。這意味著任何錢包裡持有比特空幣的人都將可從他們的帳戶餘額中獲得利息，作為幫助維護網絡安全的回報。[1]

這基本上只是一堆沒有什麼內容的流行語。這整段話，事實上是釋放出所有關於比特空的訊息，基本上只是一堆空洞、毫無實質內涵的文字堆砌而已。它說如果人們持有他們的加密幣就會賺到可觀利息。但沒說清楚為何人們會因為維持這個網絡而獲得這麼高的利息，以

及這是如何辦到的，而就技術上來說，這也不合理。儘管如此，比特空還是籌募到四十一萬美元的比特幣。這是在二〇一七年加密幣大破沫之前發生的事，大泡沫當時人們會在他們知之甚少的專案上投入數百萬美元；但考慮到人們根本不知道他們把錢投進了什麼東西，這仍是筆可觀的數目。

比傑夫・貝佐斯（Jeff Bezos）有錢九萬五千七百五十一點五八倍

到了二〇一七年初，比特空網站已經更新，上面說他們開發了自己專屬的交易機器人和波動性軟體，提供用戶用貨幣交易比特幣的方式，他們也宣佈推出一個借貸平台。比特空用戶將再也不需要自己進行交易，他們只需要把他們的比特空幣借回去給比特空就好，比特空會用這些幣來交易比特幣，根據他們的說法，他們的交易機器人會從比特幣的波動性上獲利，並為借貸方和比特空平台賺錢。說這類交易有風險都還過於輕描淡寫了。他們從來沒有解釋事情是如何運作的，或是機器人如何能保證每天獲利，並向比特空幣的持有者支付他們保證的「可觀利息」。

比特空持有者可以「借給」比特空平台超過一百美金以上的任何金額，這些幣會被用來交易比特幣，並神奇地保證每個人都獲利。投資人必須將他們的幣鎖住一百二十到兩百九十九天。[2]這類鎖住期可以是投資的標準程序——一些基金經理人在一定期間需要資金，才能有最好的機會為他們的客戶創造最佳收益，但投資人應該還是能夠提取資金，即使是需要費用。按理說，對一個每天都會產生收益的交易機器人來說，很難理解為何需要這麼長的鎖住期。強制鎖住投資人的代幣確實給人一種印象，即比特空想要扣住投資人的錢不還回去。貨幣或代幣的鎖住期是龐氏騙局的經典手段。現在，警鐘應該已經開始敲響了。

比特空銷售宣傳的最大賣點是，他們承諾給任何購買比特空幣並借回給他們平台的人超高的保證每日收益。在大多數產業，每年百分之五到十的收益一般來說已被認為是非常好的投資報酬率了。但比特空會付一個月百分之四十七點五，甚至是高達每年百分之五百七十的利息，取決於一個人的投資金額而定。每年百分之九十的利息是所謂有保證的利息。[3]這個利息可以利滾利，這代表比特空的利息支付付的不只是一開始投入的資金的利息，如果這些利息都一直放在平台上的話，他們還支付每天的利息支付的利息。[4]如果用戶將他們每天收到的利息再投資到平台上，那麼，隨著每天的利滾利，當人們將這些數字輸入到網路上免費取得的複利計算機裡面的話，[5]它們很快就會變得十分愚蠢。

如果有人投資一百塊美金一年，並將他們所有的利息支付都再投資到平台，而不是將這些利息兌現，那麼到了一年結束時，他們會擁有一萬一千七百七十六點七五塊美金。

如果有人投資一千零一十塊美金一年，並將他們所有的利息支付都再投資，而不是將這些利息兌現，那麼到了一年結束時，他們會擁有十六萬九千六百六十三萬點五塊美金。

如果有人投資一萬零一十塊美金一年，並將他們所有的利息支付都再投資，而不是將這些利息兌現，那麼到了一年結束時，他們會擁有兩百八十六萬兩千七百四十三點五九塊美金。

如果有人投資一萬零一十塊美金五年，並將他們所有的利息支付都再投資，而不是將這些利息兌現，那麼到了五年結束時，他們會擁有一萬九千一百五十兆三千一百六十一億六千兩百九十四萬零七百五十六塊美金。相比之下，由於新冠疫情造成的數月封城為亞馬遜的財富及財務帶來了巨大成長，目前世界上最有錢的人傑夫·貝佐斯的財富淨值才剛剛超過兩千億美元，[6]並因此跨越了全球的里程碑。根據這些比率，如果有人在比特空投資了一萬零一十塊美金五年，那麼他的財富會讓貝佐斯顯得非常貧窮。他們事實上會比貝佐斯有錢九萬五千七百五十一點五八倍。

事實查核

有句俗話說，如果有件事好得不像真的，那麼它也許就不是真的。任何人只要花點時間來分析這些數字，可能都會認為這些收益長期來說是不可能做到的。除了一些關於他們交易機器人的模糊評論之外，比特空沒有清楚說明他們是如何創造這些令人難以置信的收益。

第一流的投資銀行和對沖基金雇用全世界最好的碼農、交易員和分析師，不惜一切代價取得及運用已知用於交易的最佳演算法，多少錢都在所不惜。但是還沒有對沖基金或交易員敢保證投資結果，更別說是保證無論市場條件如何，每年都有百分之幾百的收益了。關於比特空匿名團隊打造的這個難以捉摸、不可戰勝的交易機器人如何能創造出如此高的保證收益，人們知之甚少，也很少獲得說明。如果說這個機器人真的能夠創造出比特空宣稱的保證百分比的收益，那麼這個機器人的創造者根本不會有動力想要將它分享給任何人。分享這些成果會對他們產利，因為如果他們只是用複利投資的方式將他們自己的收益再投資到自己的交易軟體，不出幾年他們就會成為世界上最有錢的人了。

雖然有些投資人開始提出一些質疑，認為這似乎不大可能實現，但大多數似乎對這個過程並沒有疑問。早期的比特空投資人似乎很高興自己賺到了錢，或是相信了機器人的故事，因此選擇不去提出任何質疑。

實際上毫無用處或價值

截至目前為止，比特空已經推出了自己的新交易所，人們可以在此用比特幣（這是種全球通用的數位貨幣）來交易比特空自己的加密幣，他們可以再將這些幣借回去給它的平台，並獲得它提供的保證收益。這些用比特幣換比特空幣的交易絕大多數都是透過比特空自己的交易所進行，任何想要兌現他們的比特空幣獲利的人，都會被收取高額的交易手續費。這讓比特空可以從每筆交易中獲得豐厚的利潤。有些人認為，讓比特空真正賺錢的是這些交易手續費，而不是什麼交易機器人，但大多數人仍舊選擇不進一步提出質疑。

除了用這些比特空幣來進行所謂針對比特幣的交易之外，比特空幣實際上沒有任何的用處或價值。人們要不只是抱著他們的比特空幣，期待它們會增值，要不就是把這些幣借給平台。

人們聽說早期投資人透過借出他們的比特空幣給平台而獲得了高額回報，而果然，所有的早期投資人都得到了全額的回報，至少是每天百分之一的利息。當然了，這種事是不可能持續下去的，但投資人看到加密幣市場中那些令人一夕致富的瘋狂波動，他們也把這當成是個簡單的方式，可以輕輕鬆鬆就獲得同樣的高額回報。

儘管已經出現了一些相當明顯的危險信號，但人們仍然不斷湧向平台，一旦他們鎖住他們的資金，他們就有很好的理由可以告訴他們認識的每個人——比特空幣提供了一個非常慷慨的會員推薦獎金制度。

大金字塔

有一個主題反覆出現在許多加密幣的騙局中。這些公司的思維中沒有長期的關注；加密幣騙局想要在最短的時間內盡可能賺到最多的錢，然後關門並溜之大吉，希望自己永遠不會被抓到。正如維卡幣的例子，要做到這件事，騙局專案必須讓人們拼命努力地投資。要達到這個目的，尤其是一個在真實世界毫無用處或正當性的專案，有時傳統的行銷方式是不夠的。許多最大的加密幣騙局實際上是龐氏騙局，錢不是來自銷售任何有價值的產品，而是來自下一批投資人。為了爭取新投資人，這些專案會提供高額的推薦獎金。這樣做的結果是——平台本身不需要花太多心思來推銷自己，因為它們的投資人為它們做了全部的工作！

比特空帶進了職業的騙局推廣者，他們在Youtube上也有超過其規模的加密幣網紅在推廣該平台，這些人帶來了成千上萬的受害者，損失的金錢不計其數。不幸的是，對比特空的受害者而言，這些Youtube網紅非常擅長讓人們掏出他們的錢包。人們看見他們在頻道上宣傳的回報，然後相信了他們。比特空推廣者可以從他們帶進來的每個人的投資上抽成。許多這些網紅和Youtube上的宣傳者仍然逍遙法外，不少人已經在繼續推廣他們的下一個騙局了。

同樣地，正如維卡幣，加密幣龐氏騙局的推廣存在一種趨勢：雇用知名的多層次傳銷騙徒以及只要有錢就願意銷售任何投資的網紅。加密幣加盟會員會把他們的收益及利潤螢幕截圖下來，向他們的大批追隨者炫耀自己賺了多少錢。這些Youtube網紅漏了提到的一點是，他們從比特空那裡得到的高額利潤大部份都是他們帶進新投資人所得到的佣金。強大的推薦獎金結構也驅使成千上萬的比特空投資人把他們的親朋好友、社群成員都帶進來投資。在許多情況下，人們這樣做是無辜的；很多人真的相信這個平台，也看到它如承諾般支付利息；至少在它的早期，許多推廣比特空的人是真的所知不多。

正如我們已經在維卡幣以及即將在普拉斯幣上看到的，加密幣騙局的一個共通趨勢是用龐氏騙局的手法引入資金。正如這些其他的加密幣騙局，比特空的推薦獎金制度就像個金字塔結構。每直接推薦一個人，推廣者或網紅就可以得到他們推薦過來的人投資金額的百分之七。如果他們推薦的人又帶了人進來投資，那麼最初的推薦人也會得到該投資金額的百分之三。這樣層層向下，投資人推薦進來的人再推薦人進來，而投資人可以從每個投資的人身上獲得一定比例的抽成，總共向下七層。正如維卡幣及多層次傳銷結構，金字塔傳銷的問題在於那些影響力最大、最早進來的人賺了大錢。數百萬美元的佣金支付對比特空而言並不罕見。

不久，人們就開始說高回報及金字塔型的推薦獎金結構讓比特空看起來很像金字塔騙局或龐氏騙局。這類與金字塔騙局相關的評論有許多是來自見多識廣的加密幣投資人，他們以前就看過這整套遊戲了。可悲的是，這些擔憂大都沒有讓一頭熱地栽進比特空的投資人提高警覺，許多人更關注的是增加他們的投資，而不是聽取建議。

宣傳騙局

比特空有個行銷發展基金，總額高達投資人資金的百分之十，他們用這些錢大量投資於促銷活動。除了舉辦僅限投資人出席的光鮮亮麗活動之外，這些錢也用於獎勵推廣者，以及支付在YouTube、臉書及谷歌上打廣告的高額費用。從洩漏出的通訊聊天內容顯示，比特空在美國的頭號推廣者曾一度每週帶進約七百萬美元的投資，這讓他每週有七十萬美元可以在美國宣傳這個騙局。[7]

當然，他們並沒有跟投資人提到他們的錢有百分之十被用於行銷。比特空團隊有更多招數用來招攬新的投資人進入該平台。此外，到了二〇一七年末，已經有太多人開始發聲質疑該平台的人。比特空需要做點大事來讓投資人留下深刻印象，維持讓他們最熱切推廣者的動力及忠誠度。

超級跑車、迪斯可舞會、糟糕的音樂及演唱。會有什麼問題呢？

二〇一七年十月二十八號，因為各種出錯的緣故，在YouTube及加密幣世界裡瘋傳著一段影片。

那一天，在芭達雅展覽會議廳（Pattaya Exhibition and Convention Hall）有場頒獎典禮，這個是個奢侈炫富的場所，可以俯視泰國的芭達雅海灘。這次的活動是為了慶祝比特空公開交易滿一週年而舉行，花再多錢在所不惜。活動包括舞者、歌手、鼓手及音樂家的現場娛樂表演、象徵性的劍術比賽、盛大晚宴及頒獎儀式。就連泰國達人秀的獲勝者古嶺（Ku Ling，音譯）也來到舞台上，雙腿吊在一條紅絲帶上表演空中特技。

這是個鋪張浮誇的慶典之夜，專門為比特空影響力最大的支持者而舉辦。該平台的頂級會員以及推薦最多人進來的頂級YouTube網紅每個人都得到了價值一萬美元的比特空代幣；七名頂級推廣者及支持者每人則獲得價值五萬美元的這種新代幣。舞台中央，有五輛超級跑車在鎂光燈下閃閃發亮：一輛保時捷911 Carrera S、一輛賓士Meercedes GTS、一輛Aston Martin Vantage、一輛法拉利Ferrari California，以及一輛藍寶堅尼Lamborghini Hurricane，這是為了送給五位最活躍推廣者大禮而安排的一場大秀。他們想要全世界都看到他們的會員做得有多棒。基本上，該平台需要更多會員才能讓騙局繼續玩下去，而且是越多越好。還有什麼比送幾輛漂亮的新跑車出去更能激勵人心呢。當時的頒獎人是個叫作麥可・加密幣（Michael Crypto）的人。任何人如果想要觀看這場超級跑車的粗俗頒獎典禮，在谷歌上搜尋一下「Bitconnect's Pattaya supercar event」（比特空的芭達雅超跑活動）這幾個英文字，都可以很容易找到一段影片。[8]

人們被請到台上分享他們的比特空投資如何改變它們生命的故事。有個在比特空的價格只有二十美分時就買了它的印度人告訴人們，僅僅幾個月之後，拜價值急劇上漲和複利之賜，他現在每天賺兩萬美元。一名叫作卡洛斯・馬托斯（Carlos Matos）的紐約客也在幾個月前買進了比特空，他在這場大會上扮演了關鍵角色。卡洛斯是個表演家，擅長刺激觀眾情緒。他講述他的兩萬六千美元投資如何變成了現在十四萬美元、[9]距離他開始投資只有一百三十七天，而他現在每天都賺一千四百美元、比特空如何改變了他的生命，以及這家公司如何正在改變世界。[10]

他們拿出了一些巨大的信用卡模型，這些模型夠大，角度調整到可以讓在場的每個人都能看到上面印著的大字「Visa」。人們開始在舞台上和比特空團隊的人一起跳起舞來，他們將信用卡高高舉起，好讓每個人都能看得見。可以推測他們是被要求或拿了錢才這樣做的，而且這不是種自發的姿態，但比特空並沒有告訴大眾這些細節。接著，他們推出了一個巨大的自動提款機模型，一張超大的「智慧卡」（smart card，譯按：即IC晶片卡）準確地插進提款機裡，真鈔如雨般落在聽眾身上，他們被告知新的比特空智慧卡將可用廣泛派發的比特空幣支付任何東西。該卡的註冊時間將從那一年的十二月一日開始。我們還找不到證明Visa支持他們與比特空合作的這個說法。

比特空背後的團隊甚至在那個晚上推出了一張音樂專輯，主打歌是首讓人朗朗上口但絕對俗氣的嘻哈歌曲，青少年一邊跳舞，一邊歌頌比特空——「我們有個好東西，它實在棒透了。」[11]他們沒有解釋擁有自己的音樂專輯跟加密貨幣到底有何關係，但是有了跑車、錢、舞蹈、迪斯可舞會，現在再加上他們自己的歌，會有什麼問題呢？

為了讓人們出席，比特空為他們支付機票和住宿費。這是個很好的投資激勵方法。任何人只要在平台上一次存入兩萬或更多的美金——或是將在公告發佈的一個月內這樣做的人——都會收到一份個性化的郵遞邀請函。如果他們出席，比特空會退還他們前往泰國的機票和旅館費用。那些從英國來的人會收到約兩千英鎊以支付他們的開支。有兩千人從世界各地前往那裡，大多數人不是為了到那個會議中心免費度假，而是因為有幸出席該活動而由衷地感到興奮。活動為時四小時，全程直播，影片現在還在YouTube上，任何人想要看看一個現在已經停業的騙局宣傳活動都可以找到。是個有趣的觀賞體驗。

卡洛斯一夜成名。他用高亢的尖叫聲一遍又一遍地不停唱著「比特空空空空空」的影片在加密幣社群造成了一陣轟動，它成了一個永不消亡的網路迷因，充分體現了一個正在進行中、涉及數十億美元的加密幣龐氏騙局。任何人只要在YouTube上搜尋他的名字和「Bitconnect annual ceremony」（比特空年度盛典）都可以免費觀賞。

作為比特空的一個宣傳手段，該活動似乎很成功。明顯有更多人投資了，因為僅僅一個月後，二〇一七年十一月在加州聖塔克拉拉（Santa Clara, California）的北美區塊鏈博覽會

（North American Blockchain expo）上，比特空租了一條私人遊艇，為任何在平台上投資一千美元的人在船上舉辦了場派對。他們提供在金門大橋（Golden Gate）下免費乘坐遊艇以及參觀矽谷（Silicon Valley）上面一個酒莊的機會。這是為了每人帶進一千美元所付出的小小代價，也是相當聰明的行銷手法。[12]

更多的警告信號

任何關注比特空的人只要想要，就會看到幾個其他的警告信號。不像其他的投資平台會針對可能面臨風險的資本作出提示，這是一個十分標準的法律要求，但比特空的網站上沒有這類的警語。

它的網站充滿了拼字錯誤及拙劣文法。母語不是英語的人可以很容易運用線上編輯軟體來檢查網站的品質，或以相對較低的價格雇用英語為母語人士做些小的校訂，修正最基本的錯誤。網路上其實充滿了提供這類服務的網站或自由接案工作者。如果網站背後的公司能運用保證他們每天獲得高額收益的世界一流交易機器人，而且擁有數十億的資產，這對他們來說應該是件很簡單的事情才是。比特空似乎連檢查它網站上的拼寫是否正確都懶，實在是令人費解。

比特空也從未提供任何證實他們交易機器人存在的證據。考慮到這是該公司整個投資產品的核心所在，人們以為他們會更努力說服外人相信這東西的存在。但是，他們沒有。

對那些想要看到鮮明危險信號的人而言，甚至在早期，比特空似乎更願意讓投資人掏出自己的錢包，而不是告訴他們自己是如何辦到的。

警鐘敲響

值得慶幸的是，國際執法單位不久就注意到了加密幣社群發出的警訊。二〇一七年十一月七日，比特空推出其ＩＣＯ不到一年後，英國的公司註冊局（Companies House）就向他們發出了註銷註冊通知。[13]在英國的公司被關閉前，比特空有兩個月的時間可以證明他們的合法性，他們在英國註冊了一間公司，登記在一個名叫肯·費西蒙斯（Ken Fitsimmons）的男性名下，他持有百分之七十五的股份。[14]但是他們在網站上或是與比特空相關的任何地方都沒有放上肯·費西蒙斯這個名字；推測這個肯就跟他們的交易機器人一樣也是捏造出來的。

比特空像什麼都沒發生過一樣地照常運作了一陣子。一些投資人開始感到擔憂，但比特空要人們放心地繼續購買他們的代幣，說任何針對他們的分部——比特空股份有限公司（Bitconnect Ltd）採取的法律行動都不會影響到他們主要公司——比特空國際公眾有限公司（Bitconnect International Plc）。[15]他們否認從事任何不當行為，反而專心在推出搜尋引擎優化內容，好讓這些內容在搜尋引擎及社交媒體上的排序高於任何的負面新聞或法律上提及他們的內容。[16]這個策略奏效了，但是只維持了一陣子。比特空的投資人繼續瘋狂買入，將代幣價格從一年多之前的十七美分推升到美金四百六十三元的最高點。[17]

二〇一八年一月初，比特空在美國德州及北卡羅來納州非法銷售有價證券，這是一種可以合法銷售的資產，但僅限於通過監管部門嚴格檢核並獲得許可的公司才能為之，而且僅出售給有經驗或專業的投資人，他們知道自己在做什麼，也經得起損失的打擊。在沒有經過必須監管的情況下銷售證券是一個很大的法律「禁區」，但很多ＩＣＯ都這樣做，不是因為他們不知道，或是懶得去了解更多關於監管的訊息，就是因為那是當時還尚未受到監管的加密幣，所以他們以為自己可以全身而退。比特空採取了零監管的做法，並向那些在加密幣或投資方面均涉世未深的人推廣他們的代幣，他們鎖定的目標是那些最容易欺騙的人。

比特空收到了美國兩個州的存證信函，先是德州證券委員會（Texas Securities Board）[18]，然後是北卡羅來納州證券部（North Carolina Securities Division）[19]，要求他們立即停止銷售他們的代幣。繼這些公開法律行動之後，就連一些關鍵的YouTube網紅也開始跟該平台保持距離及劃清界線，[20]以便保護自己的名聲。比特空很快發表了一份聲明；他們將關閉他們的借貸與交易所，只維持網站的運作。他們說明的理由是：壞消息造成人們對平台缺乏信任、兩封存證信函，以及DDoS攻擊——又稱分散式阻斷服務攻擊（distributed denial-of- service attack）——這是種相對常見的網路攻擊，由想要阻斷網站服務的駭客造成。比特空說這些問題造成「平台不穩定，在社群內部製造更多恐慌」。[21]這些理由不太有道理。既然他們交易機器人具有所謂不可戰勝的能力，壞消息應該是無法影響平台才是。如果一切就像他們說的那樣，每天都可以獲得保證收益，那麼該公司根本就不需要投資人或公眾的信任；他們大可開心地繼續進行自己的交易，結果自會說明一切。只要擁有良好的網路安全措施及滲透測試，DDos攻擊是可防止的。對一家其代幣在高峰時達到市值二十八億美元、預計籌募到四十億美元的公司而言，購買與任何其他十億美元公司同等的企業級安全保護，按理說不會有什麼問題。

隨之而來的就是加密幣史上人稱最大、最突然的一場血洗了。

一場大規模血洗事件

比特空崩盤時賠錢的不是它背後的團隊。二〇一七年十二月，出現了幾次共謀的比特空幣拋售行動，先是在十二月八日一次價值三億美元的小規模拋售，使得該幣價值從大約四百五十美元跌到了三百六十五美元。投資人很快又將比特空幣買回到它原本的高點。十二月十七日，比特空的價格又開始崩盤，從幾乎是最高點的每個代幣四百五十七美元跌到了十二月二十五日，即聖誕節當天的兩百二十美元低點。投資人那一週就損失了九億美元。最新的這次市場崩盤確實嚇壞了他們剩餘的投資人。比特空做了一次大規模的社交媒體宣傳，推測他們花掉了一些剛變現的現金，想要吸引新的投資人。投資人的買入再次讓代幣價格回升，市場對如今大幅波動的代幣及專案恢復了些許信心。但隨後真正的拋售開始了。從十二月三十日起，當比特空幣達到了每代幣四百六十三美元的新高峰時，巨大的賣單出現了，賣出了數量前所未見的代幣。一個星期以來，投資人持續買回代幣，顯然他們認為，既然價格已經回彈了兩次，再也沒有什麼能夠阻止比特空幣了。[22]

比特空以幾天的時間緩慢下跌，從接近最高點的大約每代幣四百五十美元跌至大約三百美元。投資人感到絕望與驚慌，但大多數人堅持著，他們不是認為就是希望人們會在它新的

「便宜」價格時買入，讓代幣價格回升。大部份人只是不知道該怎麼辦並焦慮地觀望市場而已，希望價格會再次回升，這次的崩盤只是暫時性拋售或干擾。接著，在二〇一八年一月十五日，比特空幣開始跳水式下跌。比特空在一天內就貶值了百分之八十七。投資人將在一月十六日從他們最糟的噩夢中醒來——許多人傾家蕩產、借錢抵押、刷爆信用卡、把親朋好友全拖進來買入的代幣，價格突然從許多人買進時的超過四百美元高點跌到只剩十一美元，許多人賠掉了他們最初投資的百分之九十七的錢。市場也從二十八億美元崩盤到只剩一千兩百萬美元，僅僅在兩小時內它的市值就被抹去了十五億美元。

到了一月十七日，比特空已經成了至今為止在CoinMarketCap上表現最差的加密貨幣，CoinmarketCap是一個受歡迎的加密幣評等網站，可以用來顯示數千種加密貨幣的價格及交易量。許多已經在加密幣圈打滾多年的老前輩，早在比特空敗亡前就一直在警告每個願意傾聽的人，告訴他們比特空是個龐氏騙局、一個不可能維持下去的騙局，他們看著這些圖表並在推特各處發表評論。他們預期這個加密幣史上最大龐氏騙局將迎來劇烈而突然的終結。

很可能，也許最有可能的情況是，那些早期拋售的人並不是用自己的錢或貸款買比特空幣的投資人。會不會拋售是由那些創辦比特空的人帶頭展開的，他們將自己的代幣兌換成比特幣後就準備要跑了，而這其實是場共謀的退出騙局？[23]

考慮到比特空團隊似乎在第一次拋售潮中成功套現了高達約十二億美元——無法確定這真的是他們做的——加上他們早前拋售的金額，以及導致比特空幣跳水的最後拋售中的未知金額，人們可能會認為整場騙局就此結束了，策劃者已經賺夠錢跑路了，沒有人還會再相信比特空團隊或再次因同樣的騙局而上當了。

假如比特空的故事就此結束，至少這會是這個騙局的終結。但是加密幣在當時並不受監管，而比特空背後的團隊躲藏在匿名性後面，傲慢地以為自己永遠不會被逮到。比特空跟投資人的故事還沒結束。

雙重龐氏騙局：兩個騙局算一個價格

到了二〇一七年底，比特空團隊已經清楚意識到他們的龐氏騙局正在失去動力。他們的新投資人愈來越少；各國也開始針對他們採取法律行動，而在加密幣社群警告人們比特空是個騙局的聲音現在也已經足夠大聲，讓一些人開始傾聽。假設從他們交易所推論該團隊已經將他們的比特空代幣兌換成比特幣，再加上他們原本從交易所的交易手續費累積的巨大金額，他們肯定已經將數十億美元放進口袋。這還不夠；比特空背後的團隊進行了最後一次海撈。在比特空推出剛滿一年後，是時候進行下一步了。二〇一七年十二月三十一日，他們註冊了一個新網域：Bitconnectx.co。不到兩個禮拜後，就在比特空即將開始跳水並讓投資人幾近血本無歸之後，他們推出了第二個ＩＣＯ：比特空空（BitconnectX）。[24]

就在比特空從四百美元以上暴跌至每代幣價格約在十至二十塊之間浮動之後，比特空團隊向他們抓狂的投資人發表了一份聲明，聲明中表示，如果他們將他們的代幣再投資到這個新的ＩＣＯ，而不是將它們所剩無幾的價值套現後離場，他們會以每代幣一百五十美元的價值兌現。新的比特空空ＩＣＯ代幣最初以每代幣五美元的買入成本進行銷售。然後是五十美元。[25]比特空在一夜之間突然將他們的代幣價格增加為十倍，他們沒有解釋原因，也沒有針對產品或網站做出任何變更。令人訝異的是，人們仍爭先恐後地投入。

比特空限制人們能夠購買的新ＩＣＯ代幣數量，設定每日購買限額，並且往往一下子就被買光了。剛開始幾天，這些限額一下子就被瘋搶光了，這給人一種針對這個ＩＣＯ的需求量很大的印象。人們無視這些事實：早期的比特空投資人是以十七美分，而不是五十美元的價格買進原始的比特空；一年後的現在，加密幣市場正處於泡沫高點，泡沫很快就要破滅；以及英國與美國兩個州已經針對發行這個ＩＣＯ的這家公司採取法律行動；最後，在比特空空ＩＣＯ開始時，已經有成千上萬投資人在比特空崩潰時在它上面集體損失了數十億美元。人們還是想分一杯羹，即使他們根本不知道這個專案是什麼，或是它應該要提供什麼。

除了已經集體慘賠數十億美元的成千上萬絕望的既有投資人以外，仍有新的人想要加入，希望再次創造出像早期比特空投資人那樣的巨大財富。人們還是會在加密幣聊天群組、Telegram或是臉書上貼文，徵求如何最好地買入這個ICO的建議。令人難以置信而且可悲的是，第一個騙局失敗的警鐘竟然還不足以把每個人敲醒，而且由於加密幣當時並沒有受到監管，監管者也未能及早介入。

比特空空ICO的網站上面沒有什麼真正的內容。它真正說的只有一件事，那就是投資它「允許你透過Qt Desktop錢包中持有BCCX（該代幣名稱）而幫助維持網絡安全，並賺取利息，Qt Desktop錢包附加在該網絡上並允許交易透過它進行。」[26]正如他們的第一個ICO，這樣說其實沒有什麼意義。他們只是用了一串跟加密幣相關的流行語暗示比特空空跟原始的比特空是非常類似的東西而已。比特空團隊甚至沒有試著讓它聽起來很棒，他們只是指望人們的盲目投資而已。而人們投資只是希望這種代幣會像比特空早期一樣上漲，讓他們迅速致富而已。第二個ICO成功地在網站關閉前從人們身上騙到了更多的錢，而除了再次讓投資人蒙受巨大損失之外，關於它就沒有別的可說了。

考慮到創建該ＩＣＯ的團隊共謀的拋售行動、法律訴訟及來自執法部門的禁止令（cease and desist order）、關於比特空幾乎從第一天起就是個明顯龐氏騙局的警告聲，以及兩次ＩＣＯ騙局，人們會以為第一個比特空的日子已經結束了。在從一個可疑的ＩＣＯ發展到二十八億的估值之後，比特空已經被幾乎所有加密幣交易所下市，這令這種代幣實際上變得一文不值，因為沒有人可以兌現或賣掉它。然而，比特空代幣又繼續交易了八個月，直到二〇一八年八月十一日才全面下市。當最後一家交易所終於將它下市時，最後一個代幣以六十八美分的價格賣出，仍讓這個毫無價值且已經死亡的騙局市值達到六百六十九萬美元。[27]

比特空以據信是假名的方式在世界各地成立了各種法律及公司組織。一些被認為是騙局幕後黑手的人在逃中。已經有一些與比特空相關的人被捕，包括該專案所謂的亞洲負責人蒂維耶什・達惹吉（Divyesh Darji），他在從杜拜前往德里途中被捕。比特空不是達惹吉被指控從事的第一個騙局；他還涉及印度的洗錢活動，他被指控在盧比紙幣廢止後竊走了投資人一百二十六億美元的資金。[28]據說達惹吉也在另一個類似的加密幣騙局富豪幣（Regal Coin）中扮演幕後黑手，該幣似乎從比特空上面吸收了一些教訓。[29]

比特空三號。因為兩個騙局是不夠的

二〇一七年九月，下一個騙局ＩＣＯ推出了。富豪幣幾乎完全複製了比特空，並且是由它的一些推廣者創建的。它承諾讓投資人可以以便宜的價格買入新比特空。正如比特空，富豪幣向人們保證每個月有超過百分之四十的收益，你猜對了，這是由一個（不存在的）交易機器人完成的，它會鎖住投資人的資金，以金字塔結構發放高額會員獎金，用物質獎勵吸引YouTube名人及網紅推廣它，卻不讓人知道幕後負責人是誰。承諾大同小異。主要的差異在於它網站的英文很糟糕，由毫無意義的句子組成，看起來完全像是沒有經過英語母語人士的校對。比特空的網站內容還可以靠編輯來改善，但富豪幣的網站及行銷只能說是無可救藥。就像比特空一樣，一些它的推廣者知道這是個騙局，而且是個龐氏騙局，但仍推廣它，理由是如果你加入得夠早，你會有三個月左右的時間可以大撈一筆然後走人。富豪幣崩盤了，從它二〇一七年十月剛推出後的每代幣七十美金貶到二〇二〇年的〇點〇〇一一美金，投資人血本無歸。[30]

故事的最後轉折：被綁架的綁架者

這個故事有個最後的轉折。有個人站出來對比特空提出了告訴。來自印度的地產開發商兼生意人謝力什．布赫特（Shailesh Bhatt）衝進了他所在的古拉吉特邦（state of Gujarat）內政部長辦公室，說有十一個人綁架他，其中有八個是警察，這些人向他勒索兩百個比特幣，時價一百八十萬美元。[31]

布赫特似乎曾相當大手筆地投資於比特空，在二〇一八年一月該騙局崩潰時賠了錢。當印度於二〇一六年廢止了他們主要使用的幾種盧比紙鈔時，經濟市場動盪不安，許多印度資金逃往加密幣，造成比特幣於印度在某些情形下溢價百分之二十五。該國隨即有效率地禁止了加密幣交易。因此當比特空崩潰時，那些投資者，尤其是沒有向當局申報他們的投資的人，就有點進退兩難，他們不得不尋找更有創意的替代方案來嘗試拿回他們的資金。

考慮到這個案件的嚴重性，古拉吉特邦召來精銳的犯罪調查部門。對布赫特而言不幸的是，他們在他的陳述中發現了一些前後不一的情形，並找到了大規模的欺詐證據，這一切導致比特空的幕後首腦遭到揭穿。[32]

為了補償他的損失及報復遭到綁架，據說布赫特回頭在幾名當地警察的幫助下綁架了數名印度比特空員工。他用槍威脅他們，從這些前比特空推廣者身上勒索到了十五點五億盧比的現金及加密貨幣贖金，[33]其中包括了兩千兩百五十六個比特幣。[34]此後布赫特便展開逃亡，而八名警察則面臨司法審判。[35]騙局完全結束的那一天似乎還未到來，至少在印度是如此。

交易機器人呢？交易機器人不存在。就跟和比特空有關的其他每件事一樣，那個保證收益優於任何基金最佳績效的神奇交易機器人也是捏造的。

從一個捲走投資人數十億美元的加密幣龐氏騙局到另一個龐氏騙局。我們的下一章將前往印度，看看也許是最熱門的加密幣龐氏騙局——普拉斯幣，它產生的巨大影響現在仍然在撼動著各個加密幣市場。

第五章

抱歉，我們先閃了

一百七十億美元的退場騙局

騙局的形成

就在一些更大的加密幣騙局在歐洲正走向滅亡的時候，可能是幣圈最大的龐氏騙局已準備好開始將它的觸角伸向中國及亞洲。這個騙局將從投資人身上直接捲走高達六十億美元，在它的創始人離開前達到了一百七十億美元的最終估值，他只留下一句話給他們的投資人：

「抱歉，我們先閃了。」[1]

從二〇一八年六月二日起，中國社交媒體上的各個聊天群組開始隱晦地提及一個新加密幣錢包及交易所。[2] 一群社群領袖領導的群組迅速蔓延到全中國，並且很快在微信（WeChat）和其他通訊軟體上傳播到大半個亞洲地區，這群社群領袖均來自一家當時沒沒無名的加密幣公司。總的來說，這些群組一開始看起來是無害的。他們提供關於加密貨幣基礎知識以及如何開始買入和交易的免費訣竅，提供一些關於可以賺到多少錢的相當樂觀的例子。這些群組保持小小的規模，一個聊天室約一到兩百人，如果有人開始提出一些群主不想要有人提出的問題時，就比較容易維持秩序。很快地，這個群組背後的公司普拉斯幣也開始在中國、韓國各地舉行會議及聚會，不久足跡就遍及大半個東南亞，更遠至俄國、烏克蘭、德國及加拿大。

在這些最大的加密幣騙局中，有不少共同點。就像維卡幣和比特空，普拉斯幣背後的組織者知道如何吸引群眾。他們讓房間擠滿了渴望的人們，他們希望更了解比特幣和加密貨幣這些新的熱門流行詞，以及他們怎樣才能開始擁有一點這些數位貨幣。普拉斯幣使出渾身解數。有閃爍的燈、談話、大量的鼓掌和互相擊掌，以及絕不能少、既響亮又時尚的韓國流行音樂。一些與會者將他們形容為可疑的人，認為他們採用了高壓的銷售招數。但他們成功了。越來越多的人加入並塞滿了他們的群組。[3]

儘管加密幣市場崩潰了，但還沒進入幣圈的人仍希望前幾年創造的財富能在自己身上重演，所以這些人還抱持著很樂觀的情緒。普拉斯幣很容易就能吸引到這些人。他們發佈令人嚮往的宣傳影片，他們的成員（或者更現實地說，可能是有收費的演員）在片中發表經過多次排練但顯然夠有說服力的親身見證，以激發人們產生足夠信心，吸引越來越多人加入他們的粉絲群以及數目不斷增加的聊天群組。這些人（不清楚他們是否有收費）被當成品牌的代言人，呼籲普拉斯幣的韓國及中國觀眾加入他們的群組。[4]但有件事似乎沒有人注意到，或感到介意——沒有任何一個員工或聲稱為該公司工作的人真正完全現身。

然而，普拉斯幣的群主似乎有個明確的計畫，而且似乎奏效了，那就是讓人們相信他們，建立起他們對於高投資回報的希望，然後丟出他們真正想要的東西。這些群組成立沒多久，普拉斯幣的代表們開始提到一個承諾每月高收益的投資平台，只要人們首先投資五百美金，就可獲得每月百分之六到十八的報酬率。[5]

因為是流行語，所以一定是好的

去中心化是幣圈的一個熱門流行語，而且現在仍是。人們大力吹捧，如果某樣東西是去中心化的，尤其是如果它使用區塊鏈，那麼它就一定是好的。在某些情況下，這話是真的。

眾所周知，中心化的機構容易受到駭客攻擊；無數將它們的資料儲存在中心化伺服器的公司都曾遭到入侵，駭客將它們用戶的私人資料與所有人共享，人人都可查看。已經有許多這類的例子曾登上主流媒體的報導。最近有太多的案例均強調了這點：益博睿（Experian）、Adobe、領英以及雅虎（Yahoo!）只是其中的一些例子，這些例子告訴全世界，當擁有許多用戶高敏感（而且值錢）資料的大公司沒有採取適當安全措施，或是不在乎對客戶資料的保護時會發生什麼事：網站經常受到破壞，數百萬的用戶資料被公諸於世。

在加密幣領域，正如我們將從卡德里加和芒特高的案例中看到的，許多沒有採取適當網路安全措施的加密幣交易所也遭到攻擊，數百萬加密幣投資人損失了所有的資金。而任何提到去中心化一詞的東西都被認為（在某些情況下是過度樂觀了）是安全的。所以普拉斯幣會在推出後不久就接著推出了自己的去中心化加密幣錢包和交易平台，這完全是有道理的——這是幣圈的熱門話題，也是完美的行銷伎倆。

普拉斯幣對其平台的安全性給予了許多的保證。他們說他們使用人工智慧，及價值數十億美元的安全技術，他們的核心團隊來自三星（Samsung）和谷歌錢包（Google Pay），[6]他們是在韓國首爾的一家研發實驗室內進行開發的。[7]令人遺憾的是，人們因為這個平台賠了非常多的錢，但這個公司並沒有實現這些宣稱中的任何一項。

人們一般認為，購買、儲存及使用加密幣是困難的，尤其在二〇一八年普拉斯幣推出之前的那幾年，這說法是對的。缺乏對於用戶體驗的關注；有太多加密幣錢包，但沒有一個提供無縫順暢或輕鬆容易的用戶體驗。加密幣用戶一直在等待一樣東西：第一個具備最優良、最簡單的用戶體驗的安全加密幣錢包。而第一家推出具備上述條件錢包的公司將會有錢到超出他們的想像。對於潛在的加密幣錢包創建者而言，當時已經存在（現在仍是）一個龐大的用戶群，而且能夠在每次匯款時收取交易手續費。普拉斯幣並不是第一家意識到這件事情的公司。

擁有自己錢包和交易所的普拉斯幣渴望獲得更多的用戶及資金，讓他們的新錢包獲得最多人的採用。但普拉斯幣建立的社群根本不是那種典型的加密幣早期採用者、投資人或加密幣用戶，而是普通人，他們聽說過所謂得來容易的錢，也想要從中分一杯羹。[8]人們信任普拉斯幣，他們一開始認為它是一間與社群建立良好關係的公司。畢竟，它的團隊是以教育自己的社群為己任的。當然了，這給了他們一個完美的機會，可以設計他們想要教的課程，並藉此在很大程度上誤導及欺騙他們的社群。

現在，狗來了。

交易的狗

（據說）普拉斯幣團隊在二〇一五年已經開發出一個人工智慧操控的機器人，用於進行套利交易（arbitrage trading）；套利交易是一種交易類型，交易進行時，資產經常被重複買進及賣出，以利用不同市場的價差獲利。而在這個案例裡，它的交易機器人據說專注於比特幣和其他加密貨幣在不同交易所的價差。普拉斯幣推出時，市場上已經有許多銷售比特幣和其他加密貨幣的交易所，這些交易所之間存在著略微的價差，取決於銷售量、流動性、需求、對交易所的信賴，甚至是交易所所在國家的監管及購買加密幣的便利性。通常價格的差異是名義價差（nominal），但一些交易者會將比特幣和其他加密貨幣在交易所間轉來轉去，不斷重複買低賣高的循環，以此為生。有些人是用手動方式進行這種交易；有些人則用演算法來幫助他們找到最好的機會。

加密幣的套利交易曾經（現在仍是）風險相當高。由於加密幣市場剛起步且未受到監管，套利交易實際可說是毫無安全可言：加密幣交易所可以關閉和消失，而且這種事情常常發生，原因不外乎受到駭客攻擊，或淪為創始人從事退場騙局的受害者。交易所也可以關閉某些錢包，鎖住不讓轉出甚至存取某些加密貨幣。交易很容易遺失，往往是在交易到一半時發生。套利交易的風險和加密幣交易的風險差不多高。

但普拉斯幣似乎對這些風險不怎麼關心，或者說根本不關心。它讓所有人知道，他們的機器人（名字取得很莫名的「人工智慧狗」〔AI Dog，譯按：下簡稱AI狗〕）會幫每個使用它的人賺錢。AI狗會捕捉不同交易所中每種主流加密貨幣的價格與交易量，並且（根據普拉斯幣網站的說法）會自動在這些交易所間進行套利交易。人們只需要將五百美金以上的任何主流加密貨幣存入普拉斯幣平台就行。然後機器人就會自動地（據說）幫你找到最佳利潤率（**profit margin**）交易你的加密幣，並連本帶利地將它還回到你的錢包裡。[9]

在正常情況下，加密幣存放在加密幣錢包中除了保證安全的目的之外，不會透過任何其他金融手段為擁有人帶來利益，而普拉斯幣則吹捧一項巨大的利益來吸引用戶，那就是加密幣不只是存放在它的錢包裡而已，普拉斯幣的用戶可以從他們錢包裡的加密幣獲利。[10]對旁觀者來說，這可能有點令人困惑。普拉斯幣既然吹噓他們錢包的安全性，向用戶保證，他們的產品是真正的去中心化，不像其他可能沒有安全地存放加密幣的平台，他們的加密幣資產會被安全地存放在去中心化的錢包裡。但是普拉斯幣方便地掩蓋了關於錢包如何維護用戶加密幣的一個小小因素。

普拉斯幣宣稱可為用戶賺取利潤的方式，也就是透過套利交易的方式，利用不同交易所之間的加密幣價差來獲得好處，但顧名思義，這樣做勢必要將加密幣從這些所謂安全的錢包中取出。為了讓ＡＩ狗可從套利交易中賺取利潤，ＡＩ狗必須將加密幣從用戶錢包中傳送出去，在交易所之間進行交易，這是加密幣中已知風險最高的操作手法之一，而且加密幣也很容易在操作過程中遺失。普拉斯幣從未解釋過他們如何同時辦到將用戶的加密幣安全地存放在錢包中，同時從他們在錢包中持有的加密幣的套利交易中獲利這兩件事。任何在處理加密幣或是傳送加密幣交易方面有經驗的人，都可以明顯看見這中間有些地方不對勁。安全地存放加密幣並同時在交易所間傳送加密幣以進行重複交易，這是不可能的。普拉斯幣背後的人鎖定的目標不是經驗豐富的加密幣用戶。他們鎖定的是那些可以被他們帶著去買進比特幣並將它發送到他們平台上的錢包的人。[11]

高額承諾

加密幣泡沫的同義詞及流行語FOMO，即錯失恐懼症，同樣也適用於普拉斯幣。不只一個加密幣專案利用了這個概念，希望在幾分鐘或幾小時內籌募到數百萬美元，普拉斯幣當然也不例外。他們向投資人說，利用加密幣套利交易獲利的機會只會在很短的時間內出現，隨著更多投資人的資金流入，加密幣市場很快會穩定下來，失去波動性，那麼很快就沒有錢可以賺了。這是個優秀的高壓式行銷伎倆——現在就行動，否則就錯過機會了！

就和維卡幣、比特空以及無數其他加密幣騙局一樣，普拉斯幣為了要吸引大量的人現在就採取行動，將他們的錢投入平台，他們就必須提供高額投資回報。投資人只要將錢存放在他們的平台，無論金額多寡，都會得到每月百分之六到十八的投資報酬率。[12]只要在平台上存放價值一千美金的加密貨幣，每月將得到六十到一百八十美金的回報，[13]或是每年七百二十至兩千一百六十美金的利潤回報，以他們當地的數位貨幣，即普拉斯幣支付。正如其他所有提供如此高回報的騙局一樣，這些回報在現實上是無法持續的，而任何交易機器人也無法給予可靠的保證，無論它有多行。

這些高額的承諾數字猶如在吶喊著「騙局啊！」然而，雖然這些回報可能看起來很高，但這是加密幣市場飆漲的時代。當普拉斯幣推出時，二〇一七年初至一八年中的加密幣泡沫已經讓一些投資者的投資翻了好幾百倍，因此在這種背景下，有些人可能會認為一個月六到十八%的投資報酬率是安全、甚至是保守的保證了。這些承諾也是在過去幾年困擾著中國及亞洲的多層次傳銷騙局的背景下出現的，這些騙局讓許多人快速致富。既然已經有這麼多鎖定同一群投資人的龐氏騙局或高收益投資方案，對於涉世未深或滿懷希望，渴望著自己發大財的投資人而言，普拉斯幣提供的高額回報似乎並不過份，因此對於那些想要進入看似門檻很高的加密幣領域的人來說，它成了他們的救生索。[14]

於是，在推出後一年內，普拉斯幣就已經從原本的沒沒無名，變成了擁有數百萬用戶的實體，這些用戶每人至少存放五百美金在這個平台上。當他們在二〇一九年六月退場時，據估計普拉斯幣擁有三、四百萬名存款在平台上的用戶，也許更多。普拉斯幣聲稱它擁有一千萬名投資者。[15]這種快速成長部份要歸功於他們華而不實的行銷手法，即透過所謂教育性的微信群組以及強而有力的銷售活動來鎖定目標群眾；部份要歸功於他們對於高回報的承諾及一開始的回報支付；部份則要歸功於其投資人的希望，或貪婪。但是早期時，普拉斯幣確實支付了款項，有一段時間一切似乎都很順利。

漂亮數字及創意行銷

對於平台上任何推薦人進來的用戶，普拉斯幣有一個非常具有激勵效果的獎勵結構。人們只需要在平台上至少投資五百美元即可。接著，除了他們自己投資的利潤之外，每直接介紹一個人，推薦人都可以得到被推薦者投資利潤的百分之百。這意味著如果某人的朋友加入並投資了一千美金，不僅他們得到自己投資的利潤，每直接推薦一個人，他們也會獲得每月六十至一百八十美元的額外佣金。如果他們推薦了十個人，他們每人也投資了一千美金到這平台，除了他們自己每月的投資利潤之外，他們每月還可從他們推薦的人得到六百至一千八百美金。[16]

正如我們已經從維卡幣及比特空等以多層次傳銷為基礎的其他騙局中看到的，推薦佣金可以持續向下好幾層。普拉斯幣會支付向下十層的推薦佣金。投資人不只可以從直接推薦人得到佣金，只要他直接推薦的人帶了任何其他人進來投資，都可以得到他們推薦的人帶來的人投資的百分之十佣金，這是種向下十層深的金字塔結構。[17]這意味著早期投資人及推廣者確實可以變得非常富有。即便是那些只帶了自己親朋好友進來的人，只要推薦的人夠多，這也會變成一個比自己的投資更賺錢的月收入來源。一些人確實質疑這是否是個龐氏騙局，但普遍的共識似乎是只要錢不斷流入，就萬事大吉了。

普拉斯幣提供的高額推薦獎金使它的投資人採取一些相當主動積極的行銷及潛在客戶開發手法。有個人把一個普拉斯幣的標誌插在超市攤子的蔬菜中間，[18]再拍下這個標誌，告訴他的YouTube追隨者，就連超市現在也接受普拉斯幣了。相關超市恐怕從來沒有發現自己據說已經接受了一個詐騙貨幣。

在高額入會佣金的激勵下，熱心的投資人也舉辦起自己的招募活動，打著訊息分享活動的名義，讓親朋好友及每個認識的人都投入資金。[19]不久後，據估計就有四百萬人已經被自己的親朋好友、追隨者及人脈帶進來投資了，估計他們為普拉斯幣平台額外帶進了四十億美元的資金。其中有些人認為他們只會在平台上獲利致富，卻不知道或是不擔心這是如何辦到的。許多人以為他們真的在買進比特幣及其他加密貨幣，深信他們找到了一個安全方式，可將這些加密幣存放在一個去中心化的錢包裡，卻沒有去了解平台是如何運作，或停下來質疑其中涉及的風險。

普拉斯幣維持著一種假象，即他們將平台獲得的任何資金用於開發他們的錢包和交易所，宣稱目標是要能夠在下一個泡沫到來前在加密幣市場佔主導地位。投資人越是積極推廣普拉斯幣，普拉斯幣就會給他們越多的獎勵，根據他們的推薦活動增加支付金額，並給予高度評價。他們會根據他們的推廣活動將用戶的頭銜升級為炙手可熱的頭銜。「大咖」（Big Boy）和「大神」（Great God）[20]是他們給予最傑出招募者的熱門頭銜——每個人都想達到這些級別。只要投資人持續投資，平台就不斷支付款項。直到他們停止為止。

隱藏的神秘訊息

從普拉斯幣於二〇一八年六月推出，到二〇一九年六月時投資人開始報告能夠提取資金的時間受到延遲為止，只花了一年的時間。[21]正常情況下，加密幣的提幣要求應該幾乎是立即得到處理才對。一些人在中國社交媒體抗議，他們在聊天應用程式微博（Weibo）上貼文批評，說他們提交提幣要求已經三十五小時了，但是沒有成功。[22]很快地，在同一個月，投資人就再也無法提領他們的錢了。普拉斯幣團隊一開始仍設法平息這些說法，稱提幣問題是因駭客企圖攻擊而造成。[23]這在某程度上是真話。

加密幣交易，例如將比特幣發送到另一個位址時，會顯示出送出和接收地址的詳細訊息，以及傳送的金額。當發送的是比特幣和一些其他加密貨幣時，也可以在交易資料中留下訊息。在比特幣第一個創建的創世區塊（genesis block）中，身份不詳的創始人中本聰在交易資料中留下了一條隱藏的訊息：「二〇〇九年一月三日《泰晤士報》首相正考慮實施第二輪銀行紓困。」（The Times 03/Jan/2009 Chancellor on brink of second bailout for banks.）[24]這位比特幣創始人想要向世界表明，數位貨幣的創建是為了回應世界銀行體系（world's banking system）的全球性失敗及操縱。

當普拉斯幣的創始人跑路時，他們仍在積極地從他們的交易所中竊取用戶的加密幣，將這些加密幣資金發送到自己位於其他交易所的錢包。在他們退場的過程中，普拉斯幣身份不詳的創始人以同樣的風格留下了一段訊息，隱藏在其中一筆交易中，但是訊息內容毫無中本聰的優雅與善意。普拉斯幣團隊留下的訊息很清楚：「抱歉，我們先閃了。」（Sorry we have run.）[25]用戶損失了約四十億美元的直接投資資金，但創始人和普拉斯團隊已經跑路了。

直到當時，他們大部份人都只是在應用程式上看著自己的資金不斷累積，但沒有兌現。任何資金從帳戶中轉出，普拉斯幣都收取百分之五的交易手續費。[26]這個因素再加上ＡＩ狗可望賺取更多的錢，似乎就足夠鼓勵它的用戶把他們的加密幣留在平台上了。普拉斯幣的設定方式也讓投資人無法控制自己錢包裡的代幣。所以當創始人退場時，所有用戶的資金都被鎖住無法使用。所有普拉斯幣的聯絡窗口都消失了。在別無選擇的情況下，兩百多名投資人施壓首爾當局，要求對整件事情展開調查，事情很快就明朗了：這是一場規模巨大的龐氏騙局。韓國當局即時採取行動，引發了一場國際搜捕行動。[27]國際上的許多人此時才第一次聽說到這整件事，它很快成為了亞洲最大騙局之一。

如果只計算人們對於平台的直接投資，這部份現在被認為上看六十億美元，[28]這些錢會賠掉，但是沒有其他人會直接受到影響。但是普拉斯幣已經在一些中國交易所中公開交易。瘋狂的FOMO買入將它的價格推升到每代幣三百四十美元，使得整個專案的總市值估值達到了一百七十億美元。[29]如果它在流行的加密幣上市網站「代幣市值」（CoinMarketCap）上市的話，這會讓普拉斯幣成為世界上第三大加密貨幣。不過它沒有。因為他們從來沒有將它上市。

雖然普拉斯幣對於團隊及創始人的身份保密，但是在騙局結束及逐漸現形的幾天內，中國的便衣警察就抵達了萬那杜（Vanuatu），這是個田園詩般的南太平洋島國，由擁有藍天碧海及白色沙灘的八十個小島組成。不到一週後，他們就和萬那杜警方聯手逮捕了六名中國公民，將他們羈押於中國人擁有的一處當地房產中。在引渡令下，這五男一女迅速遭到逮捕並被押上一台前往中國的包機。[30]

儘管被捕的都是中國人，但這場騙局的傳播範圍遠遠超出中國。投資人來自亞洲大部份地區，以及俄羅斯、烏克蘭、德國，就連加拿大的投資人都受到了事件的衝擊。普拉斯幣的投資人血本無歸。[31]

然而，被捕的那些人似乎不是整起行動的幕後主使者。普拉斯幣的主謀始終沒有被捕。帶頭者據說是一個被稱為里奧先生（Mr. Leo）的年輕韓國男性，但除了一張奇怪的照片之外就沒有關於此人的更多細節了，[32]這起捲走一百七十億美元的騙局，到底誰是真正的幕後黑手，人們仍然不得而知。

錢跑到哪裡去了？

在所有其他加密幣退場騙局中，似乎都是創始人拿走了錢。但是在普拉斯幣騙局中，人們仍然不清楚錢是誰拿走的。從許多方面來看，這正是普拉斯幣的故事開始變得有趣的地方。在萬那杜對那六名嫌犯的突擊搜捕，原本應該給了警方一些查明事實的物證或線索。但根據警方的報告，事情卻並非如此。[33]

加密幣分析公司鍊析（Chainalysis）追蹤到了價值數億美元的投資人加密幣去向，但投資人已經無法接觸到這些加密幣，因為普拉斯幣完全控制了它們。關於加密幣的一個值得注意的特點是，除了一些注重隱私的加密貨幣會隱藏交易資訊之外，包括比特幣和以太坊等大多數的加密幣，所有交易均可在區塊鏈上公開看到。這讓加密幣分析業者很容易就能追蹤到與普拉斯幣錢包有關的代幣，並察覺是否有人動了這些代幣。

對這些觀察者而言，有件事情確實是顯而易見的，自從這個騙局在二〇一九年六月結束以來，在不同時期，普拉斯幣拋售與比特幣及加密貨幣的價格崩盤，兩者之間存在著直接的相關。[34]這意味著他們累積的加密幣數量多到足以撼動全球市場。這場騙局也許已經停止了，但仍有許多被竊的加密幣下落不明，騙局主謀控制了這些加密幣。他們還是可以隨時賣掉這些加密幣，讓整個加密幣市場進一步崩盤，影響到每一個人。

第二招：騙局的數十億美元副本

就在普拉斯幣啟動的一個月後，一個新的多層次傳銷加密幣騙局就襲擊了中國。沃幣（WoToken）被宣傳為一種聰明的加密貨幣錢包，可讓用戶不費吹灰之力即獲得高額回報；他們只需要投資一些資金，這個平台就會神奇地讓他們發財。回報雖然比普拉斯幣低，但還是會讓任何人大喊「騙局啊」，只有那些對於最高收益多層次傳銷騙局給出的承諾已經習以為常的觀察者才會無動於衷，因為這些騙局現在在亞洲各地已經變得司空見慣了。

他們承諾，投資一千美元的人每天可獲得高達百分之〇點五的回報，每年有百分之一百八十二點五的回報。那些最少投資五千美元的人每天可獲得高達百分之〇點六五的回報，每年有百分之兩百三十七點二五的回報。[35]要記得，超過個位數字的年回報率就被認為是很高了，因此這些回報率基本上是不可能保證的。然而，正如我們已經看到的，一個又一個的騙局就是這樣做的。就和普拉斯幣一樣，沃幣也聲稱他們透過演算法交易機器人為用戶帶來回報。也和普拉斯幣一樣，它從未設法證明這些機器人的存在。它們之間還有其他的相似性，就是它提供會員慷慨的推薦佣金，這是加密幣騙局的一個常見趨勢，即利用會員帶進最大量的受害者。沃幣也運用了一些十分有創意的行銷手法。該網站聲稱與全球付（Global Cash），一家萬事達卡（MasterCard）發卡公司有合作關係，這會讓他們的使用者可以花用存放在他們錢包裡的加密幣。他們給出的證據是在網站上寫上萬事達卡的字樣，連標誌都沒有。[36]不用說，看起來也不存在跟萬事達卡的任何這類合作關係。簡言之，從外觀與行為來看，它都跟普拉斯幣一模一樣。

值得慶幸的是，中國警方只花了幾個月的時間就察覺到了這場騙局，二〇一九年末，僅僅一年多之後，在許多投資人抱怨他們無法提出自己的錢之後，它就遭到了取締。沃幣在二〇一九年底結束應用程式的營運，當時它已經利用「超大型ＭＬＭ網絡」讓投資人自願掏錢，從七十一萬五千名個體投資人身上賺走了超過十億美金。[37]普拉斯幣垮台後不到兩年，中國警方破獲如今是第二樁十億美元起跳的加密幣龐氏騙局，它的基礎幾乎完全複製普拉斯幣模式，對中國投資人造成了極大打擊。[38]六人因這最新的一樁騙局而遭到逮捕及判刑，它的主謀似乎直接是從普拉斯幣過來的。[39]當然，稍微值得注意的一點是，這種規模的騙局都有人可以全身而退，更不用說是連續兩個了。但加密幣在當時仍不受監管，因此官方在打擊騙局方面行動緩慢，基本上是讓加密幣市場自生自滅，花招、騙局百出。我會很樂意地說，官方當局現在的行動速度更快了，有些官方當局是，但騙局仍生生不息，完全是過去騙局的翻版。

二〇二〇年七月，在沃幣被關閉後，一百零九名普拉斯幣相關人士遭到逮補，包括八十二名騙局的關鍵成員，以及被認為是核心團隊的二十七名人士，均被認定為犯罪主嫌。[40]普拉斯幣背後到底有多少人，以及他們到底成功從人們身上詐騙並留下了多少錢，人們仍然不得而知。更多代幣從某個不知名的錢包被拋售出來，並再次造成加密幣市場崩潰，這並非不可能。

中國再次受到第三個十億美元起跳的加密幣龐氏騙局打擊，騙子還是來自同一團隊的成員，完全複製他們從普拉斯幣學會的手法，這種事情要發生會不會只是時間的問題呢？

第六章

詐死、失蹤的數億加元及掘屍要求

二〇一八年十二月，當一名加拿大籍加密貨幣交易所創始人在印度蜜月旅行途中突然過世時，[1]存放在該交易所的二點五億加元的債權人原本不該有任何擔心的理由才對。除了消息傳出，這名創始人傑拉德・柯登（Gerald Cotten）是唯一有權限登入儲存投資人二點五億資金的那些錢包的人。[2]但有件事很快就變得清楚了：大部份的人都不相信他死了。加密幣社群和用戶大體上認為他是詐死，他們要求將他的屍體挖出來進行驗屍。FBI在隨後的幾年進行調查，至少向一位接近此案的人詢問了夠多的問題，以暗示他們自己也沒有排除他還活著的可能性，[3]現在這整個案子被歸類為一樁犯罪，從一開始就是個騙局。這名創始人的所謂死亡是發生在幾個月來有關銀行業務及提幣的問題及抱怨，以及眾所周知的嚴重流動性問題出現之後。大多數人心中的問題是：傑拉德・柯登和他所有投資人的錢現在到底藏在哪裡，以及一個看起來經過精心設計的退場騙局到底是如何在加拿大監管機構的眼皮底下發展到如此龐大的？

微笑的男人

畢業幾年後，一個膚色蒼白的金髮男人，因為臉上幾乎永遠帶著微笑而知名，他搬到了溫哥華，並加入當時剛起步的比特幣社群。這名叫傑拉德的男子參加當地的社群聚會，認識了早期比特幣舞台上的一些人，他渴望自己能更多地參與。

比特幣社群是一群團結的人，由演算法設定的數位貨幣概念以及一個不受國家或中央銀行體系控制或操縱的貨幣體系的好處，往往能令他們因為興奮而凝聚起來。傑拉德．柯登的興趣和他們不同。他追求的是新貨幣的波動性所帶來的投機性投資潛力。早期的比特幣投機交易者可以有幾種方式參與到這個領域的工作。創建一個加密幣交易所也許是風險最高、最困難的一種，但這是早期，監管尚未開始上路，而且不是每個人都認為守法很重要。傑拉德．柯登似乎就是這些人中的一個。在那些日子裡，買比特幣是件難事。芒特高，我們將在下章看到的陷入麻煩的加密幣交易所，這個時候仍然在持續壯大（至少從外面看起來是這樣），但它的總部在日本。傑拉德想要創建一個總部設於加拿大的交易所。

傑拉德的交易所叫作卡德里加ＣＸ（QuadrigaCX），它在早期為加拿大的比特幣社群帶來了一線希望。卡德里加成立於二〇一三年十一月，是個全新、在地的比特幣交易所，很快就因為廉價、迅速及使用安全性而聲名鵲起。最重要的是，他們以自己身為加拿大人而自豪，並在他們的行銷中發揮了這一點的優勢。會出什麼問題呢？

每個人都愛披薩

在早些年，卡德里加要脫穎而出不是件困難的事。當談到買比特幣時，在好的使用者體驗方面並沒有太多的競爭，而且要獲得早期用戶也並不難。從他參加當地的加密幣聚會開始，傑拉德就成了溫哥華比特幣合作社（Vancouver Bitcoin Co-op）的一名理事，這讓他很容易認識人。

一般的加密幣聚會會有一堆對這個領域有興趣的學生和民眾，他們是衝著裝滿披薩的外賣盒而來，多虧了一、兩個當地的贊助商，這些披薩外賣盒總會被帶到聚會中來。出席者會圍繞著它們，拿著自己的披薩去喝免費的啤酒。

在早些年，支付活動費用的潛在贊助商的選擇很有限。加密幣實在太小眾，還沒有得到廣泛的信任或被接納為一種資產的類別。傑拉德只是通過贊助當地加密幣活動，就幾乎立刻為自己的卡德里加贏得了人們的忠誠。給人們免費啤酒和披薩在各種情況下一定都是贏得追隨者的最簡單方式之一。這類的贊助活動每次聚會只會花到交易所五百到一千加元，但是買到了商譽，而且活動組織者和當地社群近乎是依賴性；因為在那時候，根本沒有其他家公司會贊助加密幣活動。隨著時間經過，贊助這些活動為他們贏得了信任以及穩定的用戶群，投資人會將他們的錢存入這個新交易所來購買及持有比特幣。[4]

被駭客包圍

在早期那些年，卡德里加很幸運，因為它的競爭對手，也就是周圍的其他交易所都被駭了。二〇一四年初，就在卡德里加推出的六週後，當時世界上最大的交易所、佔全球比特幣交易百分之七十的芒特高（我們即將在下一章看到）遭到駭客攻擊並暫停營運。世界第二大交易所中本聰的金庫（Vault of Satoshi）以及加拿大當時最大的交易所加維爾泰斯（CaVirTex）都緊接在後突然停業，它們歸咎於駭客，兩者都在同一星期關門。

卡德里加幾乎在一夜之間成為加拿大的主要比特幣交易所，突然之間大量湧入了新客戶。傑拉德．柯登在過去從未經營過加密幣交易所，在加密幣世界仍相對是個新人，他基本上應付不來。卡德里加有自己的問題——由於它和無良支付處理商的合作，而後者拿走或遺失了他們的錢，或由於沒有提交審計報告，以及由於無法確定比特幣的合法擁有者，它所累積的罰款和損失高達數千萬加元——但它從比特幣的瘋狂上漲中賺到了錢，用戶群也持續成長。自從卡德里加創立以來，比特幣的價格就一飛沖天，從幾百美元漲到了超過兩萬美元，在市場高峰時，該交易所總共獲得了接近二十億美元的客戶比特幣[5]，而交易所可從每筆交易獲得分成。

豪華旅行的主題標籤（#luxurytravel）

卡德里加有個辦公室，但這大多數人認為這主要只是個門面。傑拉德喜歡一個人從他的蘋果電腦Macbook Pro經營這個交易所。隨著比特幣價格狂飆以及每筆交易均可獲得分成，他很快就賺到了屬於自己的財富，開始過著國際名流跟富豪那種燒錢式的豪奢生活。

傑拉德和他當時的女友珍妮佛（Jennifer）會在世界各地旅行，搭乘私人噴射機[6]並下榻在一些世界上最奢華的飯店。珍妮佛的Instagram上滿是遙遠度假地的照片，從阿曼（Oman）到馬爾地夫（Maldives）、杜拜（Dubai）和緬甸（Myanmar），她經常使用豪華旅行這個主題標籤。

二〇一七年夏天，隨著比特幣價格的瘋漲，傑拉德和珍妮佛買了一艘船。位於加拿大新斯科細亞省（Nova Scotia）的桑尼布魯克遊艇經紀公司（Sunnybrook Yacht Brokerage），就在傑拉德位於哈利法克斯（Halifax）的家附近，一般服務衣著考究的菁英人士。加拿大《環球郵報》（The Globe and Mail）曾針對該騙局進行了一次深度調查，並採訪了這家遊艇經紀公司。他們說，傑拉德在那天很引人注目，他開著一輛特斯拉（Tesla）出現，身穿一件皺巴巴的襯衫和短褲，以及一雙破舊的勃肯鞋（Birkenstock）。他要買的遊艇要花多少錢似乎不是問題，價格沒有上限。他想要一艘大船，一艘大到可以直接航行到加勒比海，而不需要在加拿大或美國停下來加油的船。他選中了一艘價值六十萬加元的珍諾五十一型（Jeanneau 51），有三個船艙和一個游泳平台，並開始在一些當地小島周圍上航行課，他航行，而珍妮佛則和她的兩隻吉娃娃在甲板上曬日光浴。[7]

那個夏天，他買下了其中一座小島，佔地四英畝，由松樹和沙灘組成，他砍了些沙灘上的樹，並蓋了座房子，但似乎從來沒有搬進去或在裡面生活過。他還擁有其他三棟房子，散佈於他在加拿大居住的省份，以及十四處的出租物業。傑拉德也有一架賽斯納（Cessna）小飛機，估計價值五十萬加元，但他很少開，除了那輛特斯拉以外，他還擁有一些豪華名車。[8]對一個年輕人而言，這不算太差。

不管怎麼說，旅行、遊艇、飛機和女朋友，一切似乎都比經營一家加密幣交易所的行政管理要刺激得多。

他真的死了嗎？

二〇一八年十一月，傑拉德立下遺囑並和珍妮佛結婚，然後就飛往德里度蜜月。這對夫婦住在北印度一些最豪華的旅館，並在包括泰姬瑪哈陵（Taj Mahal）在內的主要旅遊景點擺姿勢拍照。當然，只有最好的才是夠好的。十二月八日，他們飛抵印度齋浦爾（Jaipur），在機場被一輛奧迪Q7（Audi Q7）接走，住在奧拜瑞拉傑維拉斯（Oberoi Rajvilas）飯店。這家飯店是高檔飯店中的高檔飯店，是一座豪華的現代宮殿，房價高達一晚一千美金。對於任何看著這對年輕夫婦的人來說，他們過著夢想的生活，只要錢能買得到體驗，他們都應有盡有。

在入住奧拜瑞拉後不久，傑拉德開始抱怨腹痛，他被送到附近一家私人醫院，診斷是急性腸胃炎。他有些潛在疾病，並曾罹患克隆氏症（Crohn's disease，譯按：一種發炎性腸道疾病）。然而，在他抱怨腹痛的二十四小時內，他的病情急轉直下，心臟停止了兩次，他死了。[9]然而在那之後，謠言就從未止息。許多人不相信他真的死了。[10]

隨後，圍繞著這個死去男人的屍體，發生了一些混亂。

傑拉德接受治療的那家私人醫院將他的屍體送回他下榻的飯店。這家飯店將這具屍體送去接受防腐。但防腐師拒絕接受一具來自飯店的屍體，理由是屍體上沒有提供關於死亡原因的訊息。至於醫院為何沒有將屍體直接送去進行防腐處理，原因仍不得而知。這具屍體被送到當地的一家州立醫學院，那裡問的問題比較少。[11]隔天，他的遺孀將屍體空運回加拿大，二〇一八年十二月十四日，屍體在他的家鄉哈利法克斯舉行的一場閉棺式葬禮中下葬。

珍妮佛在一個多月後才透過一篇臉書貼文宣佈了他的死訊。[12]人們還不清楚為何要花這麼長的時間才宣佈，以及為何對他的死亡似乎一直秘而不宣。在這整個期間，卡德里加接受了新投資人數百萬元的資金，但沒有歸還給他們任何的錢。[13]他們似乎不認為既然內部交易所幾乎已經停止運作了，那麼停止接受新的資金才是公平的。

一個主要的託管問題

有幾種方式可以安全地存放加密貨幣。如果它的目標是遵守法律，那麼任何加密幣交易所會做的第一件事，就是在任何創始人去世的可能情況下設定安全的備份存取。這是一件非常標準、基本的東西，一般而言都不會受到質疑。沒有任何一個優良的加密幣交易所會認為可以完全依賴於一個人管控，這種事根本不會發生。因為加密幣的風險實在是太高了。

加密幣交易所的一個好處是，它們理論上應該要為你的加密幣資產提供安全、儘管是暫時的儲存服務。當你將加密幣發送到卡德里加時，你就同意把對於你的加密幣的控制權交出去了。與你持有自己的加密幣不同，在卡德里加上，你必須向交易所提交申請才能提幣。如果他們沒有處理你的提幣請求，基本上，在他們看來，那就是你運氣不好。[14]

加密幣可以安全地儲存在被稱為私鑰的編碼密碼後。如果你有私鑰，你就可以存取你的加密幣。如果你沒有，那麼很抱歉，加密幣並不是一個銀行，你可以打電話過去，或是上網更改你的密碼。雖然一些較新的加密幣儲存裝置及交易所提供客戶服務，但是早期的並沒有。如果你遺失了你的私鑰，尤其是在早期，你就遺失了你的加密幣。有幾百個人們遺失他們數位貨幣的私鑰，或是不小心把它的儲存設備丟了的故事，他們都因此再也無法存取他們的財富。在當時（現在也是），沒有任何人能夠挽救這種情況。

沒有任何一家優良的加密幣交易所會把自己和客戶的大部份資產儲存在線上。即使是在卡德里加存在的加密幣早期，也有許多其他更安全的備份儲存方法，因此這樣做根本不在它們的考慮範圍內。但卡德里加除外。傑拉德．柯登將總數高達二點五億加元的卡德里加客戶資金儲存在私鑰後，只有他才能存取。[15]

卡德里加在他們交易所提供的服務被吹捧為一種加密幣的安全儲存方式；人們相信它會

安全地儲存他們的加密幣。當人們將他們的加密幣存放在卡德里加時，即使是短期交易，也有七萬六千人讓傑拉德從他們的每筆交易中抽成，以交換他們加密幣的安全儲存。傑拉德．柯登擁有多年的比特幣經驗，經營著最大加密幣交易所之一，儲存了價值高達數十億的比特幣，他應該要比大多數人都要了解安全及私密的加密幣儲存方法的重要性，更確切地說，他應該要更了解這些方法。二〇一四年時，他在一場訪問中表示，他將密鑰寫在紙上，並放在銀行的一個保險箱裡。[16]在這場訪談中，他對於遺失存取加密幣所需密碼的後果提出了警告：「某種程度上那就像是在燒錢一樣。」「即使是美國政府，擁有世界上最大的電腦，如果你遺失了私鑰，也沒辦法取回這些代幣。」[17]這不是一個會低估對於如此大量的他人加密幣，擁有良好備份重要性的男人，他是收錢來維護這些加密幣安全的。

在它的整個交易期間，卡德里加在關於它如何儲存他們的加密幣方面，一直對它的客戶說謊，它讓他們放心地以為他們的資產被以安全的方式儲存，但事實上這些資產卻是儲存在線上，這樣的儲存方式使得數億加元的客戶資金容易受到駭客入侵，也容易讓傑拉德自行存取。他們甚至沒有獨立的客戶帳戶；所有卡德里加資金都進入一個巨大的中心化資金池。傑拉德似乎表現得像是他可以對這些資金為所欲為，就像那是他自己的資源一樣。[18]

當他死時，傑拉德．柯登是唯一擁有卡德里加二點五億加元資金私鑰的人。[19]沒有備份。沒有私鑰，就沒有人能存取這些資金。除非有人能夠找到他，否則這就意味著投資人價值二點五億加元的加密幣突然憑空消失。

執法部門介入——或嘗試介入

隨著傑拉德死亡以及他是唯一私鑰持有者的消息曝光後，新斯科細亞最高法院（Nova Scotia Supreme Court）宣佈卡德里加破產，並任命安永會計師事務所（Ernst & Young）負責追回卡德里加債權人損失的數億元資金。然而，這實在遠超出傳統執法機構的能力範圍。他們根本不了解加密貨幣或他們正在處理的問題，因此需要基本知識的說明，但他們在這方面的無知使得和他們談話的加密幣專家感到震驚。

安永會計師事務所作為指定的管理者也犯了一連串令人印象深刻的錯誤。他們根本不知道如何去尋找或取回丟失的加密幣資金。安永的任務是找回一些（理想上是全部）加密幣，這些加密幣被困在卡德里加的錢包裡，由於只有傑拉德才有私鑰，所以現在無法存取這些錢包。也許他們最可笑的錯誤（除了他們收取的上百萬費用外，投資人還為此付出代價）是：安永確實設法存取了卡德里加剩餘的一些仍可存取的加密幣資金，然而，安永沒有將這些資金轉給投資人，而是設法發送了一百萬元的資金到傑拉德的某個錢包，使得這些錢因為沒有私鑰而無法存取。[20]真不明白怎麼會有人（更別說是一位管理者了）會犯下如此重大但基本的錯誤。

加拿大皇家騎警、FBI，以及至少兩個其他未披露的執法機構也接到了任命。然而，相對於卡德里加那些精通科技的憤怒投資人所發現並分享到群組和社交媒體上的結果，他們的發現實在是微乎其微。

傑拉德的死也發生在幾個月來的種種問題、抱怨以及投資人無法提領他們的資金之後。當銀行和執法機構在他死後開始展開調查時，人們才發現許多事情並不像看起來那樣。

投資人介入

卡德里加約有七萬六千名帳戶持有人，他們在交易所倒閉時損失了全部的資金。幾乎在加拿大的每個加密幣專家及愛好者都在卡德里加持有一些比特幣，金額從幾百元到畢生積蓄不等。在這七萬六千人中有許多人都是加密幣的早期採用者，他們是了解加密貨幣運作原理的高智商人士，許多人是加拿大在科技方面最在行的人。當談到深度的加密幣研究時，這些投資人知道自己在做什麼。畢竟這群人中有許多人早在買比特幣成了件輕而易舉的事之前就已經了解加密幣，並設法買比特幣了。

這些投資人很憤怒，更多加密社群中的人也加入了他們的行列，因為他們感覺自己被背叛了，一家聲稱自己是這個社群一份子的交易所向他們撒謊，當時加密幣作為一種資產類別才剛剛起步並得到主流社會的接受，聲譽就是一切。

在這些人當中，約有五百名加拿大的科技菁英在加密的通訊應用程式Telegram組了一個聊天群組，這個應用程式因為它提供的隱私性而比其他通訊平台更受到許多幣圈人士的青睞。他們想要展開自己的私人研究調查，了解卡德里加到底發生了什麼事。每個人掛在嘴邊的同一個問題是：「傑拉德在哪裡？」以及「加拿大最大的比特幣交易所究竟是如何變得如此糟糕，損失了這麼多投資人的錢，而一切就在加拿大執法部門的眼皮底下發生？」這個群組就像是個強大的專家小組。不僅卡德里加的投資人經常光臨，新聞記者和執法人員也常常上門。通過這五百個大腦聚在一起，其中許多人還認識卡德里加背後的人，研究、分享資訊及進行調查，一些十分有意思的細節開始浮現。

懷疑滋長。傑拉德在哪裡？

投資人越是深入研究此案，他們的擔憂就越是有志一同。推特及社交媒體上很快就大量出現一條條聯手發出的訊息。人們一再表達出他們的一個懷疑，那就是他們強烈懷疑傑拉德並沒有死。

隨著傑拉德的死訊開始洩漏，卡德里加的債權人已經開始懷疑了。最早流傳出來的事實之一是死亡證明書上拼錯了他的名字。這份由拉賈斯坦州經濟及統計局於他死後兩日核發的死亡證明書將他的名字拼成了柯坦（Cottan）。[21]除此之外，事發的兩個月前，經營富通艾斯科醫院（Fortis Escorts Hospital），即傑拉德接受治療的那家私人醫院的那家公司的前董事長兼總經理才剛因金融詐欺而遭到定罪，[22]造成某些人懷疑其中存在貪腐因素。一切看起來都不太妙。人們開始質疑死亡證明書以及其他證明文件的真實性，畢竟它們來自一個以很容易就可以買到偽造或篡改的證書而知名的國家。

保守說法，圍繞傑拉德之死的諸多情形實在啟人疑竇。

儘管官方死因紀錄為與傑拉德之前罹患的克隆氏症相關的併發症，但是治療他的胃腸病專科醫師賈洋・夏馬（Jayant Sharma）仍在思考那次的死亡。「我在腦海中多次重溫那次的經驗。我們做了一切能做的，」他說。「我們不確定診斷結果，」夏馬告訴追蹤到這位醫師的英國《電訊報》（Telegram）記者。他繼續說，他對於傑拉德的病情惡化得如此之快感到驚訝，並坦承他沒有做什麼跟進診療。人們不清楚他本人是否看過那具屍體。「現在回想起來，我原本會下令屍體解剖或驗屍的，」他說。[23]夏馬告訴《電訊報》記者，他曾跟一位說他看過屍體的醫師談過，但沒有警方調查。這可能是真的，因為醫師們處理成千上萬的屍體，所以也許當時對這些事情並沒有想太多。但我們可能永遠不會知道了。

傑拉德．柯登還活著的懷疑已經不斷滋長，更火上澆油的是，人們很快就發現，他在前往印度的四天前，也就是死亡的十二天前才剛剛立了一份遺囑。這份遺囑明確要求將價值一千兩百萬元的資產，包括他的房子、出租物業、飛機、車子和船，以及十萬加元都用來照顧珍妮佛的兩隻寵物吉娃娃。[24]

令人驚訝的是，考慮到在市場高峰期時卡德里加儲存了投資人價值二十億美元的投資資金，這份遺囑中竟沒有隻字片語提到關於錢包或是這些投資人的資金儲存。要說投資人對此感到不快，這種說法實在太輕描淡寫；他們簡直震驚不已。[25]

當傑拉德不僅沒有在遺囑中為卡德里加作好準備，也沒有對於只有他知道的私鑰做好備份存取時，人們開始對於該交易所提出了更嚴肅的質疑。[26]

於是調查開始全面展開。FBI及加拿大執法部門，以及數百名卡德里加憤怒並深感背叛的投資人分別但同時展開工作，他們發現的調查結果及證據，數量遠超出任何人所能想像。

秘密的犯罪創始人

卡德里加似乎沒有公開提及的事實之一是，傑拉德・柯登並不是它唯一的創始人。

麥可・帕特林（Michael Patryn）在交易所成立初期就已出現在溫哥華比特幣舞台上，但即使在當時他也是個不得人愛或信任的人物。不像以臉上總是掛著微笑著稱的傑拉德，自稱是他們顧問的帕特林只有跟卡德里加的披薩贊助活動有關時才能得到一些人們的好感。如今是幾家數位貨幣企業創始人的約瑟夫・溫伯格（Joseph Weinberg）當時是個學生，常出席卡德里加贊助的溫哥華比特幣合作社的聚會活動，關於帕特林他是這麼說的，「事情很快就變得清楚了，他不是他自己說的那個人。他有時自我介紹他是來自印度的麥可，有時他會說他是來自巴基斯坦的麥可，或是來自義大利的麥可。但這一切是精心設計的——他知道自己在做什麼。這不是他的第一場大膽演出。」[27]

自從傑拉德死後，帕特林一直努力讓自己和卡德里加保持距離。在卡德里加投資人組成的Telegram聊天群組裡，帕特林極力淡化自己在交易所的參與。他說他是五年前在網上認識傑拉德的。

多虧一些債權人的全力偵查，他們放棄自己的空閒時間追蹤加密通訊系統及遭到刪除的論壇貼文，以及加拿大《環球郵報》的詳盡調查，逐漸揭露了一些十分不同並且更為邪惡的真相。

二〇〇三年，愛德華及布萊恩・克拉森斯坦恩（Edward and Brian Krassenstein）兄弟推出了一個名為滔金（TalkGold）的影子地下網站。滔金是龐氏騙局及騙局製造者的天堂。網站上面有所有最新騙局的貼文，圍繞著一種簡稱HYIP，即高收益投資方案（high-yield investment programme）的龐氏騙局，這種騙局承諾投資人將獲得不可能的高額回報，然後再用新投資人的錢支付款項。這個網站提供建議與技巧，告訴人們如何儘早進入及退出這些騙局才能獲利、如何開始經營騙局，甚至如何創建自己的龐氏騙局。[28]滔金一直活躍到二〇一六年，直到國土安全部去到這對兄弟位於佛羅里達邁爾斯堡（Myers, Florida）的家中，沒收了他們的資產和財務記錄，以及五十萬美元，並且（謝天謝地）將它關閉為止。[29]

傑拉德・柯登的教育就是在滔金以及之後逐漸在其他小型網站上開始的。傑拉德在十五歲時發現了這個網站，他以權杖（Sceptre）這一用戶名登入，並在接下來的十年研究及學習了欺騙他人的藝術：如何升起人們的希望，如何吸引資金，如何及何時展開騙局，如何及何時退場，以及最關鍵的是，如何不留痕跡地經營一個騙局。[30]

當時二十一歲的麥可．帕特林在二〇〇三年時就已經加入了這個網站，比傑拉德早三個月。他們兩人都是滔金的定期撰稿人，很快地他們也在其他的騙局推廣網站撰稿。他們很快就經常回覆及評論對方的貼文，不久後，也許在這類網站上這種事情很常見，他們就嘗試詐騙對方，似乎一方面是為了好玩，另一方面也是為了現學現賣。[31]

他們顯然對於彼此嘗試詐騙對方的行為留下了深刻印象，因此展開了合作關係。

詐騙練習時間

傑拉德學得很快。到了那一年的十二月，年僅十六歲的他就已經推出了自己的HYIP詐騙網站，並在二〇〇四年一月一日推出了他的第一個金字塔騙局，S&S投資（S&S Investments），承諾在一到四十八小時內可獲得高達百分之一百零三至一百五十這種聽起來不大可信的回報。在三個月內，這個騙局就花光來自新客戶的錢，無法再支付它的兩百名投資人，這讓傑拉德只能用在網路上發出威脅的方式來為自己爭取時間。[32]

其中一篇他的貼文警告他的投資人「如果做出任何形式的威脅……你就是在說你不想收到退款，而你也不會收到退款了。」[33]甚至在他還沒結束第一個騙局，用光資金並捲走大部份的客戶資金之前，傑拉德就已經展開了他的下一個騙局，名叫幸運投資（Lucky Invest）。

當傑拉德的各種詐騙企業倒閉時，是帕特林在為他辯護。傑拉德又發起了幾個其他的騙局，他藏在假名之後，隱藏他的位置，[34]並且不只一次讓自己陷入了麻煩之中。傑拉德與帕特林會繼續各自經營更為精緻複雜的騙局，在網路聊天室裡面為彼此辯護。他們甚至會在彼此的平台上假扮成滿意的客戶，以欺騙別人進行投資。

二〇〇四年，美國特勤局（US Secret Service）因身份盜用逮捕了一名叫做歐瑪爾·達那尼（Omar Dhanani）的人。歐瑪爾承認他密謀轉移竊得的身份文件，並被判十八個月的聯邦監獄監禁。他在二〇〇七年獲釋後被驅逐到加拿大。一到加拿大，出於尚未得到解釋的原因，歐瑪爾·達那尼就將他的名字改成他在行騙時使用的網路化名。先是改為歐瑪爾·帕特林，然後改為麥可·帕特林。[35]

專業洗錢

二〇一三年，一個叫作自由儲備（Liberty Reserves）的平台及偽數位貨幣遭到美國當局沒收及關閉。這是美國史上最大的洗錢案。自由儲備就像是犯罪份子使用的Paypal。[36]與它合作的其中一個第三方交易所名叫點石成金交易所（Midas Gold Exchange）。點石成金和自由儲備都為一個關鍵目標服務：它們主要是販毒集團、販毒者、人口販子以及龐氏騙局用於洗錢的管道。

點石成金在它的註冊文件中列出了一個連絡人：gerald.cotten@gmail.com。而附在該帳戶上的名字就是歐瑪爾．帕特林。[37]這是傑拉德和帕特林第一個真正的聯手計畫——一項從每筆交易中抽成的大規模洗錢活動。

當傑拉德和帕特林結束在自由儲備和點石成金的參與，並且又經營了幾個騙局及嘗試從事洗錢之後，一個有HYIP龐氏騙局所有特徵的新企業已經誕生六個月了。它有一個臉書專頁，上面有個據說來自一個快樂消費者的虛假推薦視頻，那名消費者後來被發現是個從自由接案網站上找來的演員，他以五美元的代價為顧客製作訂製的影片。[38]這個HYIP騙局可以用自由儲備的非法數位貨幣以及比特幣作為資金來源。卡德里加基金（Quadriga

Fund）使用帕特林經營的支付處理服務，它就是傑拉德的最新事業。卡德里加基金成立後不到三個月就消失了。而卡德里加CX，即那個加密幣交易所，則上線取代了它的位置。

加拿大最大的加密幣交易所如何在執法部門眼皮底下出了如此大的問題？

到了二〇一五年，儘管有來自比特幣社群的大力支持，一些執法部門的人已經盯上了這家交易所。帕特林傲慢自大地發表意見，明顯是在吹噓自己的洗錢能力，這對他們的案子沒有幫助。[39]但是針對帕特林的犯罪歷史以及已知與黑幫關係的質疑和投訴並沒有升級。

卡德里加的成功有一大部份必須歸功於傑拉德。人們喜歡也信任他。更重要的是，他們想要信任他，因為他扮演了他們希望的角色：一個為這個社群提供服務的加拿大人經營的在地交易所。

帕特林顯然知道這中間有些問題，並試圖把交易所倒閉的一切責任歸咎於傑拉德，他說「在所有員工、董事和高級職員於二〇一六年離職後，傑拉德就不再用合乎法律和道德原則的方式來經營這家公司了」。[40]就在這之前，卡德里加才剛籌募了近八十五萬加元的私人資本。在與其中一名投資人發生爭執後，整個董事會以及共同創始人帕特林都離開了，只剩下傑拉德，他沒有任何投資，而且身為卡德里加唯一的全職員工，他獨自負責卻不受問責。不幸的是，這對交易所的投資人來說並不是件好事。

錢已經沒了

當他們的公開投標失敗後，傑拉德不再繼續維持有在做內部紀錄的表象。也大約是在這個時候，卡德里加用戶開始抱怨他們無法提領自己的資金。原因很快就清楚了。當區塊鏈專家和調查人員在傑拉德死訊宣佈後開始查看卡德里加的所有錢包時，他們很快就發現了一件事：所有錢包都是空的。正如《浮華世界》（Vanity Fair）言簡意賅地總結：「我們現在知道，傑拉德至少是從二〇一五年起，就開始竊取他客戶的資金了。」[41]

傑拉德曾告訴他的家人，如果他出了什麼事，他為卡德里加設定了一個保障措施，這個措施稱作「死人的開關」。他們會收到一封電子郵件，告訴他們存取帳戶以及向投資人退款能力的細節。但那封電子郵件從來沒有寄到。[42]相反，總共有七萬六千三百一十九名投資人站出來，聲稱卡德里加欠了他們兩億一千四百六十萬美元。[43]而安永預期他們最多可收回三千五百萬至四千萬美元，大部份是來自它持有的美元資產，包括傑拉德的遺孀珍妮佛已經同意交出的九百萬資產。[44]但是在加密幣上他們就沒有那麼幸運了。

錢跑到哪裡去了？

在交易所倒閉前，傑拉德確實支付了一些投資人的款項，大都是那些在網路論壇上吵得最大聲的人。[45]支付方式是現金，往往將鈔票裝在紙袋或盒子裡寄出。[46]現金支付的原因不見得是傑拉德想要規避法律。作為一家在加拿大營運的加密幣公司，卡德里加一直無法在銀行開戶。[47]

剩下的錢跑哪裡去了呢？看起來傑拉德似乎玩了一些花招，以便盡可能多地將投資人的比特幣從交易所轉移到他自己在其他交易所的私人錢包。安大略省證券委員會（Ontario Securities Commssion）計算，由於傑拉德在自己交易所的欺詐交易導致卡德里加損失了一億一千五百萬美元。[48]根據報導，他在卡德里加為自己開了十四個假帳戶，用假名進行了大量的交易。[49]不是所有的錢都是因為交易而損失的。調查指出，傑拉德基本上只是把大量的客戶資金直接轉進自己的錢包，然後再轉出到其他交易所。[50]

許多比特幣交易所有個習慣，就是建立假帳戶來模擬提高的交易量。卡德里加這樣做並不令人感到驚訝，傑拉德甚至曾在他們二〇一五年的文件中透露過這點。然而，與其他一些更可疑的加密幣交易所主要是假的交易量不同，傑拉德在這方面更進了一步。

伊文・湯瑪斯（Evan Thomas）是加拿大Osler Hoskin & Harcourt律師事務所的庭審律師，他說傑拉德至少從二〇一六年起就開始建立假帳戶。[51]他不但建立假帳戶以便在帳戶之間交易真正的比特幣，他還創建跟交易假的比特幣——也就是說他交易的比特幣並不存在。[52]正如目前已經廣泛報導的，他其實是以交易虛構比特幣的方式來顯示增加的交易量，在卡德里加建立假帳戶以顯示根本不存在的比特幣交易量。當卡德里加的顧客賣掉真實的美元或加密貨幣時，傑拉德就用模擬交易的方式以他的假比特幣來買入這些真實的貨幣，[53]讓自己基本上可以不花一毛錢就累積更多的錢。傑拉德會拿走真的比特幣和美元，把假比特幣留給他的債權人帳戶。在他消失前，傑拉德已經進行了約三十萬次這樣的交易，每筆交易都吸走投資人的比特幣和錢，並在為自己創造了巨額利潤的同時耗盡了卡德里加的儲備。[54]

用別人的錢來賭

除了在自己的交易所上用假幣交易，吸乾客戶的比特幣之外，他似乎還用客戶保證金交易帳戶上的資金進行了六萬七千次高風險、魯莽的交易，[55]使用其他競爭者的加密幣交易所將大量比特幣押注在波動性高的加密貨幣上。[56]即使是在最好的情況下，這也是個風險極高的作法。比特幣就在不斷遞增的手續費、交易及波動性中損失了。看來他就是以這種方式損失了客戶兩千八百萬美元的資金，[57]這些錢從來不是他能拿來玩的。這些交易難道是他為了挽回一些已經損失的投資人資金而孤注一擲的嘗試嗎？有可能。但更可能的是，考慮到他已經吸走了這麼多錢到自己的帳戶裡，這些交易只是他企圖讓自己賺更多錢的貪婪表現而已。或者，正如FBI網路犯罪部門的首席調查官珍妮佛・文德・維爾（Jennifer Vander Veer）向加密幣專家提出的理論：是否這些瘋狂的交易本身就是一種洗錢的嘗試，把比特幣隱藏在大量交易及不同代幣後面，這樣做可以讓他之後能夠存取這些加密貨幣，而調查人員卻無法追蹤到他？[58]

加拿大《環球郵報》也發現傑拉德曾通過一家離岸交易所清算了價值八千萬的比特幣。[59]推測這些錢中有部份來自卡德里加的客戶資金。[60]這筆錢尚未收回。

傑拉德之前曾提到他在自家閣樓有個固定在屋椽上的保險箱。那裡就是據說他存放許多私鑰的地方，這些私鑰屬於持有卡德里加債權人資金的那些錢包。他的其中一個承包商知道這件事，在得知他的死訊後，他去了傑拉德的房子。只見屋椽上原本固定保險箱的地方有四個洞，但保險箱已不翼而飛。[61]似乎有人已經拿走了裡面的東西。

艾瑞克·施萊茨（Eric Schletz）曾將他的賽斯納小飛機賣給傑拉德，他在新斯科細亞省的小型飛行俱樂部認識了他，他說，「我曾看到傑拉德帶著五萬美元走路穿越一個機場。」[62]其他照片顯示傑拉德的房子裡存放著一卷卷的現金。傑拉德多次出國旅行，甚至吹噓他從未被海關搜查過。似乎相當合理的推測是，至少有部份投資人的資金是以實體現金的方式在一趟又一趟的旅行中被帶出國，使得傑拉德在世界各國的外國銀行帳戶中都安全地藏匿著現金，這些現金為他可以隱姓埋名的生活作好了準備，如果他像許多人相信的那樣仍然活著的話。

傑拉德是否仍然活著，人們不得而知，如果是，人們也不知道他現在在哪裡，或他用什麼身份生活。如果他還活著，他將有可觀的資金可以使用，至少夠讓任何人買到一個新的身份。他當然完全有可能真的死了，雖然我在加密幣圈還沒有遇到有人相信他真的死了。眾所周知，在太多提幣請求失敗，法律訴訟及調查展開，交易所也受到正式調查的威脅之後，傑拉德才立下遺囑，去了印度，接著就是一份名字拼寫錯誤的死亡證明書及一個棺木被送回加拿大。

我們必須把屍體挖出來！

二〇一九年十二月三日，代表交易所用戶的律師事務所發函要求加拿大皇家騎警把傑拉德的屍體挖出來。他們說，有必要進行一次驗屍，以便「確認屍體的身份及死因」。[63]加拿大皇家騎警在挖出屍體方面一直承受著極大壓力，債權人擔心，如果裡面真有一具屍體，再過一個夏天，它恐怕會腐爛到無法提供證據了。

包裹著現代科技的老式騙局

針對卡德里加的一個新調查得出了一個清楚結論。卡德里加的問題不是出在一連串的錯誤或運氣不好，或會計不善。正如安大略證券委員會認為的：「發生在卡德里加的事情是個包裹著現代科技的老式騙局。」[64]安大略證券委員會的報告無法更簡潔地總結了這一切：

到他死亡時，該平台已積欠客戶約兩億一千五百萬美元，但幾乎沒有資產可用來償還這些債務。到了二〇一六年十一月時，傑拉德已經向該平台注入了這麼多的需解資產，導致其最終的破產幾乎是不可避免的事。然而，即使是已在倒閉邊緣搖搖欲墜，在終於被新董事關閉之前，卡德里加從未停止接受新客戶及新存款。[65]

調查顯示，當傑拉德將資金耗盡時，他就拿新投資人的存款為舊投資人注資。可悲的是，正如加拿大監管機構安大略證券委員會的總結，「實際上，這意味著卡德里加的運作就像個龐氏騙局。」[66]一個傳統、老式的龐氏騙局，從一開始就是個騙局。如果傑拉德還活著，卡達里加很可能難以避免倒閉的下場，只是我們有機會從這整個悲傷事件的幕後黑手那裡得到更多答案而已。

第七章

芒特高

駭客入侵、數十億美元流失，及未經授權的交易機器人

全都消失了

芒特高加密幣交易所的興衰故事不是個騙局。它比騙局更精彩，一連串的駭客入侵、管理不善、許多的壞運氣與錯誤，導致這個加密幣歷史早期最富有的交易所失去了它的一切。在三年內，芒特高就從控制了所有加密幣交易的百分之八十以上走到了宣佈破產，錢包空空如也。然後，在甚至更離奇的命運轉折中，由於比特幣價格的急劇上揚，芒特高發現，儘管它的四分之三比特幣都因駭客入侵而損失，但它竟還剩下這麼多的錢，導致它雖有能力償還其投資人數倍的款項，但卻深陷於與法院的法律爭執中，由於日本破產法的規定而無法這樣做。當時的芒特高是最大加密幣竊案及數十億美元洗錢行動的受害者。

如果你在二〇一四年就已進入加密幣市場，很可能你至少會有一些比特幣放在芒特高，這也意味著幾乎是世界上所有的早期比特幣投資人都曾受到其影響。直到現在人們還是不大清楚芒特高究竟是如何能夠經過這麼多次的駭客攻擊、洩漏及管理不善，成功地在為時已晚、所有錢都消失之前不讓任何人注意到。

二〇一四年的二月，芒特高成立不到三年後，通過該交易所進行的比特幣交易已經佔了所有比特幣交易的八成以上。[1]他們原本應該有一百萬個比特幣，全都消失了。庫房全空了，整起竊案就在他們腳下發生，他們卻渾然不覺。這個世界上最大的加密幣交易所到底是如何失去它價值數億美元的所有比特幣的？

今天的芒特高交易所只剩下一連串的法律訴訟、數以千計的沮喪投資人，以及東京一家法國風情的咖啡館。這家咖啡館已成為這個曾經叱吒風雲的交易所遺跡的一個象徵。它靠近主要火車樞紐，位於一個辦公區的底層，曾經是東京科技菁英們談論加密幣及創新的中心，而且所有產品均接受比特幣支付。這家咖啡館花了超過一百萬美金。芒特高的首席執行長馬克．卡佩勒斯（Mark Karpeles）對於法式鹹派情有獨鍾——有人會說他愛法式鹹派勝過他愛這個交易所，所以這家咖啡館擁有自己的糕點顧問和一個三萬五千美金的特殊糕點烤箱，用來製作鹹派。[2]這家咖啡館從未完工；它仍處於興建當中，入口處的店名招牌現在只能勉強看清了。

卡牌或代幣

很多人都以為芒特高是以一座山的名字命名。但芒特高這名字甚至跟加密幣無關，而是來自一個流行，但是非常小眾的卡牌遊戲——《魔法風雲會》（Magic: The Gathering）。芒特高是它的英文名稱（Magic: The Gathering Online Exchange）的首字母縮寫。這個卡牌遊戲有一個小但忠誠度很高的市場，可讓玩家們在線上交易這些卡牌。而芒特高的創辦人傑德．馬卡列博（Jed McCaleb）是名遊戲玩家，也是個自稱的怪咖（geek），他後來又創立了兩個至今仍存在的最大加密幣之一。傑德花了幾年才意識到，經營一個交易小眾遊戲卡牌的網站既得不到太大關注，也不值得他花時間，而且他對建立它也不是很感興趣。於是，二〇一〇年時，他重寫了原始代碼並將網站轉型，除了保留網域之外，一切都改掉了。芒特高沒有成為一個卡牌遊戲交易所，而是忽然間成了一個加密幣交易所。

傑德搞對了一件事情：時機。那是加密幣最早的時期；比特幣才剛在前一年，也就是二〇〇九年被發明出來，根本沒有多少地方能夠買到它。而當時人們能夠購買或交易比特幣的少數網站則很難用，而且不大值得信賴。無論從任何方面來看，芒特高都稱不上容易使用——當時在政府或中央銀行發行的普通貨幣（稱為法幣）以及加密幣之間實在存在著太多的障礙，但芒特高的使用者體驗還是比其他的加密幣交易所好得多，因此用美元購買比特幣的訂單不斷湧入，而且數量越來越大。當想要購買好幾萬美元比特幣的人送進來的訂單堆積如山時，傑德想要退出了，他認為這不適合他。早期的加密幣社群很小，交易所要出售的消息很快傳遍，他認識的一個叫作馬克．卡佩勒斯（Mark Karpeles）的人很快就將它接手下來。

從一開始，卡佩勒斯可能就不大適合經營世界上最大的加密幣交易所，處理所有隨之而來的複雜規定。他是個駭客、加密幣愛好者。直到今天，他在網路論壇上仍使用魔法圖克斯（MagicalTux）這個名字行走，親近他的人說他似乎更樂於修理伺服器或思考鹹派食譜，而不是處理重要決策以及維持交易所安全所必須的安全基礎措施。[3]卡佩勒斯買下交易所，當時他了解到傑德並不確定它的合法地位，他也不會對因它而出現的任何問題負責——這個協議後來會一直困擾他。卡佩勒斯免費接下了芒特高，傑德獲得交易所在一定期間的百分之十二利潤，但僅此而已，責任現在完全是卡佩勒斯的了。[4]

接二連三的駭客入侵

二〇一一年六月二十日，就在卡佩勒斯開始習慣掌控這樣一個快速成長的交易所時，芒特高遭到了第一次駭客入侵。接下來的幾年，交易所還會遭到多次駭客入侵，但是這次駭客攻擊也許在它的故事真正開始之前，就已經決定了這個交易所的命運。

芒特高的第一名駭客設法駭入了傑德．馬卡列博的原始管理員帳號。他們用這些竊得的憑證進入芒特高的內網，操縱比特幣價格，將價格從十七塊美金降到一美分。這名駭客趁機以這個每代幣一美分的新人為估值買入了兩千個比特幣，再將這些比特幣用它正常的十七美元價格賣給芒特高的使用者，然後帶著他們的獲利離開。這名駭客賺得不多，當時的價值不到三萬四千美元，但他從來沒有被抓到過，也不曾再次被人發現。一些芒特高的顧客也成功利用這次駭客的入侵得到了好處——那些幸運兒在對的時間登入交易所，並以這個折扣價又買下了六百五十個比特幣。這些比特幣的新主人決定最好把它們從交易所移走，而不是歸還給它們之前的擁有者。其他的顧客和交易所一樣也賠了錢，不過交易所的主要損害來自於駭客入侵消息所引起的恐懼，這事件成了全世界的頭條新聞。[5]

加密幣社群群起恐慌。駭客攻擊的消息及它吸引來的頭條報導對比特幣價格產生了負面影響，這些踩到了他們的底線。二〇一一年時的加密幣社群主要人物基本上彼此都認識，或至少知道對方，因此有足夠的動力維護這個生態系的平穩運行，在出現重大問題時出面相助。芒特高工程師不分晝夜地工作，加密幣投資人也來了，有些人從世界各地飛來，貢獻他們的時間、資源和金錢，購買設備並盡其所能地解決問題，好讓交易所能夠再次恢復正常運作。畢竟它們幾乎所有人都在這個交易所持有比特幣。

卡佩勒斯似乎沒那麼憂慮。當他的團隊和那些集結起來的志願者整個週末都在工作，直到交易所重新上線為止時，馬克從週五晚上就不見人影，直到週一回來上班才看到人，而他繼續處理一些完全與駭客事件無關、不那麼重要的任務。對於他明顯缺乏對這項事業的關注或奉獻，那些放棄自己空閒時間的志願者感到十分不以為然。[6]

這次事件後又發生了一連串的其他駭客攻擊事件，這些事件沒有引起同樣的頭條報導，但卻造成了更嚴重的財務問題，對於交易所造成的安全隱憂也大得多。芒特高光是在二〇一一年這一年就遭受了一連串的駭客攻擊，可說接二連三，總共發生了六次。其中一名駭客留給了調查人員明顯的線索，以至於他們最後以百分之一（三千個比特幣）的費用[7]歸還了他們竊走的三十萬個比特幣（這些比特幣未來的價值將高達數十億美元），換取不受到法律行動或調查的威脅。芒特高在這次事件是走運的。但是在其他的駭客攻擊事件中，他們就沒那麼幸運了，他們累計共損失了數十萬個比特幣。

二〇一一年的九月，一群駭客賦予自己交易所資料庫的管理權限，從交易所顧客的比特幣虛增他們自己的餘額，然後再提走這些資金，估計他們拿走了七萬七千五百個比特幣。[8]下個月，另一名駭客再次成功操縱交易所，讓芒特高以為它是在向他們存款，而不是從他們那裡竊走資金，這樣，當他們偷竊比特幣時，它就不會立刻被找到了。

針對這些駭客事情，從很多方面來說，芒特高真的只能怪自己，怪他們自己缺乏安全保障。在加密幣的早期年代，芒特高是關鍵目標，可以說也是整個加密幣生態圈中最脆弱的一個機構，因為它持有的比特幣比任何其他交易所都多。在那些年，沒有保險，或我們今天在加密幣擁有的任何一種機構等級的加密幣資產安全措施。他們需要的唯一一樣東西就是最尖端的網路安全。但這種等級的網路安全是昂貴的，也不容易實施，但本來是可能的，而且成本只是交易所因為安全問題而損失的金錢的一小部份而已。

錯誤、漏洞與損失的比特幣

儘管芒特高的經營者是名準駭客，但它運行的卻是「完全未經測試的代碼」。[9] 除此之外，再加上管理不善以及一些嚴重的會計錯誤，導致該交易所損失了更多的比特幣。在二〇一一年十月，也就是最後一次駭客攻擊的同一個月，該交易所意外地將四萬四千三百個比特幣發送到四十八名不同用戶的帳戶。[10] 其中有些顧客將比特幣送回了，但大多數人則是感恩地把這些意外之財放進了自己的口袋。這次的錯誤令交易所又損失了三萬個比特幣。同一個月，馬克．卡佩勒斯換了一個新的數位錢包軟體，目的是為儲存及保護其持有的比特幣。但那個軟體有個漏洞，這個漏洞導致它將兩千六百零九個比特幣發送到一個損壞的網址——用比特幣的術語來說，意味著這些比特幣永遠丟失了。[11] 這些管理錯誤伴隨著一次又一次的駭客攻擊，一次又一次，每一次都使得交易所損失越來越多的比特幣。

交易所內部的出錯次數越多，損失的比特幣越多，交易所就越能成功吸引新用戶，並將越多的比特幣儲存在它的屋簷下。新客戶持續把他們的比特幣發送給芒特高，而交易所則從每筆交易中抽成，因此它的帳戶顯示它一直是賺錢的。由於新錢進來的速度比它因錯誤及駭客攻擊而賠錢的速度更快，所以沒有人注意到問題的嚴重性，或至少花點心思去確認它的帳戶，看看交易所在任何時候擁有多少的比特幣。

法律介入

二〇一三年，芒特高與一個叫做代幣實驗室（Coinlab）的美國公司達成協議，由他們負責經營該交易所在美國的業務；代幣實驗室是一家由加密幣領域大人物領導的公司。代幣實驗室履行了他們在協議中的責任，但當時的芒特高（由於至今仍然不詳的原因）卻並未交出這部份的業務。代幣實驗室提告求償七千五百萬美元。[12]與此同時，美國國土安全部針對芒特高簽發了拘票。當卡佩勒斯從馬卡列博手中接下芒特高時，他同意他會對接手前交易所的法律狀況，或法律狀況的缺失，負起全部責任。卡佩勒斯同意了馬卡列博的賣方條款，也就是他不確定芒特高是否符合美國的法規，或任何與此相關的其他法律。當時的卡佩勒斯並沒有把這點放在心上。當填寫一些表格時，卡佩勒斯被問到了兩個有關芒特高的問題，這些是與交易所的加密幣交易相關的關鍵問題。「你是否為你的顧客交易或兌換貨幣？」以及第二，「你的業務是否接受來自顧客的資金，並根據顧客指示發送資金（貨幣傳送者）？」對這兩個問題唯一可能的合法答案是「是」。但卡佩勒斯卻對兩個問題都回答了「否」。人們不知道他到底是如何或為何會得出了這樣的答案，但卡佩勒斯已經觸犯了法律，於是他們銀行帳戶中用於他們在美國業務的價值五百萬美元資金遭到沒收。[13]

美國執法部門也針對芒特高下達了一些禁令。為期一個月的禁止接受美元禁令實施了。而這也造成芒特高無法存取它用於美國貨幣兌換的第三方電子商務平台。考慮到它有多少顧客來自美國，這使得交易所遇上了一些相當大的麻煩。因為這意味著芒特高無法接受任何新的資金，也無法向在他們交易所持有比特幣的現有用戶兌現資金。顧客開始必須經歷持續數月的延遲才能提領他們的資金。芒特高的日本銀行也實施了相當嚴苛的限制，限制交易所一天只能處理十筆交易，而之前則是三十萬筆。顧客們現在無法取得他們以為安全地存放在交易所中的資金。

直到目前為止，馬克・卡佩勒斯已經面臨了五年的牢獄之災，[14]芒特高幾乎無法處理任何它需要持續進行的交易。交易所從控制所有交易量百分之八十的世界最主要交易所掉到了第三位，還落後於一家位於俄國的交易所，BTC-e，一家以洗錢[15]而不是處理真正的加密幣交易而更加聞名的交易所；以及一家叫做比特斯坦普（Bitstamp）的斯洛維尼亞交易所。在二〇一三年底時，芒特高仍在進行交易，並且控制著（或者正如很快將被發現的，應該要控制著）一百萬個比特幣。

錢也停了

芒特高持續處理它能夠處理的提幣請求，直到二月七號，提幣忽然停止了。他們沒有給顧客一個像樣的理由，只是躲在一個影響了一些其他交易所的軟體漏洞的藉口後面。

幾天後，顧客們開始憂慮他們被鎖在交易所裡的資金狀況。一星期後，他們的用戶已經不只是擔心，而是焦急地想知道答案了。到了此時，他們百分之二十一的用戶已經等待提領他們的資金超過三個月。[16]提幣停止不到兩週後，芒特高交易所上的比特幣價格暴跌。芒特高的比特幣現在的交易價還不到過去的一半，這清楚表明了人們對於交易所的信任被摧毀到了何種程度。到了二月二十四日，芒特高已經消失，永遠關閉了。他們沒有給出任何真正的解釋，但就在幾小時後，一份內部文件流出並在網上瘋傳。[17]交易所被駭客入侵，而原本它應該要持有超過一百萬個比特幣，在確認過帳戶後發現它現在已經一無所有了。四天後，該公司宣佈破產。

一點一滴丟失的比特幣

交易所倒閉後不久就在網路上曝光的洩露文件顯示，該交易所不是在一次最近的駭客攻擊中損失了它的比特幣，而是以緩慢、有條不紊、一個比特幣又一個比特幣的方式丟失的，而時間是從它在二〇一一年首次被駭時就開始了。芒特高總共丟失了八十五萬個比特幣。按照比特幣在寫書當時（並且巨幅波動的）歷史最高價，即二〇二一年初的每比特幣四萬八千美元的價值，它損失了價值超過四百億美元的比特幣。這些比特幣中約有七十四萬個是從芒特高顧客的錢包竊取，剩下的則是從交易所本身竊取的。二〇一一年，該交易所的比特幣和可能入侵的駭客中間實際上可說毫無安全防禦措施。如果它把資料加密，或是執行了它可能擁有的無數網路安全檢查或保護中的任何一項，這場攻擊也許就不會發生了。目前還不清楚這場駭客攻擊是否是透過內部資訊而得以進行，或是駭客自行駭入交易所，但駭客取得了芒特高的私鑰——私鑰像是一組加密的數位密碼，用於安全地儲存加密幣——並設下了一系列的自動程序，在三年的時間內將所有比特幣逐漸從交易所發送出去，直到所有比特幣都消失為止。

理論上，如果他們願意的話，這些駭客可以一次拿走所有的比特幣。加密幣的問題就是流動性，尤其是在它的初期更是如此。[18]不像政府製造的法幣，可以無限印製，流通的比特幣總共將只會有兩千一百萬個，而這些比特幣是逐漸釋出的。這場駭客攻擊發生時，只有一小部份的比特幣已經被開採出來並進入流通。如果駭客把芒特高持有的八十五萬個比特幣一次全部偷走，他們就永遠無法將它們兌現了。因為流動性根本不存在。這場駭客攻擊佔所有比特幣總流通數量的很大比例，考慮到大多數的比特幣都是由它們的擁有者擁有並保存在硬體錢包中，因此不會加入到交易所中的流動性資金池，一次兌現將會沖垮市場。這樣做可能會使比特幣價格徹底崩潰，也會讓他們的贓物變得幾乎一文不值。這麼大量的比特幣將會更難兌現成法幣，也許甚至可能引起懷疑。如此的巨量將引來芒特高以及執法部門的注意，而且實際上可能會遭到沒收。他們的玩法顯示這些駭客們知道自己正在做什麼，而芒特高的會計工作則不符合它實際應有的水準。

三年來，芒特高裡面沒有人注意到比特幣正在以緩慢但例行的方式從交易所洩漏出去，直到一文不剩為止。駭客設定了駭客程序，極其緩慢但有系統地抽乾了芒特高的庫房，以至於從內部來看整起行動就像是正當的內部交易，而芒特高裡面沒有人想到要去檢查一下。

據推測，當卡佩勒斯在二〇一一年取得交易所時，就有高達八萬個比特幣已經失蹤了。該交易所也許在他開始接手之前就已經破產了，但是他並不知情。[19]直到其他問題發生而他們不得不去調查為止，芒特高裡面竟然沒人注意到它的比特幣正在洩漏出去，而該交易所已經沒有比特幣了，這件事到底如何發生也是莫名其妙，只能說幾乎所有從知情的外部觀點來檢視這個交易所的人，都提到了缺乏組織及管理不善的問題。[20]

為了取得比特幣，駭客複製了芒特高用來保護加密幣的私鑰，於是在接下來的三年裡，存進交易所的比特幣十有九個一進來時就被偷走了。這些錢就這樣被抽光了。卡佩勒斯說他從來沒有注意到。因為他們的存款始終在增加，所以他們從未注意到幾乎所有的存款都被拿走了。「比特幣並不是減少了，」他說。「只是它們沒有增加到應該增加的程度而已。」[21]

我們的錢在哪？

當芒特高關閉並凍結顧客提幣時，人們做了最壞的打算。許多人必然會損失很多錢。抗議的人聚集在芒特高大樓外，一些人在社交媒體上發表言論。有個人在辦公室外站了兩個多禮拜，他舉著一個牌子，問道：「芒特高，我們的錢在哪？」[22]

當這一切正在發生時，馬克・卡佩勒斯躲進了他在東京的頂樓公寓，他把自己軟禁起來，逃避面對外面的抗議活動。他在那裡開始檢查所有的舊資料庫、紀錄，以及現在已經空空如也的錢包，並得到了一個好消息：八十五萬個失蹤的比特幣裡面有二十萬個還在，它們被放在一個舊錢包裡面，此後一直都沒有被人發現。這完全是因為糟糕的記帳所致，而不能歸功於他們良好地保管了顧客的資金，因為甚至連駭客都無法找到它們。換成其他的情況，這代表的會是一個嚴重的會計不善案例，可能導致許多用戶的資金下落不明，但是在目前的情況下，這個發現反倒成了難得的好運了。[23]這讓失蹤的比特幣變成了六十五萬個。

世界上最大的謎團

一名在芒特高持有比特幣的瑞典軟體工程師，名叫基姆・尼爾森（Kim Nilsson），他跟站在交易所辦公室外的抗議者採取了不同的態度。基姆之前沒有在區塊鏈領域工作過，但他享受解謎和解決軟體漏洞問題的樂趣，並以追根究柢的精神而知名。對基姆而言，「這基本上是當時世界上最大的謎團。」[24]基姆先是自學區塊鏈分析技術，然後全面調查了芒特高的紀錄以及駭客攻擊細節。在比特幣區塊鏈上，如果你知道去哪裡看，所有交易都是永久可見的，所以他追蹤了這一線索的各個方面。基姆估計他在接下來的四年中，花了一年半的時間全心投入於這個案子，鉅細彌遺地調查了這個駭客攻擊事件。他不太可能直接獲得巨大的利益；如果他真的得到償還的話，他求償的十二點七個比特幣會使他成為最小的債權人之一。[25]對基姆而言，這項工作正是去中心化比特幣社群的一部份意義所在。

基姆先從調查卡佩勒斯開始，他假定他在比特幣丟失一事中扮演了某種角色。然而，隨著他對他的逐漸了解，他很快意識到事情似乎並非如此，馬克就和他一樣渴望知道這些比特幣的下落。基姆設法進入馬克的公寓並取得了他的信任：他為他帶來製作他心愛的鹹派所需的材料，以交換卡佩勒斯提供他數據，幫助他破案。[26]

基姆很快發現，從嚴格意義上來看，芒特高從二〇一二年起就一直是資不抵債了。[27]他花了幾年時間進行艱苦的調查，但是到了二〇一六年初時基姆才終於鎖定了嫌犯。在被盜的資金中，有六十三萬個比特幣進入了由同一個人所控制的錢包，此人以WME的名字在芒特高擁有一個帳戶。WME一度在一個線上比特幣論壇上說溜嘴，他抱怨另一家加密幣交易所凍結他的資金。[28]他在那上面貼了一封來自他律師的信，信上顯示了他的全名。

基姆一直和一名在紐約的美國國稅局特別探員保持聯繫，他向這名專長是抓捕網路犯罪的探員展示了他的發現。[29]

再見了，芒特高的錢錢：犯罪首腦的洗錢行動

二〇一七年七月，一名男子正與妻子及兒女在希臘度假，就在他們在海水上玩耍時，警察們蜂擁而至，包圍了獨自留在沙灘上的他。俄羅斯公民亞歷山大・維尼克（Alexander Vinnik），三十八歲，是名資訊工程專家。他因涉嫌為某一犯罪組織的幕後首腦及領導人而被捕，根據警方報告，他從二〇一一年就擁有、經營並管理著世界上最主要的電子犯罪網站之一。[30]

維尼克被控從芒特高竊取六十三萬個比特幣並對其進行洗錢，[31]這起四十億美元的竊案至今仍是加密幣史上最大的竊案，不僅如此，他還被控從其他交易所竊取了較小量的比特幣。維尼克被認為是俄國BTC-e加密幣交易所的經營者，或經營者之一，[32]後者巧合地在二〇一一年大約與芒特高遭駭時同一時間成立。一些人認為BTC-e的主要目的就是對竊自芒特高的比特幣進行洗錢的工作。[33]幾個執法部門的人似乎確實也是這麼認為。它缺乏基本安全

檢核的事實不能否定這種想法。卡佩勒斯認為，針對他交易所的一系列駭客攻擊行動，幕後的黑手正是俄羅斯比特幣交易所的管理者。[34] BTC-e在維尼克被捕時即已被執法部門取締，維尼克則在二〇二〇年因洗錢罪被判處五年徒刑。[35]

一個叫做威利（Willy）的機器人。還有機器人馬庫斯（Markus the bot）

二〇一四年，當芒特高倒閉時，一個收集了其交易、帳戶餘額、提幣及存款細節的資料庫也洩漏到網路上。它雖然沒有包含全部的資料，但已經為調查者、警覺的旁觀者以及投資人提供了足夠的資料及彈藥。不久，人們就在其中發現了一種非常可疑的活動模式，有人斷定這一定是機器人所為。人們將這個機器人取名為威利，這名字隨後一直出現在後續的所有法庭聆訊中，被一次又一次地提到。

名字很恰當的威利報告（Willy Report）[36]很快就問世了，這是個架在WordPress上的部落格，致力於監視與主題相關的所有行動，由作者進行整理彙編；該部落格顯示了直到外洩資料停止前持續存在的可疑趨勢：每五到十分鐘，就有一個不同帳戶購買十到二十個比特幣。它似乎總是一個整數，並且總是以一個十分特定的金額買下。每個帳戶只會用美元買入比特幣，但從來不賣。每筆交易之後都會有一筆來自新帳戶的交易，目的是為了當交易所仍然活躍時，如果有任何人想去檢查一下，這不會引起他的注意。即使在交易所關閉而沒有人能夠進行交易時，這些交易帳戶也能夠進行交易。

顯然機器人威利就是為了進行這些交易而編寫的程序，但是它是為誰這樣做呢？

接下來的模式與威利的模式就不同了，因為它的比特幣購買紀錄中出現了奇怪或看似不正確的法幣金額。這兩個機器人似乎明顯是並肩一起工作的。人們把這個新機器人叫做馬庫斯。[37]

當威利和馬庫斯出現時，芒特高已經丟失了它大部份的比特幣，而這個陷入麻煩的交易所的絕大部分問題也怪不到威利頭上。但是，威利買了很多的比特幣，總共二十五萬個；推測數量足以影響比特幣價格。如果這是正確的，那麼這就不只是交易所操縱，而是影響整個加密幣市場的市場操縱了。[38]

在隨後的法庭訴訟中，卡佩勒斯承認他將威利作為「強制轉換」（obligation exchange）的一部份來運作，但表示這些機器人是「為了公司的好處，所以不違法」。[39]據了解，引進這些機器人的目的是為了延遲交易所不可避免的倒閉。在二〇一一年駭客攻擊事件後，芒特高就已經有比特幣短缺的問題，因此需要更多的比特幣與交易量以維持交易所的運轉。而這些機器人則透過模擬在交易所的交易量以及比特幣的持有量協助達成這一目標。[40]

逮捕、洗錢、訴訟，還有一些進行中的訴訟及資金濫用

圍繞著芒特高的審判持續進行，而等待資金的投資人所盼望的結果卻不斷被延遲。這個案件存在著幾個曲折，對於所有遭到波及的投資人來說都是可悲的諷刺。

不是所有芒特高持有的比特幣都能拿來歸還給投資人。對於剩餘比特幣的求償數量如此之多，以至於芒特高的資產對於每個求償的比特幣只有零點二三個可以發放償還。[41]提告求償七千五百萬美元的債權人代幣實驗室後來將他們的求償金額提高到一百六十億美元。一些基金已經買下投資人的求償權，並可望從中獲得相當不錯的收益。

許多芒特高的投資人擔憂，經過多年的等待，他們可能永遠看不到理應屬於他們的比特幣了。比特幣現在的價值已經大幅上漲，因此如果不是拿回投資人原本委託給交易所的相同數量比特幣的話，他們希望至少可以拿回他們所有等值的法幣。但許多事情還是要看這場災難終於解決時的比特幣價值而定。

相對而言，駭客們其實並沒有從中得到那麼多好處。因為他們立刻就將偷來的比特幣賣

掉，換成了法幣，估計他們賺了兩千萬美元。諷刺的是，這些比特幣現在的價值可是高達數十億美元。比特幣被竊的芒特高投資人損失的美元價值遠遠高出了那些駭客賺到的錢。

除了交易所管理不善之外，卡佩勒斯很難沒有罪惡感。本案律師凱爾曼（Kelman）形容芒特高在最後日子裡的運作方式有點像是龐氏騙局。「當芒特高沒有任何比特幣的時候，他把從其他顧客那裡得到的新存款拿去付給其他人——有點像是伯尼．馬多夫（Bernie Madoff）。」[42]儘管從前因為經營交易所而致富，但卡佩勒斯卻宣告破產，他並清楚表明自己不願從這情況中獲得好處。但是這不能解釋有關他將涉嫌挪用的資金用於「性服務」的報導，[43]仍然在等待他們資金的不滿投資人對於這件事感到不悅，也是可以理解。二〇一九年，東京地方法院裁定他「偽造財務紀錄罪成立，但包括挪用公款在內的其他所有指控均被宣判無罪」。[44]他被判處兩年半的緩刑，因此除非他在四年內再次違法，否則不會服刑了。[45]

人們不得不為卡佩勒斯感到些許遺憾。如果他缺乏安全控管的問題確實造成投資人損失了他們的比特幣，那麼這不會是第一次，當然也不會是最後一次人們因加密幣交易所而損失金錢。幾乎所有加密幣交易所均曾在某個時間遭到駭客攻擊，顧客因此而損失了一些或是全部的加密幣。一些人曾指控馬克．卡佩勒斯經營一個精心設計的龐氏騙局，「是網路犯罪首腦」，這樣的說法相當不公平。[46]他也許對工作不夠全神貫注，而且他自己承認，這已經完全超出了他的能力範圍，[47]但是不像我們在這本書中讀到的許多其他公司，雖然卡佩勒斯似乎能力不足，甚至可能無法勝任這個角色，但是他的意圖似乎不像是要詐騙任何人。

未完故事的最後一個曲折

對所有相關者而言，這個故事的最後一個具有諷刺意味的可悲曲折是，日本的破產法規定，對於投資人的償還金額必須按照破產當時資產的美元價值計算。芒特高破產當時，比特幣的交易為四百八十九點四八美元。[48]而一個比特幣目前的價值超過四萬八千美元（儘管波動十分巨大）。如果現在出售剩餘二十萬個比特幣並以美元還給投資人，所有債權人都會很高興能夠以美元價值得到全額的償還。今天以美元價值還給投資人他們的比特幣是個明智的解決方案，而且看起來比過往任何時候都更接近成為現實，但是多年來法院和政治持續以投資人的利益為代價阻止這件事情發生，多年過去了，那些將他們的比特幣委託給交易所的人仍然沒有得到任何確定的答案。

第八章

加密幣挖礦

無中生有之術

比特幣，第一個也是最重要的加密貨幣，是由一種稱為「挖礦」的過程創造出來的。它使用假名的神秘創始人中本聰創造出一種演算法，必須解出這種算法才能得到比特幣。解出稱為區塊（block）的每一批次算法的第一台電腦就贏得了比特幣。在比特幣的早期年代，即二〇〇九年它的發明之後，一個比特幣的價值微乎其微，人們開採這種新的數位貨幣不是為了好奇，就是為了投機。現在，一個比特幣價值不斐，而且最近這幾年，由於需求的增加，比特幣和加密幣礦業如今成了一項巨大的生意。

早期時，用戶不多，對於當時相對不為人知的數位貨幣的需求也不高，沒有什麼競爭性，解出這些算法也不需要耗費許多的運算能量。然而，隨著比特幣的價值及受歡迎程度增加，人們需要越來越多的強大機器才能在競爭中贏過彼此，從每個區塊中獲得比特幣。在過去幾年裡，只有專業規模的礦場——基本上是堆滿用於挖掘比特幣的高功率運算機器的大型倉庫或是工廠——才能將它們的所有能量用於解出比特幣的算法，以期打敗競爭對手贏得比特幣；這種機器被稱為挖礦機器（譯按：下簡稱礦機）或GPU。

一些早期的比特幣採用者一開始是從他們自己的電腦挖掘比特幣，但這需要大量的技術知識，而且對許多人來說，耗費的能源比當時比特幣本身的價值還高。挖掘加密貨幣對一個不具備技術知識的普通人而言真的是不可能的事，因為挖礦是個複雜的過程。隨著比特幣價格一飛沖天並且逐漸受到歡迎，越來越多的人想要加入。加密幣交易的風險極高，市場波動很大，許多人賠了錢，但是挖礦以穩定的成本生產加密幣，如果做法正確，一些人認為是種穩定的收入形式，因此也有一些人大力提倡。

一些公司開始如雨後春筍般冒出，提供遠端或「雲」加密幣挖礦作為加密幣領域的下一個最佳機會。這些公司會（至少在理論上）購買並維護挖礦設備，支付被動收入給他們的投資人。他們不是沒有風險。加密幣挖礦設備是昂貴的技術，很難掌握，而且還很容易被偷走。不用說，大型加密幣挖礦設備遭竊的故事自然是不只一樁。

躺著賺錢——看著利潤滾滾而來

雲挖礦（cloud mining）承諾投資人，他們可以得到以遠端方式為他們開採的加密貨幣，不需要做任何工作，或是自己照看機器。這將是輕鬆、被動的收入。至少在理論上，雲挖礦公司會把他們投資人的錢拿來投資在挖掘比特幣或其他加密貨幣所必須的挖礦設備及能源成本。他們挖掘的比特幣或加密貨幣的價值會高於挖礦的成本。挖礦公司接著會從新挖出的加密幣中抽成，支付他們的成本及利潤，然後把剩下的發送給他們的投資人。而投資人

（又是理論上）則會獲得利潤作為回報。

投資人要做的只是支付他們的投資費用，還有，如同大量湧出的雲挖礦公司所承諾的，坐下來，看著利潤滾滾而來就行。

沒過多久，人們就將雲挖礦吹捧為從加密幣獲利的下一種最佳方法了。他們（在一些案例中使用了華而不實的行銷手法）將雲挖礦宣傳成簡直就跟印鈔機沒兩樣。從加密幣狂熱的早期開始，一直到二〇一八年市場崩潰，人們開始對現實有些許反思時，已經有一些真正的公司向投資人提供雲挖礦及加密幣挖礦服務。但是只要有錢的地方，尤其是在一個新興的技術領域，總會有騙局、駭客及一些公然的偷竊行為。

價值七點二二億美元的印鈔機

不久後，雲挖礦的概念就與我們在本書中反覆看到的加密幣騙局中的另一個主導趨勢——多層次傳銷——相遇並結合起來。雲挖礦是一種憑空印錢的方式，而ＭＬＭ，正如我們在其他最大的幾個加密幣騙局中看到的，則是讓成千上萬的人投資他們的錢，而公司本身卻不需要做些什麼的最簡單方式。這簡直就是加密幣騙局的天作之合。

一家加密幣雲挖礦公司凌空而起，最終靠著它的銷售額賺到了七點二二億美元。[1] BCN（Bitclub Network）對外行銷宣稱自己是為想要投資加密幣的所有人提供一種輕鬆而無風險的方式。當你可以毫不費力地投資製造比特幣的機器時，何必買比特幣呢？

BCN擁有一切你需要的。而它的投資人只要坐下來，看著他們的利潤滾滾而來就行。為了吸引這些投資人，一個多層次傳銷的設置需要提供慷慨的推薦獎金，雇用最優秀的業務員，在世界各地飛來飛去，炫耀他們光鮮亮麗的生活方式，讓每個人都想要成為他們的一員。

而喬比・維克斯（Joby Weeks），它名義上的負責人及首席業務員很會銷售。

身為早期的比特幣投資者，喬比在比特幣的價格為〇點八五美分時就買入了比特幣，並看著比特幣的價格上漲到一個數千美元。他的比特幣投資做得不錯，在比特幣便宜的時候就買進了夠多的比特幣，從此不必再為錢煩惱。[2]

在進入加密幣領域之前，喬比的工作曾是為各式各樣多層次傳銷或MLM計畫進行銷售，產品從能源到補品不等。儘早加入這些MLM計畫，加上身為一名如此自信的業務員，使得他在這些公司中處於食物鏈的頂端。任何精於銷售的人只要夠早加入一個MLM計畫，就會有很豐厚的利潤。

在加密幣騙局中有個反覆出現的共通主題——如果能夠激勵優秀的業務員來推廣他們的產品，他們的生意就會做得很好。對那些不大關心他們在銷售什麼或是從誰身上賺錢，而是關心他們自己成果的人來說，多層次傳銷計畫可以是一種最佳的激勵形式。就像維卡幣和比特空的例子，MLM計畫的頂尖業務員不但可以因為他們招募到人得到一筆佣金，而且他們推薦的人每招募一個人，他們還能得到抽成，通常可以向下好幾層。這意味著除了第一層的招募之外幾乎什麼都不必做，就會有源源不絕的收入。這些成功使得喬比得以過著一種幾乎永遠都在旅行、住在豪宅裡，以及隨時想去哪裡就去哪裡的生活。

夢想中的生活

喬比以病人的身份前往一家位於科羅拉多的牙醫診所，遇見了在那裡工作的牙醫助理史蒂芬妮（Stephanie），科羅拉多是兩人的家鄉，他們立即一拍即合。三個月後，他們展開了他們的第一次冒險。這對夫婦幾乎馬不停蹄地在世界各地旅行了十一年，直到他們的女兒出生五週前，他們才終於回家休息。

喬比是總統候選人、德州眾議員羅恩·保羅（Ron Paul）的超級粉絲，後者因他的自由主義觀點而受到加密幣社群的歡迎，喬比之前還曾捐款支持他的總統競選活動。這對夫婦希望這位八十三歲的老人能出席她女兒的出生。羅恩・保羅說，如果分娩的地點在他家附近，他會的。於是喬比和史蒂芬妮就準時去找他，而這位聲名狼藉的羅恩・保羅就在那裡參與了孩子的出生。這是他們第一次與名人相遇。

以羅恩・保羅發起的運動命名的自由（Liberty）出生後，她創下了一個新紀錄，她在只有四十三天大時就已經去過了全美五十州，並因此成為最年輕的全美五十州俱樂部（All Fifty States Club）的一員。自由寶寶有自己的Instagram動態消息，會秀出她在美國各州的地標，「告訴」全世界，「我是造訪過全美五十州的年紀最小的人。我在四十三天大時就用四十二天完成了這個壯舉！我已經去過四十五個國家和四個大陸。這些是我的冒險。」[3]喬比告訴這世界，他們「才剛跟她一起開始。我們希望她去到這世界上的所有國家」。[4]而他們真的做到了。

喬比與史蒂芬妮這對夫婦環遊了世界，在他的部落格上發佈他們的旅行照片。他們去過南極、撒哈拉沙漠、庫克島（The Cook Islands）、馬丘比丘（Machu Pichu）、東京，還付費前往利伯蘭（Liberland），這個國家是由許多加密幣投資人建立並深受他們的喜愛。喬比在旅途中遇見了理查・布蘭森（Richard Branson，譯按：英國名流、億萬富豪、維珍〔Virgin〕

集團董事長，以豪邁不羈的作風聞名。），甚至發佈了一個和他一起拍攝的旅遊影片。他們造訪了一千兩百四十一個城市、一百五十二個國家，在旅行的十一年中，他們不曾在任何地方停留超過一個星期。[5]這些旅行大都是為了喬比的工作，但他們把它變成一種樂趣，走到哪裡都會停下來觀光。為了讓帶著孩子旅行更為容易，喬比買了架私人飛機。他們過著夢想中的生活。

無政府主義者度假村

在早期投資致富之後，喬比成了加密幣的堅定支持者，他在全球各地旅行，並在有關會議上發表演講。他最喜愛的加密幣大會是「安納查普爾科」（Anarchapulco）。這一盛事是在二〇一五年時由受歡迎的加密幣無政府主義者傑夫．伯威克（Jeff Berwick）於墨西哥的阿卡普爾科（Acapulco）發起，並受到了自由主義加密幣社群的歡迎，直到現在每年都在成長，吸引了數千名的與會者及大牌講者。許多如今已是業內知名人士的最早期比特幣採用者，有些已經賺進了數十億美元，也都每年在此聚集。喬比和其他數百人參與了第一次的大會。會議結束的幾週後，許多人仍然待在那裡，他們留下來，很快就在阿卡普爾科形成了一個快速成長的新社群，不少與會者甚至搬進這個度假村，成為永久居民。

這個位於阿卡普爾科的度假小鎮敞開雙臂歡迎這些對加密幣態度友好的遊客。但這個曾經受歡迎的墨西哥沿海小鎮也有它的危險之處，它算得上是近年來西方謀殺率最高的城鎮之一。這個地區是公認的無法之地。美國政府建議公民不要前往阿卡普爾科的所在州格雷羅（Guerrero），政府僱員則完全被禁止前往該地。這些與會者對此感到高興，這也使得這個度假村成為舉行一個無政府主義大會的完美場所。

如今，每年有數千人從世界各地前往該地。從無政府主義者到成功的企業主，再到陰謀論者及嬉皮，各式各樣的與會者租下了當地住家、豪華旅館套房及公寓，幾乎走到哪都用加密幣付款。苦缺來自遊客收入的當地企業如今接受加密幣支付任何費用，從果汁及零食，到搭乘墨西哥馬車。當喬比．威克斯在二〇一五年第一次前往安納查普爾科時，他成了一名狂熱的粉絲，甚至以四百萬美元買下一個有十三個房間的海景豪宅，用比特幣支付。[6]同樣數量的比特幣，在二〇二一年初因特斯拉（Tesla）買進比特幣而造成價格飆升的高峰時，價格可是近一點八億美元。

喬比．威克斯就是在安納查普爾科接觸到BCN，那是它在二〇一四年成立一年後，當時它還是個相對默默無名的加密幣雲挖礦公司，承諾為所有人提供加密幣投資機會。

印鈔機：會下金蛋的鵝

ＢＣＮ是個誘人的想法，也是種簡單的銷售手法。該公司承諾投資人可入股加密幣礦機，而從它的業務員角度，這些機器基本上是印鈔機。接下來的幾年，喬比會一直將投資ＢＣＮ比喻為「買一隻會下金蛋的鵝」。[7]考慮到當時購買比特幣的困難性，ＢＣＮ想要展示有多麼容易可以持有比特幣並且從兩種方式獲利，不但是從比特幣的價值增長獲利，也可透過以低於其零售價格的方式開採加密貨幣而獲利。誰不想要得到可以憑空變出錢來的方法？

喬比是ＢＣＮ的完美人選。他是個喜歡談論比特幣、搭著噴射機四處旅行的天之驕子。他靠加密幣致富，這讓他能夠擁有他的生活方式，過著在世界各地豪華旅行的生活。人們看見他的生活——他從來不嫌麻煩地在他的部落格和社交媒體上展示照片和影片——也希望得到他擁有的一切。他有自信，會說話，善於公開演說，而且他很會銷售。喬比很快成了該公司的頭號業務員。對喬比而言，ＢＣＮ是一個可從兩種他十分了解的收入流中賺錢的機會，那就是比特幣挖礦及多層次傳銷的銷售計畫。

他的新角色讓他可以前往世界各地最豪華、最偏遠的度假勝地旅遊，幾乎就像他以前一樣，而且有人付錢。他會穿著他的招牌T恤和涼鞋，前往北美各地最有錢、高檔的度假村，向所有人展示他是如何實現夢想，靠著他從比特幣賺到的財富環遊世界、住在豪宅裡，並且告訴人們，只要他們跟著他做，他們也可以。[8]

模糊的數字、無能的領導人，及虛假的證言

BCN宣稱為所有人提供輕鬆投資加密幣的方法。只要繳交九十九美元的會費，從五百美金的投資起跳，[9]任何人都可以獲得屬於自己的那一小份比特幣挖礦設備，這些設備（理論上）從此就能為他們帶來經常性收入。他們對收益的說明可能有點模糊，也沒有告知這些挖礦設備在哪裡的細節，或是誰是公司的幕後老闆，但是早期投資人很高興，他們拿回了他們的錢，所以一般選擇不對具體細節提出質疑。

然而，從很早開始，許多旁觀者就已經清楚知道BCN並不像人們所說的那樣。該公司發佈在YouTube上的影片顯示，公司領導人似乎對於礦池如何運作，或是運作一座礦池的相關風險一無所知。用無能來形容可能有點嚴重，但是公平地說，他們跟行業專家絲毫沾不上邊。他們網站上的證言似乎都是偽造的，名字與照片對不上，人們不知道這些證言是否有任何的真實性。根據大多數加密幣騙局的過往劣跡，可以公平地假定證言和評論不是偽造，

就是買來的。一名來自巴西、叫作維克多．迪亞茲的所謂高興顧客的證言，竟然使用的是印度一個被定罪的強姦犯照片。[10]他們沒有說巴西的維克多是否是個真人。為了他好，我們希望不是。

BCN的領導者對於投資人的侮辱性評論跟他們經營的騙局規模一樣出名。他們似乎真的認為他們的投資人蠢到注意不到或是無法質疑投資的數字和收益上的任何差異。他們真的把他們的投資人形容為「蠢貨」和「綿羊」。[11]也難怪當整個騙局最終垮台，創始人被捕時，他們稱呼他們投資人的一些用詞讓這個七點二二億美元巨大騙局的幕後領導人得不到太多同情。

數字遊戲

關於BCN的幾個面向讓它很快就從模糊不清變成極端可疑。

對於任何仔細檢視數字的人而言，他們不清楚投資人應該如何把他們的錢賺回來，在訓練有素的人看來，這根本是不可能的事！投資人可能以為所有他們投資的錢都會用於挖礦開銷，例如支付挖礦設備和能源成本，而且他們會從利潤中得到償還。BCN告訴他們，他們獲利的一半不會直接拿來還給他們，而是強制再次買入更多對BCN的投資，除此之外，他們又引導投資人認為標明為用於營運成本的錢真的會用在這上面。這是個公平的假設。事實相反，只有在BCN的所有其他成本都支付完畢之後，剩下的利潤才會支付給投資人。而其他成本意味著投資人的錢有百分之六十都會用於支付他們業務員和MLM推廣人的佣金，[12]這些人又帶進更多的投資人。

當被問到投資人是否知道他們的錢用在哪裡時，創始人格特舍（Giettsche）被人逮到這樣回答：在一次內部討論時，一位開發人員問到，「我猜大多數人不知道只有百分之四十的錢用在挖礦，剩下的都拿來付佣金了吧？」「領導人知道，」格特舍回答，「是綿羊不知道。」[13]如果你發現甚至在還沒開始時，你全部投資的百分之六十就被拿去支付某個業務員的豐厚佣金，這確實是會令人有點惱火。但是BCN團隊卻隱藏了這個事實（以及其他的事）。

對BCN而言，確保他們最早期的投資人和推廣人都得到優厚報酬是很重要的。因為快樂、報酬豐厚的早期投資人就意味著良好的評價。快樂、報酬豐厚的早期投資人意味著人們會在激勵下帶進更多投資人，而這一切都意味著它的團隊會賺更多的錢。額外付錢給早期投資人可以讓事情看起來就像他們真的從開採比特幣獲得了豐厚回報一樣，而這達到了鼓勵更多人買進的目標。

從二〇一四年推出開始，BCN就依賴在財務上動手腳。格特舍據稱一開始只發佈「我們剛開始起步的前三十天」有需要偽造數字的訊息，他顯然指示一位共同創辦人對於該公司的收入數字施點「魔法」。[14]這樣還不夠。格特舍據稱很快建議他們「從今天開始將每日挖礦收益提高百分之六十」。[15]這名開發人員的回應不大令人放心：「這樣做是持續不下去的，這是龐氏騙局了，而且是快速套現的龐氏騙局……但是對啦。」[16]BCN的幕後首腦看起來不像是認為他們可能會被抓到似的。

為了隱藏它的真實統計數字，BCN顯然是能做都做了。支付早期投資人及推廣人的額外利潤不是從挖礦來的。那些錢來自下一組投錢進來的投資人。[17]用新投資人的錢來支付舊投資人，這種作法通常被稱為龐氏騙局。不久，局外人就開始意識到這一點，並且開始公開大聲地提醒人們。

神奇的失蹤礦機

下一件說不通的事是BCN宣稱從事的挖礦業務。二〇一七年時喬比曾在對一群聽眾介紹時，將BCN形容為「基本上就是在賣印鈔機」。[18]這家公司從未具體說明這些印鈔機的細節，它們在哪，或是如何維護。

喬比最大的宣稱之一是，向BCN銷售的六千多萬美元的挖礦設備是他促成的。[19]一支影片顯示他正在導覽冰島的數據中心，大部份的挖礦活動應該都在那裡進行。一些迫切想看到BCN如何現形的眼尖追隨者卻注意到這支影片和另一個知名加密幣挖礦施設之間存在著完全一致的相似處。有關設施的擁有者，凡爾納全球公司（Verne Global）的一名發言人清楚表示，他們和BCN從來沒有直接關係，無法評論它的挖礦能力。[20]真是糗大。

BCN告訴投資人，他們可以在三個不同礦池間選擇要投資的礦池。在隨後的二〇二〇年審判中，從最早期就加入該公司的一名開發人員貝拉奇（Balaci）承認，他從來沒有意識到該公司實際上運作著三個不同的比特幣礦池。他也承認，在格特舍的授意下，他更改了向投資人展示的數字，讓它看起來就像BCN賺取了比實際挖礦所得更多的利潤。[21]人們不清楚他們是否曾經營任何加密幣挖礦設備。

也許還有其他原因，但格特舍誇大了挖礦的能力，對投資人表現出蔑視的態度，並且毫不猶豫地提高了發款金額。人們因此很難不認為他也許是為了在最短時間內賺到最多的錢，然後退休，變成有錢人。

聯邦調查員取得的內部電子郵件和線上聊天記錄顯示，格特舍告訴貝拉奇「提高發款金額」，後來又叫他「大幅降低挖礦收益」以確保一件事：BCN的幕後首腦（用他們的話說）可以「ritire RAF」，也就是「他媽的有錢地退休」。[22]當然，在騙局崩潰了之後，這一切都被揭露了。但有一件事很清楚：他們挖礦能力的證據似乎和那些證言一樣假。

跟水沒兩樣

在BCN背後的人似乎不願意人們知道他們的設置是如何運作的，或者是投資人投進來的錢到底發生了什麼事。他們希望人們多關注多層次傳銷的部份，即投資人只要介紹人進入公司，就能獲得佣金，也希望他們多關注高潛力的回報。

BCN的創辦人格特舍和它的主要業務員喬比都來自MLM銷售的背景，銷售包裝成具有營養成分和抗衰老益處的產品。他們服務的公司類型給人的印象是他們更關注賺進口袋裡的錢，而不考慮他們在賣的是什麼，或是他們從誰那裡拿到錢。格特舍服務過的一家公司曾被控販售「一種礦物質強化的抗衰老產品，但實際上的內容物跟水沒兩樣」。[23]這是多層次傳銷計畫相當常見的現象，這是種合法但遊走於法律的灰色可疑地帶的概念，但他們的推廣者不太願意他們的愛好者或用戶知道這點。

對他們而言，BCN跟實質成分與水沒兩樣的產品沒有什麼不同。只要有夠多的人相信他們關於該公司賺錢潛力的說法就好，似乎這才是最重要的事。行銷資料上既沒有提到風險，也沒有提到錢是怎麼賺的，而是幾乎完全把焦點放在人們可以賺到大錢這件事上。BCN的一支宣傳影片承諾就算只有投資三千五百九十九美元，在「非常保守」的情況下，也能在三年內為投資人帶來二十五萬的回報。[24]這支影片沒有詳細談到他們如何獲得如此豐厚的回報，也沒有提及或回答隨之而來的一個合乎邏輯的問題：如果他們可以用如此有限的資源（比特幣挖礦）就獲得如此巨大的回報，那為什麼這種賺錢高招的創始人不把這個秘密留給自己，把自己的所有錢投資進去就好，這樣才能在挖礦能力持續時確保他們的財富。

正如所有的多層次傳銷計畫，當專案達到飽和點時，就會出現沒有足夠新血加入的情況。而那往往就是它們現形的時間了。如果一個計畫背後沒有任何的實質內容，那就是它無可避免崩潰的時間點，而且往往直到那時人們才會發現這是個龐氏騙局。有幾個人早就已經這麼稱呼它了，而現在這個計畫崩潰的時間點接近了。

「大到不能倒」的騙局倒了

到了二〇一九年，投資人已經開始退縮，他們擔憂一些關於這整個事情就是場騙局的評論，也對收益減少感到不安。同一年，BCN的被告人和背後的幕後首腦之一公開和該公司斷絕關係。在一支展示他最新事業，並承諾會擁有「很多、很多的回報」[25]（人們應該總是對這樣的承諾提高警覺）的新礦機的影片中，約瑟夫・法蘭克・亞伯（Joseph Frank Abel）就發出了一個相當遲來的警告：「我認為BCN陷入大麻煩了，」亞伯說。「如果你今天還在推廣BCN，你在推廣的是個龐氏騙局……他們應該要有幾億美金的設備，但沒有……都是天大的謊言。」[26]

對許多人而言，他們夢想的畫面是在二〇一九年初崩潰，當時BCN的三名幕後首腦遭到逮捕。創辦人格特舍在他造價一百五十萬美金的家中遭逮。他的護照以及他用投資人的錢獲得的九百多萬美金資產被扣押。人們後來知道，光是通過他的帳戶就轉移了二點三三億美金，其中的七千萬是在短短兩個月時間內轉移出去的。[27]這是一大筆錢，更糟糕的是那時已經有許多的投資人收不到他們的付款了。開發人員貝拉奇承認電匯詐騙及銷售未經註冊證券的罪名，並獲判最高徒刑五年及二十五萬罰款。喬比・威克斯也被捕，在向川普總統請願遭到拒絕之後，如今他面臨著十五至二十五年的監禁[28]。

在影片中將自己宣傳為「世界歷史上最透明公司」[29]以及「大到不能倒」[30]的ＢＣＮ倒了。它們製造了已知最大起加密幣挖礦騙局，也是至今最大的加密幣騙局之一，總共從投資人身上詐騙了七點二二億美元。[31]直到今天，人們還不清楚ＢＣＮ是否真的擁有過任何的比特幣挖礦設備。

第九章

市場操縱

加密幣拉高倒貨（pump and dump）騙局

針與乾草堆

如果你看看許多加密貨幣的價格圖表，在它們的早期經常會突然出現一個非常尖銳的尖峰。

大多數加密貨幣的圖表不是呈現出價格逐漸下降或上升的趨勢，就是一條幾乎是筆直的水平線，與其說這是缺乏波動性，不如說是因為沒有交易或者是人們對該專案沒有興趣。當加密貨幣逐漸受到市場操縱或影響時，你有時也會看到大的波浪。但是許多的加密貨幣，尤其是小型、不知名的，在它們歷史的圖表上會一次或多次突然出現垂直針狀的價格波動，其價格幾乎是立刻就上漲了數百個百分點，然後，很快地，或往往幾乎是立刻，價格又以一樣的速度落回了原點。如果這種情況不是發生得如此頻繁，人們很可能會以為這只是圖表上的一個短暫波動，一個錯誤或是交易所的問題。但是這些針狀波動在許多小型加密幣的圖表上出現得實在太頻繁了。這些針——突然幾百個百分點的價格暴漲，緊接著暴跌——是由一種特殊類型且非常遊走法律邊緣的交易造成的，叫作拉高倒貨。

在這個加密幣拉高倒貨的世界裡，一些人賺了錢，往往是很多的錢，而大多數人卻往往在幾秒鐘內就賠掉了所有的錢，而且還不知道自己是被什麼襲擊了。

自從有交易以來，就一直有市場操縱。不幸的是，對那些想要從操縱股票和傳統資產中獲利的人來說，這樣做是高度違法行為，往往會導致高額的罰款和刑期。然而，貪婪、金錢和成功可以是巨大的動力，而總是有人會持續推擠著法律的灰色地帶，直到他們得逞或是被抓到為止。在加密幣的領域，一直都存在著大塊的灰色地帶，而市場的波動性也夠大，這讓個人有機會一個專案接著一個地透過一連串以拉高倒貨為目的的促銷宣傳，讓成千上萬（如果不是更多的話）的人口袋失血。

股票交易所沒有採取適當措施預防股票操縱時，就會面臨沉重的法律懲罰，所以它們在大多數時間裡會遵守最低限度的法律。傳統股票的市場受到嚴格的監控及監管，而加幣貨幣則否，正如我們已經看到的，它一直都有點像瘋狂西部。雖然監管已經開始來到這裡，但是在此之前，加密幣市場一直都被視為一個自由放任、沒有禁忌的冒險樂園。

正如我們在第一章中看到的，數以千計的ＩＣＯ創造了數以千計的小型加密貨幣，大多數沒有任何使用個案或價值可言。這些小型加密貨幣往往不在提供更大流動性的較大加密幣交易所上市，因為大型交易所往往收取更高的上市費用，接受加密貨幣的標準也稍微嚴格一點，這意味著這些小型的加密貨幣經常在更加去中心化的小型加密幣交易所中佔主導地位。在直到二〇一八年為止的加密幣泡沫年代，這些小型交易所幾乎可說是瘋狂西部裡面的超級瘋狂西部。

這些加密幣貨幣的總市值較小，在小型交易所的流動性較低，因此容易受到操蹤。一些僅持有一萬美元左右的個體投資人往往只要單槍匹馬，就能扭曲在這些小型交易所中的某個小型加密幣的市場。

操縱小型加密貨幣的市場是件容易的事。只要下了夠大量的買單或賣單，就能推高或下砸價格。任何想要操縱這些小型加密貨幣的人甚至不需要買進或賣出他們的持幣，只需要下大筆的「假」買單或賣單，往往就足以嚇壞其他交易者。只要出現一個夠大的賣單，就會讓夠多的交易者以為那個加密貨幣也許有問題，或是下這筆大額賣單的人知道什麼他們不知道的事。其他的交易者常會恐慌性拋售，或降低他們的賣出價格，他們會不斷降價直到比那個大額賣單還低，害怕如果不這樣做會無法售出他們的持幣，於是在市場崩跌時滿手一文不值的加密幣。只是出現大額賣單就會導致特定加密幣的整個市場嚴重暴跌。同樣地，大額的買單也會推升小型交易所中交易量較小的加密貨幣市場。那些下大額買單或賣單的人可以在旁觀察，等到最後一分鐘才取消他們的訂單。如果他們的用意就是要砸盤，他們可能會準備好他們的比特幣，用它新的較低價格買入同樣的加密貨幣，反而亦然。這就是當市場不受監管時，最極致的市場操縱。

加密幣個體交易人每天都從事規模或大或小的這類交易。在一個波動性如此劇烈的市場，就連個體交易人也能操縱加密貨幣，由專家進行的有組織、精心協調的群體操縱造成的混亂就更不在話下了。

社交詐騙的藝術

二〇一七至一八年的加密幣熱潮吸引了許多過去從未交易或投資過的人們投入。進入加密幣要比進入雞蛋水餃股（penny stock）的市場容易，比特幣和一些ＩＣＯ的崛起讓夠多的人發了財，足以吸引其他人起而效尤，他們往往願意賭上擁有的一切，只希望自己也能複製同樣的暴富經驗。

加密幣和社交媒體聊天室攜手前行。投資人湧向提供各種不同程度隱私及加密的新社交平台。在Discord、Slack和Telegram上有成千上萬的加密幣聊天室，加密幣投資人可聚集在這些聊天室，討論交易、投資或不同的加密貨幣。許多這些群組和聊天室在一個優良的學習環境中提供了真正的建議及有用的技巧。其他群組則有不良的意圖，成立的目的只是為了利用那些在他們往往是匿名的領導人眼中的待宰肥羊。許多加密幣投資新手容易受人影響，成為一種操作手法的肥羊，除了不受監管的加密幣以外，有一種操作手法在所有其他市場都是非法的，那就是在這些社交加密幣論壇上流行的拉高倒貨群組。

拉高倒貨群組

在加密幣生態系裡，拉高倒貨群組自成一個世界。對他們的組織者而言，進入這些群組可以是一個十分有利可圖的收入來源。他們收取高昂的費用，每人每月數百或數千美元，均用加密幣支付。不消說，許多群組的組織者從經營這些群組賺到的錢比他們依靠自己加密幣知識或交易獲得的還要多。拉高倒貨活動的組織者也是第一個買進和第一個套現的人，他們把自己的代幣倒給其他參與者，因此幾乎可以保證每次拉高倒貨都能獲得高額回報。而大多數的參與者，在一些案例中是高達百分之九十九的人，都會賠錢。

許多成為拉高倒貨對象的加密貨幣已經是死掉的專案，不是破產，就是它們匿名的創始人或開發者已經離開團隊；往往整個專案已經好幾個月或甚至好幾年都沒有活動了，但人們還是持續交易它們。

不幸的是，拉高倒貨不限於為這個目的而成立的封閉群組。由知情參與者組成的封閉群組進行的組織性拉高倒貨市場操縱，只是冰山一角。在加密幣領域，絕大多數的拉高倒貨操作都在眾目睽睽下進行，由社交媒體上的網紅進行推廣，誘騙他們的參與者加入成為一員。社交媒體網紅和名流扮演了關鍵角色。有幾個人如今已經因為他們在加密幣市場操縱中的角色而遭到罰款，甚至逮捕。

讓名流成為其中一員

加密幣世界很快就想出了如何利用網紅的辦法，網紅也很快就想出了如何從加密幣獲利的辦法，而有些早期的加密幣追隨者則很快就想出了如何成為網紅的辦法。

YouTube上很快出現了由推銷員或一般而言較有魅力的年輕女性主持的頻道，這些女性穿的衣服比推銷加密幣專案所需的還要少。他們會分享正面的消息以及關於這些加密貨幣的訪談，不斷確保他們的追隨者會買入這些他們推廣的加密貨幣，並向他們保證價格很快就會上漲。

這些新的YouTube網紅中有些是受到自己的利益驅使；他們很早就買入了某一特定的加密貨幣，希望它價格上漲。許多小型加密貨幣的交易量夠低、波動性夠大，甚至一個

YouTube網紅的粉絲群就足以讓他們選擇的專案價格攀升。這些YouTube創作者及網紅知道這點，並利用他們的追隨者來達到這個目的。

他們常會告訴自己的追隨者他們擁有多少代幣以及投資了多少錢，試圖在他們拉高選擇的加密幣價格時灌輸追隨者對他們的信任。他們擁有的追隨者越多，購買那種加密貨幣的追隨者就越多，於是價格就越高，人們就越信任他們。

這是個循環，但只會讓這些追隨者以及他們的第一批追隨者發財而已。他們沒有告訴成千上萬追隨者的事情是，他們選擇的加密幣價格越高以及他們獲得的追隨者越多，他們賣給追隨者的代幣就越多，他們把自己那些一文不值但價格嚴重膨脹的代幣倒貨給他們的粉絲。這些YouTube創作者會持續拉高價格，直到他們賣掉自己最後的一個加密代幣，換成比特幣或是法幣，然後繼續前進，沒人察覺是他們的領袖剛剛在拉高價格後砸了他們選擇的加密貨幣的盤，為自己賺進了數百萬，有時甚至是數億美元的利潤，卻讓他們的追隨者陷入比他們開始時更糟的處境。

其他人則是收了專案的錢來做推廣，而因為這樣做而聲名鵲起的人物莫過於約翰・邁克菲（John McAfee）。

約翰・邁克菲

在所有操縱加密幣市場的名流裡面，有個人鶴立雞群，為自己在加密幣社群樹立了臭名。約翰・邁克菲在一九八九年創辦了如今全球性的McAfee防毒軟體，當他在幾年後賣掉他的公司股份時，他幾乎在一夜之間就讓自己成了名億萬富翁。從那時起，他就為自己樹立了相當多彩多姿的名聲，就像他後來的商業冒險一樣，都以他對享樂主義生活的嗜好為中心。

邁克菲搬到了貝里斯（Belize）。他說這是因為二〇〇八年的經濟崩潰讓他百分之九十六的財富都化為了烏有。或者可能是為了避免來自美國的稅務麻煩。或者也可能是為了逃避他創立的動力飛行器（Aerotrekking）業務中發生的一場輕型飛行器墜毀意外帶來的法律及財務後果，這場意外帶走了他的姪子和一名付費消費者。謠言四起，但人們永遠無法確定邁克菲在想什麼。他喜歡為了說故事而說故事，尤其當故事能夠令新聞記者感到困惑時，正如記者們喜歡說的那樣。[1]邁克菲在貝里斯嗑了很多藥，花很多時間和一群年紀小他很多的年輕女人廝混，[2]喝點酒，抽了不少菸，和一些保鑣一起亂晃，[3]並養成了使用浴鹽的習慣，這是種合成的致幻劑，合法產品，他把它變成一種藥物，用來獲得興奮感。[4]他把他在貝里斯剩下的時間拿來嘗試用植物製造天然的抗生素，製造一種女性威爾剛（Viagra），[5]或製造讓他上癮的浴鹽。一切都看他在那一天的心情而定。這些說法可能全是真的，也可能不是。人們永遠無法確定他在撒謊還是在說真話，或者是故事的哪個部份純粹是為了逗弄記者。[6]

邁克菲也曾和執法部門發生過衝突。二〇一二年，一個貝里斯特種警察隊懷疑他在經營冰毒（meth）實驗室，[7]他們追蹤到他並殺了他的狗。那一年的十一月，他在貝里斯的美國鄰居被發現頭部中彈死亡，邁克菲被列為調查的嫌疑人。已經死亡的鄰居佛沃（Faull）和邁克菲因為他們的狗和保全的事情曾有過意見分歧，但是他被殺的原因仍然不明。[8]邁克菲說也許殺手要找的是他，但是當局似乎認為邁克菲才是幕後的主謀。邁克菲坐船逃到瓜地馬拉（Guatemala），在那裡邀請一團Vice新聞的記者跟隨他。Vice記者犯了個錯誤：他們分享了一張含有一些地理數據的照片，他們忘記拿掉了，結果這洩露了他的行蹤。[9]他因非法入境該國遭到逮捕，他設法透過一個關係良好的瓜地馬拉女友擺脫了困境，假裝心臟發作以免被引渡回貝里斯並為他的律師爭取到一些時間，最後成功回到了美國。[10]

回到美國的當晚，儘管仍被控殺害他在貝里斯的鄰居，但邁克菲仍去了一家位於邁阿密的咖啡館。在那家咖啡館，他遇見了一個叫作珍妮絲（Janice）的妓女，開始了一段旋風式的關係。[11]他們在二〇一三年結婚，雖然生活中仍免不了一些戲劇性的經歷，但他們經常旅行，下榻在廉價汽車旅館及邁克菲的遊艇上，直到在媒體不知情的情況下落腳於西班牙。[12]邁克菲曾兩次出馬競選總統，在二〇一六年自由意志黨（Libertarian party）的初選中排名第二，為自己在科技界以外獲得了更大的名聲，學會如何迎合媒體。但是到了此時，即二〇一六年，在逃避法律制裁多年之後，他的財富縮水，邁克菲此時需要錢。

學習如何操縱市場

二〇一六年，邁克菲被安排與一家叫作MGT Capital的雞蛋水餃股公司建立聯繫。MGT Capital交易的是交易價格不到每股一美元的小型上市公司股票，這種股票稱為雞蛋水餃股。此時的MGT Capital實際上已是間空殼公司。它已經賣掉它所有的資產，除了擁有一個相對罕見的優勢外一文不值，那就是它是間在紐約證券交易所（New York Stock Exchange）上市的公司。這為投資人提供了投資它的機會並使它獲得某程度的尊重，但這間公司，就像邁克菲一樣，都需要賺錢。他們認為邁克菲憑著他身為網路科技天才的聲譽，以及他出於多種原因而成為媒體寵兒的大名，也許能夠在它重塑為網路安全公司的過程中給予一定程度的可信度，並為品牌製造一些它亟需的聲量。這些公司付給他優渥的報酬，年薪二十五萬美金加上二十五萬的紅利，請他為這個新網路安全品牌代言。MGT Capital如今擁有邁克菲的名字和名氣了，但他們需要投資。[13]

MGT Capital從佛羅里達投機客貝瑞・霍尼格（Barry Honig）那裡得到了這份投資，他投資了八十五萬美元，換得了大量股票。霍尼格在後續審判中被描述為專門操縱低交易量雞蛋水餃股的價格，讓它們看起來對投資人更有吸引力，實際上是在對雞蛋水餃股市場進行拉高倒貨的操作。[14]他此後因參與各種市場操縱而被美國證券交易委員會控告。[15]霍尼格的努力奏效了；這支新股從每股三十七美分跳漲至每股四點一五美元，[16]導致媒體以「約翰・邁克菲的神秘新公司是美國目前最炙手可熱的股票」為頭條標題大肆進行報導。[17]至此為止，如果邁克菲付錢的話，霍尼格的股票已經值八千萬美元了。但這家公司如今由邁克菲管理，這意味著他說了算。[18]邁克菲認為既有的股權結構對投資人過於慷慨了。他改變了股權結構，除非霍尼格再另外投資一一六點五五億美元，否則拿不到錢。霍尼格甚至沒時間做出反應，這支股票就暴漲暴跌，然後這支價格過度膨脹的股票就失去了它的價值。[19]美國證券交易委員會很快就對它進行打擊，提出了一連串的訴訟。到了二〇一六年中，MGT Capital已經拉高股價並出清股票了。

在二〇一六年接掌MGT Capital後不久，邁克菲任命比特幣基金會（Bitcoin Foundation）

執行長布魯斯・芬頓（Bruce Fenton）加入他在公司成立的一個新加密貨幣諮詢委員會。有人告訴邁克菲比特幣是下一件大事，邁克菲也買進了。於是MGT Capital成了一家比特幣挖礦公司。他們買下的挖礦設備越多，他們就越少提到網路安全的事。最後，他們從來不曾發表任何的網路安全產品。[20] MGT Capital挖自己的比特幣，財務上的進帳不錯，但比特幣挖礦不是件迷人的事，它很熱、很慢，而且可以預測。對於像邁克菲這樣沉迷於刺激和戲劇性的人來說，這無法滿足他。真正的錢是在加密幣市場的波動性中交易的。

邁克菲從霍尼格那裡很好地學到了如何從操縱低交易量的波動性市場中獲得好處。而低交易量的波動性市場很容易操縱。雞蛋水餃股受到監管，而正如邁克菲已經發現到的，美國證券交易委員會會馬上撲上來。然而，加密貨幣在當時卻是一個新而不受監管的領域。加密幣更匿名，執法部門根本還沒有跟上它的腳步。邁克菲很快意識到，操縱加密幣比操縱任何其他市場都更容易而且風險更低。大約在這個時候，加密幣的熱度也上來了。比特幣從幾乎一文不值漲到每個大約五百美元，而且到了那一年年底時又大概翻了一倍。加密貨幣開始得到主流的關注。一年後，在二〇一七年夏初，已經有超過兩千種加密貨幣，而比特幣的價格也開始一飛沖天，而人們對於山寨幣（altcoin，即比特幣之外的其他小型加密貨幣）的意識及交易也是如此。

到了二〇一七年底，加密幣已經炙手可熱，每個人都在談論它，大量代幣價格飆漲，許多人發了一大筆投機財。每個人都在尋找下一個投資趨勢，迫不急待想要成為下一輪暴富的人。

下一筆大投資

加密幣追隨者，尤其是YouTube創作者及網紅，開始大肆炒作一種稱為匿名幣（privacy coin）的加幣貨幣；這是一種匿名的數位貨幣，它的交易完全無法被追蹤，因此在暗網市場中尤其受到歡迎，它們在這裡被用於毒品和其他非法交易。但不是每個購買匿名幣的人都用它們來從事非法勾當。一些人認為，在一個人權受到侵蝕，對政府的信任與日俱減的世界裡，匿名幣是維持某程度隱私或自治（self-governance）的一種必要技術。而其他人則是為了投機的目的買入，認為由於這些確切的原因，它們的價格會上漲。門羅幣（Monero）即是最知名、最受歡迎，也最常被使用的匿名幣，此時的價值已經大幅揚升，但是還有其他的匿名幣直到當時仍幾乎沒有引起人們的注意。

人們普遍認為，要讓沒什麼價值的東西增值十倍或百倍，比要讓已經很有價值的東西增值同樣的倍數更為容易，因此加密幣社群裡面有許多人開始尋找下一個要一飛沖天的匿名幣。有種顯為人知的匿名幣，是種叫作Verge的加密貨幣，交易代號是XVG。

二十億美元的推特

二〇一三年，一個柴犬的日本迷因在日本大為流行。那年稍晚，出現了一個玩笑的加密貨幣，使用這個卡通狗迷因作為他們的標誌。狗狗幣（Dogecoin）從來沒有打算要嚴肅的意思，也沒有使用案例，但是在加密幣圈卻走紅起來，它流行起來的主要原因是日本人似乎真的很喜歡那隻狗，還有一些人可能是覺得它挺有趣。而XVG一開始是作為基於隱私的狗狗幣副本而創建的，稱為狗狗幣的「分叉」（fork），這是種複製已經流行起來的加密貨幣的作法。XVG一直沒有達到和狗狗幣一樣的那種難以解釋的高點。但它是種便宜的匿名幣，幾個懷抱希望的人認為它有潛力在下一波拉高中或是下一波加密幣牛市中脫穎而出，原因是它跟受歡迎的狗狗幣相似，或是它具有隱私功能。

一名叫作彼得．賈蘭柯（Peter Galanko）的投資人曾便宜買進了大量的XVG。然後他幾乎是立即就看到它的價格飆漲，投資一下子就變成了四倍。他現在很有錢，而且上癮了，他想要賺更多。彼得成立了一個推特帳號XVGWhale（譯按：直譯即為XVG鯨魚）——鯨魚是對大量加密幣持有者的稱呼——並累積了六萬名的XVG粉絲追隨者。但XVG只是成千上萬加密貨幣中的一種，而彼得需要幫助讓它能夠脫穎而出。彼得聽說過邁克菲在技術領域的聲譽、他龐大的國際粉絲群以及他提升公司價值的能力，於是他決定：如果XVG要達到頂峰並讓他成為一個真正的有錢人，他就需要邁克菲的幫助。[21]

約翰・邁克菲如今已在加密幣領域獲得了相當聲譽，和他多彩多姿、浮浮沉沉的過往相得益彰。他曾發佈一條推特，而這條推特鞏固了他在加密幣領域的地位。二〇一七年七月十七日，他在推特上承諾，如果一比特幣的價格沒有在三年內達到五十萬美元，他會在美國電視台上吃掉他身上的某個關鍵部位。[22]令人毫不意外的是，三年後，他食言了，沒有吃掉他身上的任何部位。[23]然而，這條推特還是讓他得到他渴望的媒體關注以及加密幣領域的盛名。這條推文至今仍可在網路上各處提及它的地方找到，如果有人想要一個例子來說明這條推特在加密幣社群獲得的關注，他可以查看圍繞它建立的粉絲網站，網站有個恰當的名字：www.dickening.com（譯按：dick即陰莖的俚俗說法，或可翻譯為屌。dickening這個詞有讓陰莖增厚、加粗的意思，引申意為粗暴的性行為，是對邁克菲承諾要吞掉身上關鍵部位，即陰莖的一種戲謔。）

此時，邁克菲在推特上已經擁有超過七十萬名追隨者，推特是用來讓加密幣獲得關注的主要社交平台，而他也許是產生影響的最佳人選。彼得．賈蘭柯只需要說服他為XVG發個推特就行。後來他打給邁克菲的一通電話讓他在邁克菲家住了一個禮拜。他們沒有簽下任何的正式合約，但不久後，邁克菲就發了一條讚美XVG的推特，說這個專案「不會失敗」。XVG的市值立刻一飛沖天，增加了二十億美元。那條推特讓XVG的價格暴漲了百分之一千八。從它的總成長來看，那一年年初投資的一美元現在價值超過一萬美元。[24]

就像MGT Capital的情況，邁克菲覺得他的投資人得到了太好的交易，他現在再次覺得被騙了。畢竟這二十億美元投機財是他憑空用一條推特創造出來的，他希望自己也能分一杯羹。彼得不想付這筆錢。他是唯一一個投資人——他不是創始人或XVG團隊的一員，他也不代表從這次暴漲中獲得好處的其他投資人。彼得和XVG團隊談過，但他們不想，也可能是付不出這筆錢。他們回他，就付七萬美金。邁可菲則回了十萬美金，或者，如果他們不同意的話——他在他們的私下交談中說——他可以對這個專案造成的損害會比他為它帶來的好處還要多。[25]果不其然，他關於XVG的下一條推特似乎意在砸盤。在這條推特中，他說他犯了一個巨大的計算錯誤，他為他不可原諒的錯誤請求原諒，還說該幣的價值永遠不會接近它最新達到的價值。[26]XVG的市場果然應聲而崩潰。邁克菲否認這件事，但這是加密幣，有很多的可能性，我們可能永遠不會知道答案。[27]

不過，如今，邁克菲已經學會拉高倒貨的藝術，他還學會了一件甚至更重要的事情——他已經知道運用他的粉絲群和影響力，他可以多麼輕易地操縱加密幣市場。對加密幣而言，這就是拉高倒貨的雲霄飛車起步的地方。太多人被捲入接下來發生的事情中，一些人發了筆小財，大多數人賠了錢，其他人則只是坐在場邊，從他們的螢幕上看著這場即將接踵而至的加密幣災難，有些人真的準備好了爆米花，就為了等這一幕。

大量推文

邁克菲的推文讓他嚐到在加密幣領域賺錢是多麼容易的滋味。如果他可以用一條推文就操縱市場，憑空創造出二十億美元，那麼他可以再次如法炮製一番。而他似乎是這樣做的合適人選。邁克菲以身為科技天才而知名；他在全世界知道他們需要防毒軟體之前、在電腦病毒甚至還沒變成一種真實已知事物之前，就創辦了一家防毒軟體公司。無論別人可以怎麼說他，他很聰明。他也清楚認定圍繞加密幣的炒作與金錢符合他反獨裁、自由意志主義的精神。他對於加密幣的預測至今為止都被證明是正確的，這點也有幫助。他發佈關於比特幣的推文，比特幣就漲。他再發一條關於比特幣的推文，比特幣就再漲一點。他關於XVG的推文憑空為這個幾乎不為人知的加密貨幣創造了二十億美元的價值，而他的下一條負面推文則直接將它打回原形。人們不見得知道只靠他的個人影響力就操縱了XVG價格的暴漲與暴跌，而有夠多人開始認為也許邁克菲對於加密幣確實擁有先見之明，就和他擁有對電腦病毒及網路安全的先見之明一樣。

是邁克菲利用這點來賺點錢的時候了。二〇一七年十二月，他開始發佈他所謂的「代幣報告」推文，每則推文都推薦一種不同的加密貨幣。他不會仔細說明為何人們在那天買入那種特定的加密幣，他引用的理由包括他拉高價格的第一個專案的創辦人之一可能不笨。[28]

不到一個月後，二〇一八年的新年，他在推特上宣佈，「由於每週出現超過一百個新的ICO，而你不能拉高價格然後拋售（長期投資），所以沒有道理一個禮拜只做一個。它們很多都是寶。我每週至少會隨機做三個。」[29]很快地，他就改成了每天做一個代幣。然後他開始每則推文收費十萬五千美元。[30]邁克菲推廣的加密幣專案每況愈下。似乎，除了誰付錢給他之外，他的推文選擇背後沒有任何想法。有些是騙局，大多數就像證券交易委員會所描述的，是「基本上一文不值」的東西。[31]一般來說，邁克菲推廣的專案沒有長期的用處或價值，不是安全的投資，而只是那些專案付錢讓他進行推廣的而已。[32]然而，有夠多的人喜歡這種賺錢的機會，每天或每週等待「暴漲邁克菲」（PumpAfee）[33]的推文，這是人們對他的稱號。到了十二月底，人們對這種明目張膽的拉高倒貨行為已經產生了強烈反感，這使得邁克菲又回到一週只拉抬一種代幣的作法。

一開始，他的推文的確影響巨大。這些被稱為邁克菲推文的推文讓他所推的加密幣市場暴漲，在推文發佈幾秒後開始竄升，僅僅在幾分鐘內，就可以立刻將價值拉抬到百分之五十到三百五十，甚至更多。[34]成千上萬的個體加密幣交易人每天都會在邁克菲推文預期出現的時間坐在他們的螢幕前，在多個交易所預備好他們的比特幣，一旦他開始拉抬幣價，他們就儘快採取行動，他們經常恐慌性地儘快買入那種代幣，瘋狂地希望它們會在他們設法買入後持續上漲。一些人操作得很不錯，但大多數人都賠錢。在加密幣領域，這些瘋狂拉高倒貨操作的問題是，你不只是在跟人類的速度競爭。交易所的許多交易是由機器人完成的。這些機器人反應的甚至不是人類的指令，而是對社交媒體上的談論、交易量的增加，以及其他人和機器人的買入做出反應。這些機器人會用很快的速度買入，但即使是它們，也並不總是能買在夠低的價格或賣得夠快並因此獲利，因為在推文的同一時間會湧入大量想要買入這些低流動性、低交易量代幣的人。一些交易人創造出會自動讀取邁克菲貼文提到的代幣名稱並買入的特殊機器人。機器人對他推文的反應比人類表現得還要好。但是只有那些在推文發布前早已低價買入這種代幣，並能夠在正確時機以閃電般速度賣出的人才能賺到錢。即使是使用交易機器人，大多數人還是賠錢。

十二月二十七日，要不是邁克菲想用一種會引起新聞報導的方式來發推，就是這位網路安全天才的推特帳號真的被駭了，那天他的帳號噴出了五條推文，推薦不同的低市值加密幣專案。[35]所有代幣都暴漲然後暴跌，機器人自動買入，但人們開始懷疑這一切。

結束了

邁克菲學到了他的教訓，人們從字裡行間看出他已經受夠了威脅——他現在不再推廣有問題的ＩＣＯ和低市值的加密幣專案了。一年後，他向那些被他欺騙或說服買入所有這些他推文推廣的騙局專案和無價值代幣的人發了一條不甚令人放心或同情的推文，從二〇一七年的高峰以來，這些代幣如今大部份已失去了幾乎所有的估值。推文中他說了一件事：「由於證交會的威脅，我不再跟ＩＣＯ合作也不再推薦它們，那些操縱ＩＣＯ的人被捕是指日可待的。」[36]

邁克菲可說是操作加密幣拉高倒貨手法的最知名人物，影響力也最大，至少對許多小市值加密代幣而言的影響力是最大的。他的拉高倒貨推文結束後不久，ＩＣＯ熱潮就逐漸冷卻，加密幣市場也開始崩盤。在封閉的社交媒體聊天室中運作的拉高倒貨群組仍然存在，並且仍持續運行，但許多滿懷希望的新手加密幣投資人已經離開了加密幣市場，謝天謝地的是，拉高無價值代幣價格的炒作風潮已幾乎停歇了。

執法部門確實抓到了邁克菲。儘管他在社交媒體上的說法、訪談影片以及從他遊艇上舉行的會議都讓人以為他住在遊艇上，但事實證明，在他說他住在所謂遊艇上的那段時期，他和他的妻子顯然一直都藏身在西班牙。邁克菲遭到發現及逮捕，並被指控因美國證交委員會所描述的「欺詐性兜售ＩＣＯ」而獲利兩千三百一十萬美元。[37]

第十章

為人民服務的加密幣

委內瑞拉：先有雞還是先有蛋的問題

在谷歌上搜尋「在委內瑞拉買隻雞」（buy a chicken in venezuela）的圖片。谷歌會向你展示出一排排購買特定食物需要多高的紙幣堆的照片。在拍攝這些如今瘋傳的照片時，買一隻雞的價格是一千四百六十萬玻利瓦（Bolivar），玻利瓦是當地的貨幣。那個鈔票堆是那隻雞的好幾倍大。從那時起，通貨膨脹只升不降；而買一隻雞所需要的紙幣堆如今甚至更大了。

也許在這系列照片中最能說明問題的是買一捲捲筒衛生紙所需的鈔票堆大小。那堆鈔票讓捲筒衛生紙相形見絀，一捲捲筒衛生紙要花兩百六十萬當地貨幣才買得到。[1] 在委內瑞拉，許多人把鈔票當成廁紙使用，因為鈔票的價值更低。

一些工人被迫用行李箱來裝他們的工資。要去超市意味著你要拉著好幾個行李箱或是用手推車推著你的現金。委內瑞拉面值最大的鈔票是十萬玻利瓦，但它只值〇點二三美元，[2] 現在也許更低了。你會需要大約二十五張這個面值的鈔票才能買一公斤的義大利麵。雖然隨著越來越多人能夠使用數位銀行服務，物理上必須運輸一大疊幾乎一文不值的現金所產生的難題越來越少了，但是所需鈔票的數字卻越來越糟。

惡性通膨肆虐著委內瑞拉。該國貨幣已經貶值到一種程度，以至於最低工資以數百萬玻利瓦為單位浮動，但是以黑市匯率的國際貨幣計算，最低工資卻只有一個月一美元。[3]政府在好幾年前就已經停止公布通貨膨脹率，[4]但是通貨膨脹率高達一千萬個百分點，取決於你詢問的消息來源。[5]無論如何，兌換美元的匯率差異極大，端視你可以在哪裡兌換你的貨幣。在一年內，玻利瓦幣兌美元的匯率就貶值了九十七點五個百分點。

通貨膨脹上升得如此之快，以至於人們去超市時都不知道他們得付多少錢；從他們進入商店到他們拿起物品並前往結帳，價格在這中間的時間改變了，有時甚至是劇烈的變化。食物或原料的價格可能在幾週內上漲幾百個百分點。由於國家貨幣劇烈貶值，儘管基本的食物必需品價格受到政府控制，但是對那些沒有海外家人可寄回國際貨幣的人來說，仍然完全買不起。許多委內瑞拉人實際上是依賴親朋好友從國外寄錢回家；普通家庭需要一百多倍於官方最低工資的收入才能滿足他們的基本需求。[6]大學教授等技術人員一個月的收入可能夠他們買一些肉或一些蛋，[7]但也僅限於此，以當地貨幣支付的標準薪資買不到更多的東西了。

對於依賴當地貨幣購買食物的人來說，政府價格控制幫不上什麼忙。視不斷上漲的利率而定，一個月的最低工資大約可以讓你從下面選擇一項東西：二十四顆蛋、二點六公斤番茄、六點五公斤糖、半公斤燕麥、一點七公斤馬鈴薯、二點八公升柳橙汁、三百克咖啡、四分之三個披薩，或是半個漢堡。[8]

一些在委內瑞拉的公司已經放棄只用錢來支付他們的員工薪水。為了獲得優秀的工人並鼓勵他們準時上班、做好他們的工作，他們採取用食物來支付獎金的做法。每週你都會看到工人們抱著堆滿雞蛋等食物的紙箱走回家，[9]這就是他們每週的獎金。這些蛋的價值和他們的薪水一樣高，但是帶來的確定性比他們的薪水更多。

商店只在特定的日子向公民開放，食物是配給的，超市貨架上常常是空的，排隊的人龍可能要幾個小時才能消化；人們有時要花一整天的時間才能在受到政府價格控制的某家商店買到一些基本日用品。委內瑞拉擁有世界上最大的石油儲量之一，但卻沒有錢進行石油加工。汽油便宜到基本上是免費贈送。如果你加滿油箱時付不起錢，你可以用一顆蛋或一根香菸來付。許多人給加油站工人的小費遠超出加滿他們油箱的費用。要說明石油到底有多便宜，你只要花兩百玻利瓦就能加滿一台普通大小汽車的油箱。而給加油站工人的合理小費則至少是五百玻利瓦。相形之下，一杯咖啡如今可能要價兩百萬玻利瓦，[10]或是加滿一油箱汽油的一萬倍。

自由落體到加密幣

從二〇一七年起，委內瑞拉的經濟就如自由落體般下墜。惡性通貨膨脹使這個一度繁榮的國家陷入貧窮。儘管是極端個案，但可悲的是，委內瑞拉卻不是唯一處於這種情況的國家；這只是世界各地當國家陷入腐敗、管理不善或重複糟糕決策時會對經濟及國家貨幣造成何種重創的眾多例子之一。

委內瑞拉是世界上第三個採用加密貨幣的國家，超前於美國、中國及所有其他主要國家，這自然不是巧合。委內瑞拉採用加密幣並非出於真正的選擇。人民是出於需要而發現加密幣。委內瑞拉的國幣是如此不穩定，通貨膨脹又是如此劇烈，以至於國幣實際可說是毫無價值。除非人們能夠用一種更穩定的貨幣來持有他們的錢，否則他們的儲蓄會在一夜間蕩然無存，家庭無法取得生存所需的足夠食物，事情確實就是這麼簡單。委內瑞拉在二〇一八年以前一直禁止使用美元，黑市匯率對玻利瓦幣不利，因此人們不得不找到替代方式將錢寄回家。如西聯匯款（Western Union）這樣的匯款公司讓在海外工作的人們能夠把錢寄回在委內瑞拉的家，但正如我們將看到的，它們收取過高的手續費，當人們透過它們匯款時，它們會立即拿走百分之十四或更多。儘管加密貨幣的波動性很高，但是對於委內瑞拉人而言卻一直是個天然的安全港，他們作為一個國家持有了八十億的加密幣，這對一個苦苦掙扎的國家而言是個巨大的數字。

委內瑞拉政府嘗試推出自己的加密貨幣，即所謂石油支持的「石油幣」（petro），此舉被認為是企圖逃避美國制裁，並為該國的惡性通貨膨脹提供一替代選項。然而，石油幣並未得到廣泛信任，許多外部情緒將其歸類成一個失敗的專案，[11]這很大程度是源於對發行該幣的政府固有的不信任。相反，比特幣等傳統加密貨幣儘管波動性很大，但是對許多住在委內瑞拉的人卻是條救命繩。它幾乎是該國公民以更穩定方式持有貨幣的唯一方式，也是在不受政府限制情況下進行國際匯款及儲蓄的唯一途徑。可悲的是，委內瑞拉不是唯一一直在印鈔的國家。包括美國在內的許多國家一直以極端且令人憂慮的速率在印鈔，而某些地方因新冠病毒封城更令印鈔的情形惡化失控。政府及中央銀行控制的貨幣在過去曾是堅強堡壘，但許多人已經失去，或者正在失去對於它的信心。許多人將比特幣和去中心化貨幣的潛力視為真正的救命繩及經濟自由的源頭。而這正是加密幣的設計初衷。

一開始

在二十世紀九〇年代初，一小群人開始在舊金山灣區聚集。他們的首要事項是要捍衛隱私權。他們談論密碼學（cryptography），一種直到當時只有軍隊及情報機構秘密使用的工具，並開始自稱為密碼龐克（cypherpunk）。他們的行動領先了他們的時代。如今各國政府正在竭盡所能地侵蝕我們所有人生活的隱私——關於我們的資料、我們的行動及我們的錢。在錯誤的政府手中，利用如今可得的監視工具及科技，這是很可怕的。考慮到監視技術以及世界上某些政府已經能夠控制我們的金錢，金錢的未來已經超越了可怕的範圍。坦白說，是相當駭人。政府如今能夠透過不讓你獲得資金來限制你的一舉一動，只要他們想這麼做就能做到；有些政府已經這樣做了。他們現在正在考慮引進先進的人臉辨識技術來幫助他們達成這個目標。也許可以公平地說，「駭人」一詞都仍過於輕描淡寫。

密碼龐克運動經過了幾十年的演進，直到二〇〇八年的十月三十一日，一個網路論壇上出現了一則訊息，有位神秘人物發佈了一種叫作比特幣的新數位貨幣的大綱。

直到今天仍沒有人知道中本聰——這個創建了比特幣的匿名人士，也許是一群人——他或他們到底是誰，也沒有人知道比特幣的真正來源。但是，儘管存在著巨大波動性、炒作泡沫以及我們所見到的圍繞著加密幣生態系的騙局，比特幣始終挺立，並持續改變著世界對於貨幣的既有看法。我們看到了十分不幸的騙局，但它們掩蓋了這項令人難以置信的技術的潛能。

一場金融革命

加密貨幣是場令人難以置信的技術革命。有史以來第一次，加密貨幣讓世界上任何人能夠從任何其他人那裡發送及接收貨幣，而不需要倚賴任何第三方、銀行、支付公司或政府，省下了高額的手續費、延遲，並避免了封鎖和制裁。這不應該被低估。加密幣的潛能正在改變世界各地數十億人們的生活。並非每個人都生活在政治或經濟自由的國家；直到比特幣問世以來，以廉價、數位及自由的方式發送貨幣的能力始終是少數人的特權。銀行及第三方匯款與支付公司在人們交易貨幣時收取極高昂的手續費，你賺得越少，你必須付的就越多。

世界上有二十五億人口（大約世界人口的三分之一）無法獲得銀行服務。銀行根本不認為為這些人提供服務在經濟上是可行的，這群世界上最貧窮的人——他們往往被迫離家背井去尋找工作——不得不支付一部份的收入才能寄錢回家，讓他們的家人得以溫飽。匯款的平均手續費是百分之六點九，而這是許多人以數位方式匯款的唯一真正途徑，但是有時手續費卻可能高達百分之三十。當每天只要幾分錢就可以決定你的家人是否能有東西吃時，這是一筆很大的數字。

加密幣的誕生讓傳送數位貨幣（取決於你發送的加密貨幣）的能力幾乎可以免費取得，而且立即實現。加密幣已經為數百萬人帶來了金融自由，而我們才剛剛起步而已。

通往主流採用之路

加密幣如今正在走向主流。

PayPal才剛宣布他們開始接受比特幣及其他的加密貨幣。[12]這是有關加密幣採用的一連串大消息中的最新一則。PayPal的兩千六百萬商家及三億四千六百萬用戶現在可以接受、購買、儲蓄及發送加密幣了。

傳統的老牌銀行正在苦苦掙扎。現實是挑戰者的銀行用戶體驗和消費者服務實在好多了。挑戰者銀行（challenger bank，譯按：又稱為新興銀行〔neobank〕，通常是百分之百數位化的銀行）更友善，容易使用得多，而且更有效率。它們沒有各種營運開銷，像是如今因新冠疫情封鎖及遠端工作導致巨大而空蕩蕩的辦公大樓要維護，所以可以用較低的費用提供較好的服務。更重要的是，他們的服務對象鎖定千禧年世代、年輕工作者及精通科技的人——這些人是最快的採用者，也是最有可能推廣的人。問問在科技或任何創新領域工作的人，他們使用哪家銀行卡，他們的銀行卡很可能是代表新興銀行的鮮豔色彩，而不是來自傳統老牌銀行。而挑戰者銀行現在接受加密幣。他們讓你用他們最新的簽帳卡儲蓄及支付加密幣，並且很快就讓加密幣成為像是跟其他方式一樣的正規支付方式。

臉書

臉書每月有二十七億用戶，每天有十七點九億用戶。[13]它觸及的範圍比全世界任何銀行或中央政府都還要大，並擁有更多的用戶，正如《個資風暴：劍橋分析事件》（The Great Hack）等電影所清楚表明的，它擁有同樣大或甚至更大的影響力。《個資風暴：劍橋分析事件》只是眾多指出臉書影響力的資訊來源之一，它有能力影響選舉結果及政治，由於臉書儲存了如此大量的用戶資訊，因此它也能影響他們的購物行為。

幾年前，臉書開始了一項秘密的編外專案。臉書員工要不是不知道有這專案存在，要不就是無法談論它，而且它顯然位於一棟與他們正常辦公室完全不同的大樓之中。這個專案如今已經公諸於世。儘管他們更名為Diem的這個加密貨幣專案尚未推出，但由於它的潛能造成的威脅，臉書已經在各國政府、中央銀行及支付企業集團中間掀起了巨大的全球浪潮。臉書的野心過度高漲，沒有應對來自全球政府立法行動的大量反對及挑戰。但是正如比特幣曾經產生的影響，Diem已經動搖了世界看待貨幣的方式。臉書的Diem可以向這世界提供的一個好處是它動搖了匯款產業。

全球匯款產業是相當龐大的產業。全世界數十億人口倚賴匯款服務將錢寄回到家人手中，或只為了維持基本生存。也許存在一些例外，但是總的來說，匯款公司的運作方式相當野蠻。它們在很大程度上竭盡所能地壓榨世界上最貧窮的數十億人口。[14]這些人一天的收入只有幾塊美金。而往往他們就得靠這幾塊美金來養活一家人，但匯款公司卻從他們身上能撈就撈，因為除了利用它們將錢寄回家給家人之外，他們別無選擇。根據世界銀行（World Bank）的說法，「匯款正在成為發展中國家外部融資的最大來源。」[15]人們倚賴它們，而匯款公司（在很大程度上）卻濫用了它們所處在的這個位置。

加密幣是小額支付（micropayment）的完美選擇。你經常可在小型街角商店看到要求信用卡付款最低消費五英鎊或十英鎊的告示。小於這一金額的付款會讓他們在交易過程中損失太多支付處理費，對他們而言並不可行，因為他們的利潤率太低了。政府發行的法幣會被收取匯款處理費用，以數位方式匯款低於五十便士的金額因此不符合經濟效益，而商家的收取費用也仍相對昂貴。加密幣可以省下許多這些成本。針對小型交易，如在發展中國家的人將每日工資寄回家的情況，以及小額支付無數其他使用個案，如今將加密幣視為唯一出路的人正在不斷快速增加。加密貨幣不一定波動劇烈，世界各國的中央銀行如今正在研究或已經發行了穩定的加密貨幣，以作為國家貨幣的數位取代或替代方案。

塑膠與海洋：一個快樂的故事

無論你住在世界上的哪個角落，你丟掉的塑膠製品很可能最終都會進入海洋。塑膠製品中，只有少得可憐的百分之九能夠被回收利用。海洋中百分之八十的塑料來自陸地，每天都在殺死海龜、鯨豚、海豹、海鳥，受害動物的數量一年達到好幾百萬。可以預期，到了二〇五〇年，海裡的塑膠會比魚還要多。散佈在海洋中的這些塑料有很大一部份來自缺乏廢棄物處理基礎建設的貧困沿海社區。

廢棄的塑膠製品至今仍被認為毫無價值。製作新的原生塑膠比製造或購買回收利用的塑膠還要便宜，而且除了想要維持世界清潔之外，沒有動機會讓人想去撿拾棄置在陸地或海洋裡的廢棄塑料。對於那些收支並不總是相抵的社區，人們憂慮著每天的錢是否夠用，從養家糊口的工作中抽出時間來撿拾廢棄塑料是許多人難以承擔的奢侈。而且從一開始，人們就沒有避免丟棄塑膠製品的動機。

廢棄塑料在許多社區都是個特殊議題，這些社區工資很低，人們生活於貧困中。正如世界上有三分之一的人口從來無法擁有銀行帳戶，想要將他們賺到的微薄現金儲蓄起來十分困難。各式各樣的倡議行動一直試圖付錢讓人們收集廢棄塑膠製品，但他們用現金支付，而這不是種安全的支付方式。現金太容易遭竊了。

塑膠銀行（**Plastic Bank**）是加拿大一家成長迅速的新創公司，它發明了一種方式，可將世界各地社區的廢棄塑料變成貨幣，並為撿拾這些廢棄塑料的人提供收入。塑膠銀行將回收者帶到他們「塑膠銀行」的塑料拿來回收利用，這些回收者可以在這些地方換取數位貨幣。

塑膠銀行為這些塑料回收者創建了數位錢包，讓他們可以安全地儲蓄貨幣，通過任何便宜智慧型手機上的應用程式就能輕鬆存取。即使手機遺失或是遭竊，他們的錢仍然是安全的。這些人第一次能夠儲蓄並提前制定開支計劃。塑膠銀行也提供它的塑料回收者一個數位身分以及相當於信用評分的東西——成千上萬的人們如今可以借錢和獲得貸款，以購買他們的房子或支付教育、基本用品等他們過去從來無法獲得的東西。如果他們的塑料回收者不想要用塑膠換錢，他們可以換食物或是清潔用品，或是付他們孩子的學費。這個基礎建設已經為世界各地的社區帶來了一線希望，在帶來經濟自由的同時也淨化了環境和海洋。

這一切之所以可能全都要拜作為加密貨幣構建基礎的技術之賜。加密幣意味著小額支付可以即時轉帳並且幾乎免費，而數位錢包則表示人們可以以數位方式持有、發送及收受金錢，而不需要擁有銀行帳戶。他們為受到傳統銀行及金融拋棄的所有社區提供了一種無現金方式的普惠金融（finance inclusion）。這正是加密幣的意義所在。我們希望你能不受這些騙局的影響，愛上這種改變人們生活的了不起技術。

參考資料

引言

1 Lee, C (2017) I've been asked what I think about Bitconnect. From the surface, seems like a classic ponzi scheme. I wouldn't invest in it and wouldn't recommend anyone else to. I follow this rule of thumb: 'If it looks like a (duck emoji), walks like a (duck emoji), and quacks like a (duck emoji) then it's a ponzi' (laugh emoji), Twitter, 30 November, https://twitter.com/satoshilite/status/93630696586040115 2?lang=en (archived at https://perma.cc/3YNP-8XLK)

2 Seth, S (2018) 80 per cent of ICOs are scams: Report, Investopedia, 2 April, https://www.investopedia.com/news/80-icos-are-scamsreport/ (archived at https://perma.cc/9Z2Y-6UWM)

第一章

1 CoinMarketCap (live) Bitcoin, CoinMarketCap, https://coinmarketcap. com/currencies/bitcoin/ (archived at https://perma.cc/R893-ZNEF)

2 Coinist (nd) Poor returns, failed technology and outright scams make ICO investors leery, https://www.coinist.io/6-worst-icos-of-all-time/ (archived at https://perma.cc/6M6P-PV9F)

3 Hester, J (2017) Internet browser company Brave raised $35m from its initial coin offering (ICO) in less than 30 seconds, Capital.com, 1 June, https://capital.com/internet-company-brave-raises-35m-in-lessthan-30-seconds (archived at https://perma.cc/W3GG-JDEC)

4 Rogers, S (2017) 6 months on, Bancor explains what happened after its $153 million ICO, VentureBeat, 12 December, https://venturebeat. com/2017/12/12/6-months-on-bancor-explains-what-happened-afterits-153-million-ico/ (archived at https://perma.cc/R5KW-JPBP)

5 Stroe, L (2021) EOS price hangs by a thread as the $4 billion ICO that failed, FXStreet, https://www.fxstreet.com/cryptocurrencies/news/eos-price-hangs-by-a-thread-as-the-4-billion-ico-thatfailed-202101271851 (archived at https://perma.cc/FL6E-WNKQ)

6 CoinMarketCap (live) Veritaseum, CoinMarketCap, https:// coinmarketcap.com/currencies/veritaseum/ (archived at https://perma.cc/8PZW-FLSL)

7 US Securities and Exchange Commission (2019) United States District Court, Eastern District of New York, Case 1:19-cv-04625-CBR-RER US Securities and Exchange Commission, 12 August, https://www.sec.gov/ litigation/complaints/2019/comp-pr2019-150.pdf (archived at https://perma.cc/BRM2-T4ZL)

8 Seth, S (2018) 80 per cent of ICOs are scams: Report, Investopedia, 2 April, https://www.investopedia.com/news/80-icos-are-scams-report (archived at https://perma.cc/6YRR-AV6S)

9 Mix (2018) Cryptocurrency startup Prodeum pulls an exit scam, leaves a penis behind, TNW, 29 January, https://thenextweb.com/hardfork/2018/01/29/cryptocurrency-prodeum-scam-exit-penis/ (archived at https://perma.cc/Q8QB-JU8C)

10 Mix (2018) Shady cryptocurrency touting Ryan Gosling as their designer raises $830K in ICO, TNW, 5 March, https://thenextweb.com/hardfork/2018/03/05/ryan-gosling-cryptocurrency-ico/ (archived at https://perma.cc/E8JM-P3VW)

11 *Financial Times* (2018) The ICO whose team members are literally cartoon characters, *Financial Times*, 18 July, https://www.ft.com/ content/57805b32-0bbe-34cb-940c-66cdd1aec5e2 (archived at https:// perma.cc/RE7D-USTR)

12 ScamcoinICO (nd) The only ICO you can be certain of! Get 0 per cent return from 100 per cent of your investments, guaranteed! Reddit, https://www.reddit.com/r/BitcoinScamCoins/comments/7tzcoz/the_ only_ico_you_can_be_certain_of_get_0_return/ (archived at https://perma.cc/HRD8-58GS)

13 Useless Ethereum Token (2017) The world's first 100 per cent honest Ethereum ICO, Useless Ethereum Token, https://uetoken.com/ (archived at https://perma.cc/DB37-SW2F)

14 Volpicelli, G (2017) The $3.8bn cryptocurrency bubble is a huge deal. But it could break the blockchain, Wired, 14 July, https://www.wired. co.uk/article/what-is-initial-coin-offering-ico-token-sale (archived at https://perma.cc/ZZ7E-MHBJ)

15 Zhao, W (2018) Tea tokenizers arrested in China for alleged $47 million crypto fraud, Coindesk, 18 May, https://www.coindesk.com/tea-tokenizers-arrested-china-alleged-47-million-crypto-fraud (archived at https://perma.cc/NQ7F-BSFB)

16 Shome, A (2018) Benebit ICO scammed investors for at least 2.7 million: The scam was well orchestrated – the team spent almost $500,000 on marketing, Finance Magnates, 24 January, https://www. financemagnates.com/cryptocurrency/news/benebit-ico-scammedinvestors-least-2-7-million/ (archived at https://perma.cc/RGQ6-LCZC) 17 Deign, J (2018) The ICO scams hurting energy blockchain's credibility, GTM, 10 July, https://www.greentechmedia.com/articles/read/the-icoscams-hurting-energy-blockchains-credibility (archived at https://perma. cc/AM6B-SKMV)

18 Shapira, A and Leinz, K (2017) Long Island Iced Tea soars after changing its name to Long Blockchain, Bloomberg, 21 December, https://www.bloomberg.com/news/articles/2017-12-21/crypto-crazesees-long-island-iced-tea-rename-as-long-blockchain (archived at https://perma.cc/5789-HCMK)

19 Klein, J (2018) From SpankChain to Bigboobscoin, startups keep trying to get people to pay for sex on the blockchain, Vice, 3 April, https://www. vice.com/en/article/3k7ek8/spankchain-bigboobscoin- cryptocurrency-forporn-startups (archived at https://perma.cc/5RJ8-MJ9M)

20 Sedgwick, K (2017) The most pointless cryptocurrency tokens ever invented, Bitcoin.com, 17 December, https://news.bitcoin.com/the-most-pointless-cryptocurrency-tokens-ever-invented/ (archived at https://perma.cc/ZYG2-3QU4)

21 Powell, D (2018) Sex industry blockchain startup intimate raises $4.5 million in pre-sale ahead of full ICO next month, SmartCompany, 12 February, https://www.smartcompany.com.au/startupsmart/news/ sex-industry-blockchain-startup-intimate-4-5-million-ico-pre-sale/ (archived at https://perma.cc/64RW-96PP)

22 Hay, M (2018) Cryptocurrency finally takes off in the porn industry, Forbes, 31 October, https://www.forbes.com/sites/markhay/2018/10/31/cryptocurrency-finally-takes-off-in-the-pornindustry/?sh=11b41c71629e (archived at https://perma.cc/ 5FRC-GB6X) and Team, E (2018) Sex industry poised to penetrate cryptocurrency, CryptoBriefing, 4 March, https://cryptobriefing.com/

sex-industry-penetrate-cryptocurrency/ (archived at https://perma.cc/9DW6-TE3L)

23 Zetter, K (2018) Hackers finally post stolen Ashley Madison data, Wired, 8 August, https://www.wired.com/2015/08/happened-hackersposted-stolen-ashley-madison-data/ (archived at https://perma.cc/4352-YA39)

24 Sedgwick, K (2017) The most pointless cryptocurrency tokens ever invented, Bitcoin.com, 17 December, https://news.bitcoin.com/the-most-pointless-cryptocurrency-tokens-ever-invented/ (archived at https://perma.cc/ZYG2-3QU4)

25 Bitcointalk (2018) [ANN] [NO ICO] The Wine Project (WINE)· Buy your wine with crypto! [AIRDROP], Bitcointalk, 12 March, https://bitcointalk.org/index.php?topic=3113664.0 (archived at https://perma.cc/SX6C-DUST)

26 Bitcointalk (2017) [ANN] [FUNDROP] Trash cash [TRASH] ERC20 token | No ICO |, Bitcointalk, 15 November, https://bitcointalk.org/ index.php?topic=2410056.0 (archived at https://perma.cc/6ATC7PUG)

27 Seth, S (2018) 80 per cent of ICOs are scams: Report, Investopedia, 2 April, https://www.investopedia.com/news/80-icos-are-scamsreport/ (archived at https://perma.cc/9Z2Y-6UWM)

28 *Financial Times* (2018) The baroness, the ICO fiasco, and enter Steve Wozniak, *Financial Times*, 2 September, https://www.ft.com/content/ fc9d3b82-de7b-3e67-bd3c-835575172608 (archived at https://perma. cc/L94R-FCP8)

29 Haan, C (2019) Post-disaster clean up: ICO class-action portal goes online, Crowdfund Insider, https://www.crowdfundinsider.com/2019/03/145420-post-disaster-clean-up-ico-class-action-portalgoes-online/ (archived at https://perma.cc/H89E-PF7B)

30 Bitcointalk (2018) [ANN] [ICO] Gems protocol – decentralized mechanical turk, Bitcointalk, 6 January, https://bitcointalk.org/index. php?topic=2700804.0 (archived at https://perma.cc/F3ZH-SQA9)

31 Popper, N (2018) Floyd Mayweather and DJ Khaled are fined in ICO crackdown, *The New York Times*, 29 November, https://www.nytimes. com/2018/11/29/technology/floyd-mayweather-dj-khaled-sec-fineinitial-coin-offering.html (archived at https://perma.cc/LS88-ZQFP)

32 Popper, N (2018) Floyd Mayweather and DJ Khaled are fined in ICO crackdown, *The New York Times*, 29 November, https://www.nytimes. com/2018/11/29/technology/floyd-mayweather-dj-khaled-sec-fineinitial-coin-offering.html (archived at https://perma.cc/LS88-ZQFP)

33 US Securities and Exchange Commission (2020) SEC charges John McAfee with fraudulently touting ICOs, Sec.gov, press release, https://www.sec.gov/news/press-release/2020-246 (archived at https://perma.cc/7NYC-YAX8)

34 Dodds, S (2018) Cryptocurrency markets are wide open to insider trading, say US regulators, *Telegraph*, 19 September, https://www.telegraph.co.uk/technology/2018/09/19/cryptocurrency-markets-wideopen-insider-trading-us-regulators/ (archived at https://perma. cc/9G7Q-VGZ4)

35 Seth, S (2018) 80 per cent of ICOs are scams: Report, Investopedia, 2 April, https://www.investopedia.com/news/80-icos-are-scamsreport/ (archived at https://perma.cc/9Z2Y-6UWM)

36 Seth, S (2018) 80 per cent of ICOs are scams: Report, Investopedia, 2 April, https://www.investopedia.com/news/80-icos-are-scamsreport/ (archived at https://perma.cc/9Z2Y-6UWM)

37 99Bitcoins (2021) DeadCoins, 99Bitcoins, https://99bitcoins.com/ deadcoins/ (archived at https://perma.cc/ACR2-E4GZ)

第11章

1 Hankir, Y (2018) Thanks guys! Over and out… #savedroidICO, Twitter, 18 April, https://twitter.com/YassinHankir/ status/986551967932735488? (archived at https://perma.cc/FWQ6-ZHTW)

2 Qader, A (2018) German ICO Savedroid pulls exit scam after raising $50 million, Finance Magnates, 18 April, https://www.financemagnates.com/cryptocurrency/news/german-ico-savedroid-pulls-exit-scamraising-50-million/ (archived at https://perma.cc/EVJ5-MFKZ)

3 Zuckerman, M (2018) In apparent exit scam CEO of German startup is 'over and out' after $50 mln ICO, Cointelegraph, 18 April, https://cointelegraph.com/news/in-apparent-exit-scam-ceoof-german-startup-is-over-and-out-after-50-mln-ico (archived at https://perma.cc/TR3Y-758D)

4 Varshney, N (2018) Savedroid ICO's exit scam was actually a very dumb PR stunt, The Next Web, 26 November, https://thenextweb.com/hardfork/2018/04/19/savedroid-ico-not-gone/ (archived at https://perma.cc/4B24-ABTB) and Golovtchenko, V (2018) Savedroid: Worst prank in crypto history or a reckless publicity stunt? Finance Magnates, 19 April, https://www.financemagnates.

com/cryptocurrency/news/savedroid-worst-prank-crypto-historyreckless-publicity-stunt/ (archived at https://perma.cc/K75L-5Z63)

5 Rice, J (2018) Yassin Hankir of Savedroid on exit scams and ICO sustainability, Crypto Briefing, 26 May, https://cryptobriefing.com/ yassin-hankir-savedroid-exit-scams-ico/ (archived at https://perma.cc/RH24-XZDB)

6 Coingecko (live) Savedroid, https://www.coingecko.com/en/coins/ savedroid (archived at https://perma.cc/C47U-722T)

7 u/ICOClassAction (2020) Savedroid class action is accepting class members, Reddit, https://www.reddit.com/r/ico/comments/b3r5z7/ savedroid_class_action_is_accepting_class_members/ (archived at https://perma.cc/3PYP-P6ZE)

8 Rice, J (2018) Yassin Hankir of Savedroid on exit scams and ICO sustainability, Crypto Briefing, 26 May, https://cryptobriefing.com/ yassin-hankir-savedroid-exit-scams-ico/ (archived at https://perma.cc/RH24-XZDB)

9 Pearson, J (2018) Ethereum startup vanishes after seemingly making $11, leaves message: 'penis', Vice, 29 January, https://www.vice.com/en/ article/yw5ygw/ethereum-startup-prodeum-vanishes-after-seeminglymaking-11-leaves-message-penis (archived at https://perma.cc/2C2V-RR8R)

10 Mix (nd) Cryptocurrency startup Prodeum pulls an exit scam, leaves a penis behind, The Next Web, https://thenextweb.com/hardfork/2018/01/29/cryptocurrency-prodeum-scam-exit-penis/ (archived at https://perma.cc/Q8QB-JU8C)

11 Alexander, D (2020) Quadriga downfall stemmed from founder's fraud, regulators find, Bloomberg, 11 June, https://www.bloomberg.com/news/ articles/2020-06-11/quadriga-downfall-stemmed-from-founder-s-fraudregulators-find (archived at https://perma.cc/LF4N-CDSZ)

12 Kim, C (2017) South Korea bans raising money through initial coin offerings, Reuters, 29 September, https://www.reuters.com/article/ us-southkorea-bitcoin-idUSKCN1C408N (archived at https://perma. cc/EV74-GJZT)

13 Manning, L (2018) Fraudulent South Korean exchange Pure Bit nabs $2.8m in ICO exit scam, Bitcoin Magazine, 9 November, https://bitcoinmagazine.com/articles/fraudulent-south-koreanexchange-pure-bit-nabs-28m-ico-exit-scam (archived at https://perma.cc/XCP3-A5CX)

14 Manning, L (2018) Fraudulent South Korean exchange Pure Bit nabs $2.8m in ICO exit scam, Bitcoin Magazine, 9 November, https://bitcoinmagazine.com/articles/fraudulent-south-koreanexchange-pure-bit-nabs-28m-ico-exit-scam (archived at https://perma.

cc/XCP3-A5CX)

15 Angelreyes (2018) Pure Bit ICO returns investor funds after exit scam, Crypto.iq, 20 November, https://www.cryptoiqtrading.com/pure-bit-ico-returns-investor-funds-after-exit-scam/ (archived at https://perma.cc/DVQ8-ZJEP)

16 Shome, A (2019) Coinroom exchange disappeared overnight with customers' funds, Finance Magnates, 3 June, https://www.financemagnates.com/cryptocurrency/news/coinroom-exchangedisappeared-overnight-with-customers-funds/ (archived at https://perma.cc/P9ND-YAHG)

17 Vitáris, B (2019) Polish cryptocurrency exchange coinroom exit scams with customer funds, CCN, 23 September, https://www.ccn.com/polish-cryptocurrency-exchange-coinroom-exit-scams-withcustomer-funds/ (archived at https://perma.cc/WM4F-T3GU)

18 US Securities and Exchange Commission (2020) Report of the Provisional Administrator concerning the request to obtain a declaratory judgment, Case No: 358421-0001, US Securities and Exchange Commission, 26 February, https://www.sec.gov/divisions/ enforce/claims/docs/plexcorp-receiver-report-2-26-2020.pdf (archived at https://perma.cc/7R23-4M4F) and PlexCoin (2017) PlexCoin: The next cryptocurrency, Whitepaper version 2.71, https://assets.bwbx.io/ documents/users/iqjWHBFdfxIU/rwzk2_HjYOjw/v0 (archived at https://perma.cc/ZQA9-GN3T)

19 Coinisseur.com (2018) PlexCoin: The anatomy of an ICO scam, 12 September, https://www.coinisseur.com/the-anatomy-of-an-icoscam/ (archived at https://perma.cc/9Q7T-U7TS)

20 Bitcointalk (2017) What do you think about PlexCoin? Bitcointalk, 8 July, https://bitcointalk.org/index.php?topic=2010097.0 (archived at https://perma.cc/435P-JTZ4)

21 PlexCoin (2017) PlexCoin: The next cryptocurrency, PlexCoin, August, https://assets.bwbx.io/documents/users/iqjWHBFdfxIU/rwzk2_HjYOjw/v0 (archived at https://perma.cc/ZQA9-GN3T) 22 US Securities and Exchange Commission (2020) Report of the Provisional Administrator concerning the request to obtain a declaratory judgment, Case No: 358421-0001, US Securities and Exchange Commission, 26 February, https://www.sec.gov/divisions/ enforce/claims/docs/plexcorp-receiver-report-2-26-2020.pdf (archived at https://perma.cc/7R23-4M4F)

23 PlexCoin (2017) PlexCoin: The next cryptocurrency, PlexCoin, August, https://assets.bwbx.io/documents/users/iqjWHBFdfxIU/

rwzk2_HjYOjw/v0 (archived at https://perma.cc/ZQA9-GN3T)

24 PlexCoin (2017) PlexCoin: The next cryptocurrency, PlexCoin, August, https://assets.bwbx.io/documents/users/iqjWHBFdfxIU/rwzk2_HjYOjw/v0 (archived at https://perma.cc/ZQA9-GN3T)

25 PlexCoin (2017) PlexCoin: The next cryptocurrency, PlexCoin, August, https://assets.bwbx.io/documents/users/iqjWHBFdfxIU/rwzk2_HjYOjw/v0 (archived at https://perma.cc/ZQA9-GN3T)

26 PlexCoin (2017) PlexCoin: The next cryptocurrency, PlexCoin, August, https://assets.bwbx.io/documents/users/iqjWHBFdfxIU/rwzk2_HjYOjw/v0 (archived at https://perma.cc/ZQA9-GN3T)

27 PlexCoin (2017) PlexCoin: The next cryptocurrency, PlexCoin, August, https://assets.bwbx.io/documents/users/iqjWHBFdfxIU/rwzk2_HjYOjw/v0 (archived at https://perma.cc/ZQA9-GN3T) 28 US Securities and Exchange Commission (2020) Report of the Provisional Administrator concerning the request to obtain a declaratory judgment, Case No: 358421-0001, US Securities and Exchange Commission, 26 February, https://www.sec.gov/divisions/ enforce/claims/docs/plexcorp-receiver-report-2-26-2020.pdf (archived at https://perma.cc/7R23-4M4F)

29 United States Department of Justice (2020) Quebec trio charged with running fraudulent cryptocurrency, 24 July, https://www.justice.gov/ usao-ndoh/pr/quebec-trio-charged-running-fraudulent-cryptocurrency (archived at https://perma.cc/N9LZ-Q44R)

30 Qader, A (2017) SEC freezes assets of PlexCoin ICO organizer, halts $15 million scam, Finance Magnates, 12 April, https://www.financemagnates.com/cryptocurrency/news/sec-freezes-assetsplexcoin-ico-organizer-halts-15-million-scam/ (archived at https://perma.cc/KB3J-U4K2)

31 Neironix.io (2018) Shopin whitepaper 3.3, English 010818, https:// neironix.io/documents/whitepaper/1e88063f4a7625640100102d4a810eab.pdf (archived at https://perma.cc/7D43-YBHF)

32 US Securities and Exchange Commission (2019) SEC charges founder, digital-asset issuer with fraudulent ICO, US Securities and Exchange Commission, 11 December, https://www.sec.gov/news/pressrelease/2019-259 (archived at https://perma.cc/VJN9-PEV5)

33 Canellis, D (2019) SEC: Crypto ‘entrepreneur’ illegally raised $42m, spent funds on dating and rent, TNW, 12 December, https://thenextweb. com/hardfork/2019/12/12/cryptocurrency-ico-blockchain-shopin-seccoin-offering-fraud/ (archived at https://perma.

cc/9RCC-RV56)
34 US Securities and Exchange Commission (2019) SEC charges founder, digital-asset issuer with fraudulent ICO, US Securities and Exchange Commission, 11 December, https://www.sec.gov/news/pressrelease/2019-259 (archived at https://perma.cc/VJN9-PEV5)
35 Vu, K (2018) Vietnam calls for tougher measures on cryptocurrency deals amid alleged scam, Reuters, 11 April, https://www.reuters.com/ article/us-vietnam-cryptocurrency-idUSKBN1HI1YV (archived at https://perma.cc/3FED-XQQJ)
36 Biggs, J (2018) Exit scammers run off with $660 million in ICO earnings, TC, 13 April, https://techcrunch.com/2018/04/13/exitscammers-run-off-with-660-million-in-ico-earnings/ (archived at https://perma.cc/8WT8-BUCD)
37 Biggs, J (2018) Exit scammers run off with $660 million in ICO earnings, TC, 13 April, https://techcrunch.com/2018/04/13/exitscammers-run-off-with-660-million-in-ico-earnings/ (archived at https://perma.cc/8WT8-BUCD)
38 Suberg, W (2018) Vietnam: PinCoin, Ifan ICOs exposed as scams that allegedly stole $660 million, Cointelegraph, 10 April, https://cointelegraph.com/news/vietnam-pincoin-ifan-icos-exposed-asscams-that-allegedly-stole-660-million (archived at https://perma.cc/9HY8-LHTS)
39 Biggs, J (2018) Exit scammers run off with $660 million in ICO earnings, TC, 13 April, https://techcrunch.com/2018/04/13/exitscammers-run-off-with-660-million-in-ico-earnings/ (archived at https://perma.cc/8WT8-BUCD)

第三章

1 BBC (2019) Cryptoqueen: How this woman scammed the world, then vanished, BBC, 24 November, https://www.bbc.com/news/stories-50435014 (archived at https://perma.cc/U4LW-FQQE)
2 Trading Education (2021) OneCoin: The biggest on-going cryptocurrency scam ever, Trading Education, 17 February, https://trading-education.com/onecoin-the-biggest-on-goingcryptocurrency-scam-ever (archived at https://perma.cc/4BH4-NN6Z)
3 Justice.gov (2019) *United States of America v Konstantin Ignatov*, https://www.justice.gov/usao-sdny/press-release/file/1141986/download (archived at https://perma.cc/T3D4-DGZV) (page 21)
4 Marson, J (2020) OneCoin took in billions. Then its leader vanished, *Wall Street Journal*, 27 August, https://www.wsj.com/articles/

onecoin-took-in-billions-then-its-leader-vanished-11598520601 (archived at https://perma.cc/DE55-AHVT)

5 Bartlett, J (2019) The £4bn OneCoin scam: How crypto-queen Dr Ruja Ignatova duped ordinary people out of billions – then went missing, *The Times*, 15 December, https://www.thetimes.co.uk/article/ the-4bn-onecoin-scam-how-crypto-queen-dr-ruja-ignatova-dupedordinary-people-out-of-billions-then-went-missing-trqpr52pq (archived at https://perma.cc/GW8A-TBJL)

6 BBC (2019) Cryptoqueen: How this woman scammed the world, then vanished, BBC, 24 November, https://www.bbc.com/news/stories-50435014 (archived at https://perma.cc/U4LW-FQQE)

7 Penman, A (2016) Who wants to be a OneCoin millionaire? YOU don't – here's why hyped-up web currency is virtually worthless, *Mirror*, 10 February, https://www.mirror.co.uk/news/uk-news/who-wants-onecoin-millionaire-you-7346558 (archived at https://perma.cc/TZ3X-ZVJB)

8 Benji (2020) The complete story behind the OneCoin cryptocurrency scam, Hackernoon, 12 January, https://hackernoon.com/onecoinscam-that-became-a-religion-3zr3xds (archived at https://perma. cc/4RNA-VXJY)

9 BBC (2019) 'Cryptoqueen' brother admits role in OneCoin fraud, BBC, 14 November, https://www.bbc.co.uk/news/technology-50417908 (archived at https://perma.cc/C8TS-KBDA)

10 BBC (2019) Cryptoqueen: How this woman scammed the world, then vanished, BBC, 24 November, https://www.bbc.com/news/stories-50435014 (archived at https://perma.cc/U4LW-FQQE)

11 BBC (2020) The missing cryptoqueen, BBC, 6 August, https://www.bbc.co.uk/programmes/p07nkd84 (archived at https://perma.cc/JCU5-NN7U)

12 Behind MLM (2019) New DealShaker abandoned. Is this OneCoin's final collapse? Behind MLM, 24 May, https://behindmlm.com/companies/onecoin/new-dealshaker-abandoned-is-this-onecoins-finalcollapse/ (archived at https://perma.cc/EQK5-5EZT)

13 BBC (2020) The missing cryptoqueen, BBC, 6 August, https://www.bbc.co.uk/programmes/p07nkd84 (archived at https://perma.cc/JCU5-NN7U)

14 Behind MLM (2017) OneLife suspend OneCoin withdrawals, affiliates can't cash out, Behind MLM, 15 January, https://behindmlm.com/companies/OneCoin/OneLife-suspend-OneCoin-withdrawlsaffiliates-cant-cash-out/ (archived at https://perma.cc/6ZSM-

5YBW)

15 BBC (2020) The missing cryptoqueen, BBC, 6 August, https://www.bbc.co.uk/programmes/p07nkd84 (archived at https://perma.cc/JCU5-NN7U)

16 Marson, J (2020) OneCoin took in billions. Then its leader vanished, *Wall Street Journal*, 27 August, https://www.wsj.com/articles/onecoin-took-in-billions-then-its-leader-vanished-11598520601 (archived at https://perma.cc/DE55-AHVT)

17 Justice (2019) *United States of America V Konstantin Ignatov*, US Department of Justice, 9 March, https://www.justice.gov/usao-sdny/ press-release/file/1141986/download (archived at https://perma.cc/ T3D4-DGZV) and BBC (2019) Cryptoqueen: How this woman scammed the world, then vanished, BBC, 24 November, https://www.bbc.com/news/stories-50435014 (archived at https://perma.cc/U4LW-FQQE)

18 Carter, A (2020) The notorious Igor E Alberts. #AntiMLM. Hey hun, you woke up! (Podcast) https://podcasts.apple.com/us/podcast/the-notorious-igor-e-alberts-antimlm/id1439473213?i=1000493805775 (archived at https://perma.cc/8XEN-A55X)

19 Business for Home (2017) Top 200 worldwide earners in MLM – April 2017, Business for Home, 3 April, https://www.businessforhome. org/2017/04/top-200-worldwide-earners-in-mlm-april-2017/ (archived at https://perma.cc/KWV4-FQRC)

20 Forklog (2020) Scam of the decade: The story of a doctor of law who organized the OneCoin Ponzi scheme and vanished with billions of euros, Forklog, 10 January, https://forklog.media/scam-of-the-decadethe-story-of-a-doctor-of-law-who-organized-the-onecoin-ponzi-schemeand-vanished-with-billions-of-euros/ (archived at https://perma.cc/XK8U-AVSV)

21 BBC (2019) Cryptoqueen: How this woman scammed the world, then vanished, BBC, 24 November, https://www.bbc.com/news/stories-50435014 (archived at https://perma.cc/U4LW-FQQE)

22 BBC (2020) The missing cryptoqueen, BBC, 6 August, https://www.bbc.co.uk/programmes/p07nkd84 (archived at https://perma.cc/JCU5-NN7U)

23 Behind MLM (2018) To promote DagCoin, Igor Alberts slams Ponzi he earned millions in, Behind MLM, 13 January, https://behindmlm. com/companies/to-promote-dagcoin-igor-alberts-slams-ponzi-heearned-millions-in/ (archived at https://perma.cc/UZM4-3N23)

24 Justice (2019) *United States of America V Konstantin Ignatov*, US Department of Justice, 9 March, https://www.justice.gov/usao-sdny/press-release/file/1141986/download (archived at https://perma.cc/ T3D4-DGZV) (page 6)

25 BBC (2019) The missing cryptoqueen, BBC, 4 November, https://www.bbc. co.uk/programmes/p07sz990 (archived at https://perma.cc/T8GL-C66B)

26 BBC (2019) The missing cryptoqueen, BBC, https://www.bbc.co.uk/ sounds/brand/p07nkd84 (archived at https://perma.cc/GS28-5ZTL) and Tyson, E (1994) *Personal Finance For Dummies*, John Wiley & Sons Inc and Happyscribe (2019) Episode 7: In plain sight, Happyscribe, 28 October, https://www.happyscribe.com/public/ the-missing-cryptoqueen/episode-7-in-plain-sight-5c5ba8c8-d571-4b71-8634-f0475b866765 (archived at https://perma.cc/ERL6-LEN2)

27 Lamando, M (2016) Dr Ruja Ignatova's introducing the Tycoon+ and Ultimate Packages, YouTube, 25 July, https://www.youtube.com/ watch?v=WBiqEJc1IRo (archived at https://perma.cc/Z3N3-VMA4)

28 BBC (2019) Cryptoqueen: How this woman scammed the world, then vanished, BBC, 24 November, https://www.bbc.com/news/stories-50435014 (archived at https://perma.cc/U4LW-FQQE)

29 D'Anconia, F (2016) Keep money in the game: OneCoin moves on to new fantasy blockchain, Cointelegraph, 6 October, https://cointelegraph. com/news/keep-money-in-the-game-onecoin-moves-on-to-new-fantasyblockchain (archived at https://perma.cc/3QU4-SREX)

30 Redman, J (2016) Buyer beware! The definitive OneCoin Ponzi exposé, News.bitcoin.com, 27 June, https://news.bitcoin.com/beware-definitiveonecoin-ponzi/ (archived at https://perma.cc/8EQ9-PWVM)

31 Lamando, M (2016) OneCoin split strategies and doubling of coins, explained by Dr Ruja Ignatov, YouTube, 26 July, https://www.youtube. com/watch?v=ft3FtWoP04s (archived at https://perma.cc/X8HN-BA4H)

32 Business for Home (2016) OneCoin Launches New Blockchain Appoints Pablo Munoz As CEO, Business for Home, 1 October, https://www.businessforhome.org/2016/10/onecoin-launches-newblockchain/ (archived at https://perma.cc/DV7L-EHCN)

33 D'Anconia, F (2016) Keep money in the game: OneCoin moves on to new fantasy blockchain, Cointelegraph, 6 October, https://cointelegraph. com/news/keep-money-in-the-game-onecoin-moves-on-to-new-fantasyblockchain (archived at https://perma.

cc/3QU4-SREX)

34 DealShaker (nd) Miss Onelife – bronze sponsor advertising package 100 per cent OneCoin, DealShaker, https://dealshaker.com/en/deal/ miss-onelife-bronze-sponsor-advertising-package-100-onecoin/XY782 DJ2hP0sc0nCeWiqncwxO073mFp*BL8-nV5uT6k~ (archived at https://perma.cc/TB2Q-LS6L)

35 kusetukset.blogspot.com (2019) OneCoin members are idiots, 28 March, http://kusetukset.blogspot.com/2019/03/onecoin-membersare-idiots.html (archived at https://perma.cc/9VCM-EB4X)

36 BBC (2019) The missing cryptoqueen, BBC, https://www.bbc.co.uk/ sounds/brand/p07nkd84 (archived at https://perma.cc/GS28-5ZTL)

37 Redman, J (2019) OneCoin websites suspended as the $4 billion Ponzi crumbles, Bitcoin.com, 4 December, https://news.bitcoin.com/ multiple-onecoin-websites-suspended-as-the-4-billion-dollar-ponzicrumbles/ (archived at https://perma.cc/6HK6-RQWY)

38 BBC (2019) The missing cryptoqueen, BBC, https://www.bbc.co.uk/ sounds/brand/p07nkd84 (archived at https://perma.cc/GS28-5ZTL)

39 Behind MLM (2019) Ruja Ignatova's warning underscores OneCoin mafia ties, Behind MLM, 18 November, https://behindmlm.com/ companies/onecoin/ruja-ignatovas-warning-underscores-onecoinmafia-ties/ (archived at https://perma.cc/NR3Z-M7FS)

40 Soundcloud (2020) Inner City OneCoin's Ruja Ignatova tells Armenta to watch out for Russian guys, Soundcloud, https://soundcloud.com/ innercitypress/onecoins-ruja-ignatova-tells-armenta-to-watch-out-forrussian-guys (archived at https://perma.cc/7XDK-N5ZK)

41 BBC (2019) Cryptoqueen: How this woman scammed the world, then vanished, BBC, 24 November, https://www.bbc.com/news/stories-50435014 (archived at https://perma.cc/U4LW-FQQE)

42 BBC (2019) Cryptoqueen: How this woman scammed the world, then vanished, BBC, 24 November, https://www.bbc.com/news/stories-50435014 (archived at https://perma.cc/U4LW-FQQE)

43 BBC (2019) The missing cryptoqueen, BBC, https://www.bbc.co.uk/ sounds/brand/p07nkd84 (archived at https://perma.cc/GS28-5ZTL)

44 Behind MLM (2017) Ruja Ignatova arrested in Germany, report Bulgarian media, Behind MLM, 3 November, https://behindmlm.com/ companies/onecoin/ruja-ignatova-arrested-in-germany-reportbulgarian-media/ (archived at https://perma.cc/BE8S-WGA9)

45 Justice (2020) Manhattan US attorney announces charges against leaders of ‘OneCoin,’ a multibillion-dollar pyramid scheme involving the sale of a fraudulent cryptocurrency, US Department of Justice, 30 April, https://www.justice.gov/usao-sdny/pr/manhattan-usattorney-announces-charges-against-leaders-onecoin-multibilliondollar (archived at https://perma.cc/6NBA-CVX5)

46 Englund, P (2020) Dagcoin the next scam from Ponzi schemers OneCoin, Go Cryptowise, 18 June, https://gocryptowise.com/blog/ dagcoin-the-next-scam-from-ponzi-schemers-onecoin/ (archived at https://perma.cc/DQ3X-K4A9) and Behind MLM (2017) Dagcoin review: OneCoin affiliate launches Ponzi points clone, Behind MLM, 19 July, https://behindmlm.com/mlm-reviews/dagcoin-review-onecoinaffiliate-launches-ponzi-points-clone/ (archived at https://perma. cc/4YRM-6T7J)

47 Behind MLM (2017) Dagcoin review: OneCoin affiliate launches Ponzi points clone, Behind MLM, 19 July, https://behindmlm.com/ mlm-reviews/dagcoin-review-onecoin-affiliate-launches-ponzi-pointsclone/ (archived at https://perma.cc/4YRM-6T7J)

48 Business for Home (2019) Igor Alberts and Andreea Cimbala achieve $1.6 million per month with success factory – Dagcoin, Business for Home, 15 April, https://www.businessforhome.org/2019/04/igoralberts-and-andreea-cimbala-achieve-1-6-million-per-month-withsuccess-factory-dagcoin/ (archived at https://perma.cc/SBN9-LMHD)

第四章

1 GitHub (nd) Bitconnectcoin, GitHub, https://github.com/Bitconnectcoin/ Bitconnectcoin (archived at https://perma.cc/855X-8LPB)

2 Mix (2018) How Bitconnect pulled the biggest exit scheme in cryptocurrency, TNW The Next Web, 17 January, https://thenextweb.com/hardfork/2018/01/17/bitconnect-bitcoin-scam-cryptocurrency/ (archived at https://perma.cc/J2C8-VXXD)

3 Tepper, F (2018) Bitconnect, which has been accused of running a Ponzi scheme, shuts down, TC, 17 January, https://techcrunch.com/2018/01/16/Bitconnect-which-has-been-accused-of-running-aponzi-scheme-shuts-down/ (archived at https://perma.cc/D7JU-CM9F)

4 Mix (2018) How Bitconnect pulled the biggest exit scheme in cryptocurrency, The Next Web, 17 January, https://thenextweb.com/

hardfork/2018/01/17/bitconnect-bitcoin-scam-cryptocurrency/ (archived at https://perma.cc/J2C8-VXXD)

5 The Calculator Site (nd) Compound Interest Calculator, The Calculator Site, https://www.thecalculatorsite.com/finance/ calculators/compoundinterestcalculator.php (archived at https://perma.cc/36QS-PBNT)

6 Ponciano, J (2020) Jeff Bezos becomes the first person ever worth $200 billion, 26 August, Forbes, https://www.forbes.com/sites/jonathanponciano/2020/08/26/worlds-richest-billionaire-jeff-bezosfirst-200-billion/?sh=48e98f8f4db7 (archived at https://perma.cc/PU6U-JTDR)

7 Morris, D (2018) New leaked chats reveal alleged Bitconnect scammers in action, 28 September, BreakerMag, https://breakermag.com/new-leaked-chats-reveal-alleged-bitconnect-scammers-in-action/ (archived at https://perma.cc/UA6K-R44U)

8 Mix (nd) How Bitconnect pulled the biggest exit scam in cryptocurrency, The Next Web, https://thenextweb.com/hardfork/2018/01/17/bitconnect-bitcoin-scam-cryptocurrency/ (archived at https://perma.cc/J2C8-VXXD)

9 Sedis, T (2018) The most bizarre Ponzi marketing event you'll ever see, 17 January, Behind MLM, https://behindmlm.com/companies/ bitconnect/the-most-bizarre-ponzi-marketing-event-youll-ever-see/ (archived at https://perma.cc/X265-MPL8)

10 Matos, C (2018) Bitconnect, Genius, 23 January, https://genius.com/Carlos-matos-bitconnect-annotated (archived at https://perma.cc/ ZC3Q-36N7) and Chronosceptor (2018) Bitconnect annual ceremony high lights (Carlos Matos from NY), YouTube, 17 January, https://www.youtube.com/watch?v=vabXXkZjKiw (archived at https://perma.cc/ED5D-PKMP)

11 Fitzgerald, B (2017) Bitconnect official music video we've got a good thing, YouTube, https://www.youtube.com/watch?v=q1ezZ7pBtrA (archived at https://perma.cc/9QBE-VANM)

12 MyCryptoCoin (2017) Blockchain expo North America and private yacht party with bitconnect promoters, Bitconnect, 28 October, https://bitconnectcash.wordpress.com/2017/10/28/blockchain-exponorth-america-and-private-yacht-party-with-bitconnect-promoters/ (archived at https://perma.cc/RE49-W7XQ)

13 Companies House (nd) Bitconnect Ltd, company number 10278342, https://find-and-update.company-information.service.gov.uk/company/10278342/filing-history (archived at https://perma.cc/JMY9-VSTW)

14 Mix (2017) UK threatens to shut down popular Bitcoin investment site Bitconnect, The Next Web, 13 November, https://thenextweb.

com/hardfork/2017/11/13/bitcoin-bitconnect-uk-ponzi-investment/ (archived at https://perma.cc/5G6V-6LQE)

15 Mix (2018) How Bitconnect pulled the biggest exit scheme in cryptocurrency, 17 January, The Next Web, https://thenextweb.com/hardfork/2018/01/17/bitconnect-bitcoin-scam-cryptocurrency/ (archived at https://perma.cc/J2C8-VXXD)

16 Mix (2018) How Bitconnect pulled the biggest exit scheme in cryptocurrency, 17 January, The Next Web, https://thenextweb.com/hardfork/2018/01/17/bitconnect-bitcoin-scam-cryptocurrency/ (archived at https://perma.cc/J2C8-VXXD)

17 Trading Education (2020) The Bitconnect scam: The biggest price plunge in crypto history, Trading Education, 15 June, https://tradingeducation.com/the-bitconnect-scam-the-biggest-price-plunge-in-cryptohistory (archived at https://perma.cc/8738-AKLZ) and Mix (2018) How Bitconnect pulled the biggest exit scheme in cryptocurrency, 17 January, The Next Web, https://thenextweb.com/hardfork/2018/01/17/bitconnect-bitcoin-scam-cryptocurrency/ (archived at https://perma.cc/J2C8-VXXD)

18 Texas State Securities Board (2018) Emergency cease and desist order no ENF-18-CDO-1754, 4 January, Texas State Securities Board, https://www.ssb.texas.gov/sites/default/files/BitConnect_ENF-18CDO-1754.pdf (archived at https://perma.cc/W8UR-52BF)

19 Mix (2018) Bitconnect handed yet another cease and desist letter – this time in North Carolina, The Next Web, 11 January, https://thenextweb. com/hardfork/2018/01/11/bitconnect-served-yet-another-cease-desistorder/ (archived at https://perma.cc/7F6Y-H8AH)

20 Mix (2018) How Bitconnect pulled the biggest exit scheme in cryptocurrency, 17 January, The Next Web, https://thenextweb.com/hardfork/2018/01/17/bitconnect-bitcoin-scam-cryptocurrency/ (archived at https://perma.cc/J2C8-VXXD)

21 McKay, T (2018) Bitconnect, anonymously-run crypto exchange, crashes after states issue cease and desists, Gizmodo, 17 January, https://gizmodo.com/bitconnect-anonymously-run-crypto-exchangecrashes-af-1822144652 (archived at https://perma.cc/6USZ-SLNH)

22 CoinMarketCap (live) Bitconnect, CoinMarketCap, https://coinmarketcap.com/currencies/bitconnect/ (archived at https://perma.cc/P9G2-A774)

23 Osborne, C (2018) Alleged head of Bitconnect cryptocurrency scam arrested in Dubai, 20 August, ZDNet, https://www.zdnet.com/article/ alleged-bitconnect-head-arrested-in-dubai/ (archived at https://perma. cc/Z66D-2TYW) and newsbtc (2018) The Bitconnect Ponzi scheme finally collapsed – scam becomes evident, newsbtc, https://www. newsbtc.com/news/bitconnect-ponzi-scheme-finally-

collapsed-exitscam-becomes-evident/ (archived at https://perma.cc/8W3R-V65E)

24 Sedgwick, K (2018) Not content scamming $1.5 billion, Bitconnect wants another $500 million for ICO, Bitcoin.com, 20 January, https://news.bitcoin.com/not-content-with-scamming-1-5-billionbitconnect-wants-another-500-million-for-its-ico/ (archived at https://perma.cc/4NLN-K7FG)

25 u/Quinchonez (nd) Bitconnect X ICO price switched from $5 to $50!! Reddit, https://www.reddit.com/r/Bitconnect/comments/7pd1m5/ bitconnect_x_ico_price_switched_from_5_to_50/ (archived at https://perma.cc/6CVE-RJZ8) and Bitcoin Forum (2021) What you think of BitconnectX? Bitcointalk, https://bitcointalk.org/index. php?topic=2751009.0 (archived at https://perma.cc/WC2T-RAMJ)

26 Sedgwick, K (2018) Not content scamming $1.5 billion, Bitconnect wants another $500 million for ICO, Bitcoin.com, 20 January, https://news.bitcoin.com/not-content-with-scamming-1-5-billionbitconnect-wants-another-500-million-for-its-ico/ (archived at https://perma.cc/4NLN-K7FG)

27 Alford, T (2020) Bitconnect scam: The $2.6 BN Ponzi scheme (2020 update), Totalcrypto, 5 March, https://totalcrypto.io/bitconnect-scam/ (archived at https://perma.cc/VE42-MZYL)

28 Varshney, N (2018) Arrested Bitconnect kingpin is connected to yet another cryptocurrency scam, TNW, 20 August, https://thenextweb. com/hardfork/2018/08/20/bitconnect-cryptocurrency-scam-india/ (archived at https://perma.cc/QGF5-XT35)

29 Cuthbertson, A (2019) Bitcoin millionaire 'on the run' after second cryptocurrency scam, *Independent*, 5 June, https://www.independent.co.uk/ life-style/gadgets-and-tech/news/bitcoin-scam-bitconnect-cryptocurrencyregal-coin-a8945291.html (archived at https://perma.cc/6TWC-5TP4)

30 Dean (2020) What is Regalcoin? Another crypto Ponzi scheme (2020), Quick Penguin, 15 April, https://quickpenguin.net/regalcoinscam/ (archived at https://perma.cc/6FCF-2VRY)

31 Rodrigues, J (2018) Cryptokidnapping, or how to lose $3 billion of Bitcoin in India, *Hindustan Times*, 10 August, https://www.hindustantimes.com/india-news/cryptokidnapping-or-how-to-lose-3billion-of-bitcoin-in-india/story-D82N2NAbgheQl7dPJIYs1K.html (archived at https://perma.cc/MV87-CFY3)

32 Rodrigues, J (2018) Cryptokidnapping, or how to lose $3 billion of Bitcoin in India, *Hindustan Times*, 10 August, https://www.hindustantimes.com/india-news/cryptokidnapping-or-how-to-lose-3billion-of-bitcoin-in-india/story-D82N2NAbgheQl7dPJIYs1K.html (archived at https://perma.cc/MV87-CFY3)

33 Huillet, M (2018) Police arrest alleged India head of now-defunct Bitconnect scam, Cointelegraph, 20 August, https://cointelegraph.com/ news/police-arrest-alleged-india-head-of-now-defunct-bitconnectscam (archived at https://perma.cc/JA4A-TUE6)

34 Varshney, N (2018) Arrested Bitconnect kingpin is connected to yet another cryptocurrency scam, TNW, 20 August, https://thenextweb. com/hardfork/2018/08/20/bitconnect-cryptocurrency-scam-india/ (archived at https://perma.cc/QGF5-XT35)

35 Rodrigues, J (2018) Cryptokidnapping, or how to lose $3 billion of Bitcoin in India, *Hindustan Times*, 10 August, https://www.hindustantimes.com/india-news/cryptokidnapping-or-how-to-lose-3billion-of-bitcoin-in-india/story-D82N2NAbgheQl7dPJIYs1K.html (archived at https://perma.cc/MV87-CFY3)

第五章

1 Silkjaer, T (2020) Is this $3 billion crypto Ponzi still alive? Forbes, 6 July, https://www.forbes.com/sites/thomassilkjaer/2020/07/06/is-this-3-billion-crypto-ponzi-still-alive/?sh=56eaf53d4d42 (archived at https://perma.cc/73SH-REW7)

2 Harper, C (2019) How the PlusToken scam absconded with over 1 percent of the Bitcoin supply, Bitcoin Magazine, 19 August, https://bitcoinmagazine.com/articles/how-the-plustoken-scamabsconded-with-over-1-percent-of-the-bitcoin-supply (archived at https://perma.cc/9ZWG-SQ8R)

3 Harper, C (2019) How the PlusToken scam absconded with over 1 percent of the Bitcoin supply, Bitcoin Magazine, 19 August, https://bitcoinmagazine.com/articles/how-the-plustoken-scamabsconded-with-over-1-percent-of-the-bitcoin-supply (archived at https://perma.cc/9ZWG-SQ8R)

4 Tech Telegraph (2020) PlusToken guide: The scam that brought cryptocurrency prices down, Tech Telegraph, 16 January, https://www.techtelegraph.co.uk/plus-token-guide-the-scam-that-broughtcryptocurrency-prices-down/ (archived at https://perma.cc/ 9HGR-A68R)

5 McIntosh, R (2019) PlusToken scam could be much larger than $2.9 billion, Finance Magnates, 3 September, https://www.financemagnates.com/cryptocurrency/news/plustoken-scam-could-bemuch-larger-than-2-9-billion/ (archived at https://perma.cc/V3RS-3DVD)

6 Gash, L (2020) China arrests PlusToken primary suspects, currency. com, 30 July, https://currency.com/china-arrests-plustoken-primarysuspects (archived at https://perma.cc/W23Q-ZDZV)

7 PlusToken Wallet (nd) Plus Token Wallet make your dream come true, Plus Token Wallet, https://plustokenwallet.biz/ (archived at https://perma.cc/TZP3-DUPL)

8 Chainalysis (2020) *The 2020 State of Crypto Crime*, Chainalysis, January, https://go.chainalysis.com/rs/503-FAP-074/images/2020-Crypto-Crime-Report.pdf (archived at https://perma.cc/YWF7-QC8W)

9 Plus Token Wallet (nd) Plus Token: How to open AI Dog robot, add fund, withdrawal in details, Plus Token Wallet, https://plustokenwallet. com/plus-token-how-to-open-ai-dog-robot-add-fund-withdrawal-indetails/ (archived at https://perma.cc/57TC-QYTE)

10 McIntosh, R (2019) PlusToken scam could be much larger than $2.9 billion, Finance Magnates, 3 September, https://www.financemagnates. com/cryptocurrency/news/plustoken-scam-could-be-much-larger-than-19-billion/ (archived at https://perma.cc/V3RS-3DVD)

11 Chainalysis (2020) *The 2020 State of Crypto Crime*, Chainalysis, January, https://go.chainalysis.com/rs/503-FAP-074/images/2020Crypto-Crime-Report.pdf (archived at https://perma.cc/YWF7-QC8W)

12 Plus Token Wallet (nd) Plus Token Wallet make your dream come true, Plus Token Wallet, https://plustokenwallet.biz/ (archived at https://perma.cc/TZP3-DUPL)

13 Jit (2018) PlusToken marketing plan – active user, PlusToken Wallet, 18 October, https://plustokenwallet.com/plus-token-marketing-planactive-user/ (archived at https://perma.cc/MY62-8THC)

14 Harper, C (2019) How the PlusToken scam absconded with over 1 percent of the Bitcoin supply, Bitcoin Magazine, 19 August, https://bitcoinmagazine.com/articles/how-the-plustoken-scamabsconded-with-over-1-percent-of-the-bitcoin-supply (archived at

https://perma.cc/9ZWG-SQ8R)

15 Huillet, M (2019) $3b Ponzi scheme is now allegedly dumping Bitcoin by the hundreds, Cointelegraph, 15 August, https://cointelegraph.com/ news/3b-ponzi-scheme-is-now-allegedly-dumping-bitcoin-by-thehundreds (archived at https://perma.cc/M8PA-T3N5)

16 Jit (2018) PlusToken marketing plan – active user, PlusToken Wallet, 18 October, https://plustokenwallet.com/plus-token-marketing-planactive-user/ (archived at https://perma.cc/MY62-8THC)

17 Jit (2018) PlusToken marketing plan – active user, PlusToken Wallet, 18 October, https://plustokenwallet.com/plus-token-marketing-planactive-user/ (archived at https://perma.cc/MY62-8THC)

18 Roots, S (2020) Plustoken exit scam – tales from the Crypt – chapter two, Changelly, 27 October, https://changelly.com/blog/plustokenexit-scam/ (archived at https://perma.cc/QD6C-CGKR)

19 Harper, C (2019) How the PlusToken scam absconded with over 1 percent of the Bitcoin supply, Bitcoin Magazine, 19 August, https://bitcoinmagazine.com/articles/how-the-plustoken-scamabsconded-with-over-1-percent-of-the-bitcoin-supply (archived at https://perma.cc/9ZWG-SQ8R)

20 Harper, C (2019) How the PlusToken scam absconded with over 1 percent of the Bitcoin supply, Bitcoin Magazine, 19 August, https://bitcoinmagazine.com/articles/how-the-plustoken-scamabsconded-with-over-1-percent-of-the-bitcoin-supply (archived at https://perma.cc/9ZWG-SQ8R)

21 Michael (2020) PlusToken (PLUS) scam – anatomy of a Ponzi, Boxmining, 27 November, https://boxmining.com/plus-token-ponzi/ (archived at https://perma.cc/KX8T-F9P2)

22 Blocking (nd) Media: PlusToken is suspected of crashing, the current wallet can not withdraw coins, Blocking, https://blocking.net/8802/ media-plustoken-is-suspected-of-crashing-the-current-wallet-can-notwithdraw-coins/ (archived at https://perma.cc/8ZSL-QC3P)

23 Michael (2020) PlusToken (PLUS) scam – anatomy of a Ponzi, Boxmining, 27 November, https://boxmining.com/plus-token-ponzi/ (archived at https://perma.cc/KX8T-F9P2)

24 Pick, L (2016) Bitcoin celebrates 7th birthday, Finance Magnates, 3 January, https://www.financemagnates.com/cryptocurrency/education-centre/bitcoin-celebrates-7th-birthday/ (archived at https://perma.cc/MZU3-RCTZ)

25 Silkjær, T (2020) Is this $3 billion crypto Ponzi still alive? Forbes, 6 July, https://www.forbes.com/sites/thomassilkjaer/2020/07/06/is-this-3-billion-crypto-ponzi-still-alive/?sh=a07235d4d42 (archived at https://perma.cc/2RQR-VURP)

26 PlusToken Wallet (nd) PlusToken: How to open AI dog robot, add fund, withdrawal in details, PlusToken Wallet, https://plustokenwallet. com/plus-token-how-to-open-ai-dog-robot-add-fund-withdrawal-indetails/ (archived at https://perma.cc/57TC-QYTE)

27 Vigna, P (2020) Cryptocurrency scams took in more than $4 billion in 2019, *The Wall Street Journal*, 8 February, https://www.wsj.com/articles/cryptocurrency-scams-took-in-more-than-4-billion-in-2019-11581184800 (archived at https://perma.cc/K9YS-MN7J)

28 Osborne, C (2020) China arrests over 100 people suspected of involvement in PlusToken cryptocurrency scam, ZDnet, 31 July, https://www.zdnet.com/article/china-arrests-over-100-peoplesuspected-of-involvement-in-plustoken-cryptocurrency-scam/ (archived at https://perma.cc/Q3G6-WBNU)

29 Harper, C (2019) How the PlusToken scam absconded with over 1 percent of the Bitcoin supply, Bitcoin Magazine, 19 August, https://bitcoinmagazine.com/articles/how-the-plustoken-scamabsconded-with-over-1-percent-of-the-bitcoin-supply (archived at https://perma.cc/9ZWG-SQ8R)

30 Power, J (2019) Is Vanuatu's deportation of six Chinese nationals an erosion of its democratic rights at Beijing's bidding? *This Week in Asia*, 10 July, https://www.scmp.com/week-asia/geopolitics/ article/3018076/vanuatus-deportation-six-chinese-nationals-erosionits (archived at https://perma.cc/5FGV-LS94)

31 Harper, C (2019) How the PlusToken scam absconded with over 1 percent of the Bitcoin supply, Bitcoin Magazine, 19 August, https://bitcoinmagazine.com/articles/how-the-plustoken-scamabsconded-with-over-1-percent-of-the-bitcoin-supply (archived at https://perma.cc/9ZWG-SQ8R)

32 Qader, A (2019) Crypto wallet PlusToken pulls off alleged exit scam, Finance Magnates, 1 July, https://www.financemagnates.com/cryptocurrency/news/crypto-wallet-plustoken-pulls-off-alleged-exitscam/ (archived at https://perma.cc/T7J8-HXNS)

33 Harper, C (2019) How the PlusToken scam absconded with over 1 percent of the Bitcoin supply, Bitcoin Magazine, 19 August, https:// bitcoinmagazine.com/articles/how-the-plustoken-scam-abscondedwith-over-1-percent-of-the-bitcoin-supply (archived at https://perma. cc/9ZWG-SQ8R)

34 Team, C (2019) PlusToken scammers didn't just steal $2+ billion worth of cryptocurrency. They may also be driving down the price of Bitcoin [updated 3/12/2020], Insights, 16 December, https://blog. chainalysis.com/reports/plustoken-scam-bitcoin-price (archived at https://perma.cc/46WT-6ZGJ)

35 Ciphertrace (2020) *Cryptocurrency Crime and Anti-Money Laundering Report, Spring 2020*, Ciphertrace, https://ciphertrace.com/wp-content/uploads/2020/06/spring-2020-cryptocurrency-anti-moneylaundering-report.pdf (archived at https://perma.cc/UYM3-YH3A)

36 Wo Token World Team (nd), https://wotokenworldteam.com/ (archived at https://perma.cc/ZZ2P-ECJT)

37 Haig, S (2020) PlusToken scammer implicated in China's second ten-figure crypto Ponzi, Cointelegraph, 16 May, https:// cointelegraph. com/news/plustoken-scammer-implicated-in-chinas-second-ten-figurecrypto-ponzi (archived at https://perma. cc/9S7L-MNVZ)

38 Haig, S (2020) PlusToken scammer implicated in China's second ten-figure crypto Ponzi, Cointelegraph, 16 May, https:// cointelegraph. com/news/plustoken-scammer-implicated-in-chinas-second-ten-figurecrypto-ponzi (archived at https://perma. cc/9S7L-MNVZ)

39 Redman, J (2020) 6 members of the multi-billion dollar PlusToken scam charged with fraud in China, Bitcoin.com, 9 September, https:// news.bitcoin.com/6-members-of-the-multi-billion-dollar-plustokenscam-charged-with-fraud-in-china/ (archived at https:// perma.cc/JYZ7-KVNK)

40 Gash, L (2020) China arrests PlusToken primary suspects, currency. com, 30 July, https://currency.com/china-arrests-plustoken-primarysuspects (archived at https://perma.cc/W23Q-ZDZV)

第六章

1 Saminather, N (2020) Canadian cryptocurrency firm collapsed due to Ponzi scheme by late founder, regulator says, Reuters, 11 June, https://www.reuters.com/article/us-crypto-currencies-quadriga/ canadian-cryptocurrency-firm-collapsed-due-to-ponzi-scheme-by-latefounder-regulator-says-idINKBN23I3AF?edition-redirect=in (archived at https://perma.cc/3KJN-YFKR)

2 Rushe, D (2019) Cryptocurrency investors locked out of $190m after exchange founder dies, *Guardian*, 4 February, https://www.theguardian.com/technology/2019/feb/04/quadrigacx-canadacryptocurrency-exchange-locked-gerald-cotten (archived at https://perma.cc/B3FW-Z9GH)

3 Rich, N (2019) Ponzi schemes, private yachts, and a missing $250 million in crypto: The strange tale of Quadriga, Vanity Fair, 22 November, https://www.vanityfair.com/news/2019/11/the-strange-tale-of-quadrigagerald-cotten (archived at https://perma.cc/K6C9-RWU2)

4 Rich, N (2019) Ponzi schemes, private yachts, and a missing $250 million in crypto: The strange tale of Quadriga, Vanity Fair, 22 November, https://www.vanityfair.com/news/2019/11/the-strangetale-of-quadriga-gerald-cotten (archived at https://perma.cc/K6C9-RWU2)

5 Rich, N (2019) Ponzi schemes, private yachts, and a missing $250 million in crypto: The strange tale of Quadriga, Vanity Fair, 22 November, https://www.vanityfair.com/news/2019/11/the-strange-tale-of-quadrigagerald-cotten (archived at https://perma.cc/K6C9-RWU2)

6 Castaldo, J (2019) Before Quadriga: How shady ventures in Gerald Cotten's youth led to the creation of his ill-fated cryptocurrency exchange, *The Globe and Mail*, 24 November, https://www.theglobeandmail.com/business/article-before-quadriga-how-shadyventures-in-gerald-cottens-youth-led-to/ (archived at https://perma.cc/U5DF-GNNP)

7 Rich, N (2019) Ponzi schemes, private yachts, and a missing $250 million in crypto: The strange tale of Quadriga, Vanity Fair, 22 November, https://www.vanityfair.com/news/2019/11/the-strangetale-of-quadriga-gerald-cotten (archived at https://perma.cc/K6C9-RWU2)

8 Castaldo, J (2019) Before Quadriga: How shady ventures in Gerald Cotten's youth led to the creation of his ill-fated cryptocurrency exchange, *The Globe and Mail*, 24 November, https://www.theglobeandmail.com/business/article-before-quadriga-how-shadyventures-in-gerald-cottens-youth-led-to/ (archived at https://perma.cc/U5DF-GNNP)

9 Vanderklippe, N (2019) How did Gerald Cotten die? A Quadriga mystery, from India to Canada and back, *The Globe and Mail*, 1 March, https://www.theglobeandmail.com/world/article-how-didgerald-cotten-die-a-quadriga-mystery-from-india-to-canada/ (archived at https://perma.cc/9Y39-H6EW)

10 BBC (2019) Quadriga: Lawyers for users of bankrupt crypto firm seek exhumation of founder 13 December, https://www.bbc.co.uk/news/world-us-canada-50751899 (archived at https://perma.cc/ W385-4B99)

11 Vanderklippe, N (2019) How did Gerald Cotten die? A Quadriga mystery, from India to Canada and back, *The Globe and Mail*, 1 March, https://www.theglobeandmail.com/world/article-how-didgerald-cotten-die-a-quadriga-mystery-from-india-to-canada/ (archived at https://perma.cc/9Y39-H6EW)

12 Beauregard, M (2019) Show us the money! Quadriga investors demand answers over Gerald Cotten's mystery death, *The Times*, 8 February, https://www.thetimes.co.uk/article/show-us-the-moneyquadriga-investors-demand-answers-over-gerald-cottens-mysterydeath-kzxk06z6m (archived at https://perma.cc/N3QB-HD6T)

13 Rich, N (2019) Ponzi schemes, private yachts, and a missing $250 million in crypto: The strange tale of Quadriga, Vanity Fair, 22 November, https:// www.vanityfair.com/news/2019/11/the-strange-tale-of-quadriga-geraldcotten (archived at https://perma.cc/K6C9-RWU2)

14 OSC (2020) *QuadrigaCX: A review by staff of the Ontario Securities Commission, Ontario Securities Commission*, 14 April, https://www.osc.gov.on.ca/quadrigacxreport/web/files/QuadrigaCX-A-Review-by-Staff-of-the-Ontario-Securities-Commission.pdf (archived at https://perma.cc/F92R-9FKN)

15 Moskvitch, K (2019) How a tragic death (and paranoia) wiped out £145m of crypto wealth, Wired, 6 February, https://www.wired.co.uk/ article/quadrigacx-cryptocurrency-exchange-canada (archived at https://perma.cc/6TUY-XNUR)

16 Webb, S (2019) 'It's like burning cash': QuadrigaCX's Gerald Cotten spoke about losing keys in 2014, Coin Rivet, 18 February,

https:// coinrivet.com/its-like-burning-cash-quadrigacxs-gerald-cotten-spokeabout-losing-keys-in-2014/ (archived at https://perma.cc/36DZ-GCJX)

17 Rich, N (2019) Ponzi schemes, private yachts, and a missing $250 million in crypto: The strange tale of Quadriga, Vanity Fair, 22 November, https:// www.vanityfair.com/news/2019/11/the-strange-tale-of-quadriga-geraldcotten (archived at https://perma.cc/K6C9-RWU2)

18 OSC (2020) *QuadrigaCX: A review by staff of the Ontario Securities Commission, Ontario Securities Commission*, 14 April, https://www. osc.gov.on.ca/quadrigacxreport/web/files/QuadrigaCX-A-Review-byStaff-of-the-Ontario-Securities-Commission.pdf (archived at https://perma.cc/F92R-9FKN)

19 De, N (2019) Mystery Man, Coin Desk, https://www.coindesk.com/ most-influential/2019/gerald-cotten (archived at https://perma.cc/3CR9-DERS)

20 De, N (2019) A big four audit firm lost $1 million in Bitcoin. Victims are losing patience, Coin Desk, 16 August, https://www.coindesk.com/a-big-four-audit-firm-lost-1-million-in-bitcoin-victims-are-losingpatience (archived at https://perma.cc/A8AY-Z64G)

21 Rich, N (2019) Ponzi schemes, private yachts, and a missing $250 million in crypto: The strange tale of Quadriga, Vanity Fair, 22 November, https://www.vanityfair.com/news/2019/11/the-strangetale-of-quadriga-gerald-cotten (archived at https://perma.cc/K6C9-RWU2)

22 Bloomberg (2019) After Singh brothers' alleged fraud, new Fortis CEO plans fixes, *The Economic Times*, 20 August, https://economictimes.indiatimes.com/industry/healthcare/biotech/ healthcare/after-singh-brothers-alleged-fraud-new-fortis-ceo-plansfixes/articleshow/70747663.cms?from=mdr (archived at https://perma.cc/WS3U-VS5M)

23 Murphy, M (2015) Revealed: London bank accounts could hold key dead crypto tycoons, *Telegraph*, 15 March, https://www.telegraph. co.uk/technology/2020/03/15/revealed-london-bank-accounts-couldhold-key-dead-crypto-tycoons/ (archived at https://perma.cc/LU2G-Q4EP)

24 Leeder, J (2019) A laptop, a sudden death and $180-million gone missing: Quadriga investors search for their cryptocurrency, *The Globe and Mail*, 7 February, https://www.theglobeandmail. com/business/article-nova-scotia-judge-plans-to-grant-stay-

ofproceedings-for-embattled/ (archived at https://perma.cc/ 4SJH-PKZJ)

25 Rich, N (2019) Ponzi schemes, private yachts, and a missing $250 million in crypto: The strange tale of Quadriga, Vanity Fair, 22 November, https://www.vanityfair.com/news/2019/11/the-strangetale-of-quadriga-gerald-cotten (archived at https://perma.cc/K6C9-RWU2)

26 Rich, N (2019) Ponzi schemes, private yachts, and a missing $250 million in crypto: The strange tale of Quadriga, Vanity Fair, 22 November, https://www.vanityfair.com/news/2019/11/the-strangetale-of-quadriga-gerald-cotten (archived at https://perma.cc/K6C9-RWU2)

27 Rich, N (2019) Ponzi schemes, private yachts, and a missing $250 million in crypto: The strange tale of Quadriga, Vanity Fair, 22 November, https://www.vanityfair.com/news/2019/11/the-strangetale-of-quadriga-gerald-cotten (archived at https://perma.cc/K6C9-RWU2)

28 Rich, N (2019) Ponzi schemes, private yachts, and a missing $250 million in crypto: The strange tale of Quadriga, Vanity Fair, 22 November, https://www.vanityfair.com/news/2019/11/the-strangetale-of-quadriga-gerald-cotten (archived at https://perma.cc/K6C9-RWU2)

29 Markay, L (2018) Feds seized a fortune from #Resistance icons accused of boosting online Ponzi schemes, The Daily Beast, May 22, https://www.thedailybeast.com/feds-seized-a-fortune-from-resistanceicons-accused-of-boosting-online-ponzi-schemes (archived at https://perma.cc/D7T8-EGNX)

30 Castaldo, J (2019) Before Quadriga: How shady ventures in Gerald Cotten's youth led to the creation of his ill-fated cryptocurrency exchange, *The Globe and Mail*, 24 November, https://www.theglobeandmail.com/business/article-before-quadriga-how-shadyventures-in-gerald-cottens-youth-led-to/ (archived at https://perma.cc/U5DF-GNNP)

31 Castaldo, J (2019) Before Quadriga: How shady ventures in Gerald Cotten's youth led to the creation of his ill-fated cryptocurrency exchange, *The Globe and Mail*, 24 November, https://www.theglobeandmail.com/business/article-before-quadriga-how-shadyventures-in-gerald-cottens-youth-led-to/ (archived at https://perma.cc/U5DF-GNNP)

32 Castaldo, J (2019) Before Quadriga: How shady ventures in Gerald Cotten's youth led to the creation of his ill-fated cryptocurrency

exchange, *The Globe and Mail*, 24 November, https://www.theglobeandmail.com/business/article-before-quadriga-how-shadyventures-in-gerald-cottens-youth-led-to/ (archived at https://perma.cc/U5DF-GNNP)

33 Castaldo, J (2019) Before Quadriga: How shady ventures in Gerald Cotten's youth led to the creation of his ill-fated cryptocurrency exchange, *The Globe and Mail*, 24 November, https://www.theglobeandmail.com/business/article-before-quadriga-how-shadyventures-in-gerald-cottens-youth-led-to/ (archived at https://perma.cc/U5DF-GNNP)

34 Castaldo, J (2019) Before Quadriga: How shady ventures in Gerald Cotten's youth led to the creation of his ill-fated cryptocurrency exchange, *The Globe and Mail*, 24 November, https://www.theglobeandmail.com/business/article-before-quadriga-how-shadyventures-in-gerald-cottens-youth-led-to/ (archived at https://perma.cc/U5DF-GNNP)

35 Alexander, D (2019) Criminal past haunts surviving founder of troubled crypto exchange, Bloomberg, 19 March, https://www.bloomberg.com/news/articles/2019-03-19/from-fraud-to-fintechquadriga-co-founder-s-past-crimes-emerge (archived at https://perma. cc/A9HD-8FDS)

36 Kumar, N (2013) Founders of 'PayPal for criminals' Liberty Reserve are charged with money laundering, *Independent*, 29 May, https://www.independent.co.uk/news/world/americas/founderspaypal-criminals-liberty-reserve-are-charged-money-laundering-8635248.html (archived at https://perma.cc/9TEQ-JU8S)

37 Castaldo, J (2019) Before Quadriga: How shady ventures in Gerald Cotten's youth led to the creation of his ill-fated cryptocurrency exchange, *The Globe and Mail*, 24 November, https://www.theglobeandmail.com/business/article-before-quadriga-how-shadyventures-in-gerald-cottens-youth-led-to/ (archived at https://perma.cc/U5DF-GNNP)

38 Castaldo, J (2019) Before Quadriga: How shady ventures in Gerald Cotten's youth led to the creation of his ill-fated cryptocurrency exchange, *The Globe and Mail*, 24 November, https://www.theglobeandmail.com/business/article-before-quadriga-how-shadyventures-in-gerald-cottens-youth-led-to/ (archived at https://perma.cc/U5DF-GNNP)

39 Dhanani, O (2019) TalkGold – the Ponzi forum where Quadriga's Patryn and Cotten first met, Amy Caster, 12 February, https://amycastor. com/tag/omar-dhanani/ (archived at https://perma.cc/ZVT4-UFLU) and Rich, N (2019) Ponzi schemes, private yachts, and a missing $250 million in crypto: The strange tale of Quadriga, Vanity Fair, 22 November, https://www.vanityfair.com/

news/2019/11/the-strange-taleof-quadriga-gerald-cotten (archived at https://perma.cc/K6C9-RWU2)

40 Rich, N (2019) Ponzi schemes, private yachts, and a missing $250 million in crypto: The strange tale of Quadriga, Vanity Fair, 22 November, https://www.vanityfair.com/news/2019/11/the-strangetale-of-quadriga-gerld-cotten (archived at https://perma.cc/K6C9-RWU2)

41 Rich, N (2019) Ponzi schemes, private yachts, and a missing $250 million in crypto: The strange tale of Quadriga, Vanity Fair, 22 November, https://www.vanityfair.com/news/2019/11/the-strangetale-of-quadriga-gerald-cotten (archived at https://perma.cc/K6C9-RWU2)

42 Posadzki, A (2019) Quadriga monitor's report offers strongest evidence yet of fraud, experts say, *The Globe and Mail*, 20 June, https://www.theglobeandmail.com/business/article-deceasedquadrigacx-ceo-gerald-cotten-moved-customer-funds-to-personal/ (archived at https://perma.cc/D6J5-TH4T)

43 Macdonald, M (2019) FBI reaching out to Quadriga users as it steps up investigation, *The Globe and Mail*, 4 June, https://www.theglobeandmail.com/business/article-fbi-reaching-out-to-quadrigausers-as-it-steps-up-investigation/ (archived at https://perma.cc/Q4N9-YTHN)

44 De, N (2020) QuadrigaCX users' law firm launches blockchain analytics investigation, Yahoo News, 8 September, https://uk.news.yahoo.com/quadrigacx-users-law-firm-launches-080104467. html?guccounter=1 (archived at https://perma.cc/X9K4-UH3Z)

45 Rich, N (2019) Ponzi schemes, private yachts, and a missing $250 million in crypto: The strange tale of Quadriga, Vanity Fair, 22 November, https:// www.vanityfair.com/news/2019/11/the-strange-tale-of-quadriga-geraldcotten (archived at https://perma.cc/K6C9-RWU2)

46 Rich, N (2019) Ponzi schemes, private yachts, and a missing $250 million in crypto: The strange tale of Quadriga, Vanity Fair, 22 November, https://www.vanityfair.com/news/2019/11/the-strangetale-of-quadriga-gerald-cotten (archived at https://perma.cc/K6C9-RWU2)

47 Rich, N (2019) Ponzi schemes, private yachts, and a missing $250 million in crypto: The strange tale of Quadriga, Vanity Fair, 22 November, https://www.vanityfair.com/news/2019/11/the-strangetale-of-quadriga-gerald-cotten (archived at https://perma.cc/K6C9-

RWU2)
48 OSC (2020) *QuadrigaCX: A review by staff of the Ontario Securities Commission, Ontario Securities Commission*, 14 April, https://www. osc.gov.on.ca/quadrigacxreport/web/files/QuadrigaCX-A-Review-byStaff-of-the-Ontario-Securities-Commission.pdf (archived at https:// perma.cc/F92R-9FKN)
49 Murphy, M (2015) Revealed: London bank accounts could hold key dead crypto tycoons, *Telegraph*, 15 March, https://www. telegraph.co. uk/technology/2020/03/15/revealed-london-bank-accounts-could-holdkey-dead-crypto-tycoons/ (archived at https:// perma.cc/LU2G-Q4EP)
50 Posadzki, A (2019) Quadriga monitor's report offers strongest evidence yet of fraud, experts say, *The Globe and Mail*, 20 June, https://www.theglobeandmail.com/business/article-deceasedquadrigacx-ceo-gerald-cotten-moved-customer-funds-to-personal/ (archived at https://perma.cc/D6J5-TH4T)
51 Hochstein, M and De, N (2019) QuadrigaCX CEO set up fake crypto exchange accounts with customer funds, Coindesk, 20 June, https://www. coindesk.com/quadrigacx-ceo-set-up-fake-crypto-exchange-accountswith-customer-funds (archived at https://perma. cc/B6MF-LFH5)
52 Rich, N (2019) Ponzi schemes, private yachts, and a missing $250 million in crypto: The strange tale of Quadriga, Vanity Fair, 22 November, https://www.vanityfair.com/news/2019/11/the-strangetale-of-quadriga-gerald-cotten (archived at https://perma.cc/K6C9-RWU2)
53 Beedham, M (2019) Report: QuadrigaCX CEO used fake trades to misappropriate users' cryptocurrency, TNW, 20 June, https:// thenextweb.com/hardfork/2019/06/20/quadrigacx-fraudulentcryptocurrency-exchange/ (archived at https://perma.cc/A7FF-BMDA)
54 Rich, N (2019) Ponzi schemes, private yachts, and a missing $250 million in crypto: The strange tale of Quadriga, Vanity Fair, 22 November, https://www.vanityfair.com/news/2019/11/the-strangetale-of-quadriga-gerald-cotten (archived at https://perma.cc/K6C9-RWU2)
55 Kimberley, D (2019) QuadrigaCX CEO made 67,000 trades with client funds, Finance Magnates, https://www.financemagnates. com/ cryptocurrency/exchange/quadrigacx-ceo-made-67000-trades-withclient-funds/ (archived at https://perma.cc/T47N-KB44)

56 Kimberley, D (2019) QuadrigaCX CEO made 67,000 trades with client funds, Finance Magnates, https://www.financemagnates.com/ cryptocurrency/exchange/quadrigacx-ceo-made-67000-trades-withclient-funds/ (archived at https://perma.cc/T47N-KB44)

57 OSC (2020) *QuadrigaCX: A review by staff of the Ontario Securities Commission, Ontario Securities Commission*, 14 April, https://www. osc.gov.on.ca/quadrigacxreport/web/files/QuadrigaCX-A-Review-byStaff-of-the-Ontario-Securities-Commission.pdf (archived at https://perma.cc/F92R-9FKN)

58 Rich, N (2019) Ponzi schemes, private yachts, and a missing $250 million in crypto: The strange tale of Quadriga, Vanity Fair, 22 November, https://www.vanityfair.com/news/2019/11/the-strangetale-of-quadriga-gerald-cotten (archived at https://perma.cc/K6C9-RWU2)

59 Castaldo, J (2019) Before Quadriga: How shady ventures in Gerald Cotten's youth led to the creation of his ill-fated cryptocurrency exchange, *The Globe and Mail*, 24 November, https://www.theglobeandmail.com/business/article-before-quadriga-how-shadyventures-in-gerald-cottens-youth-led-to/ (archived at https://perma.cc/U5DF-GNNP)

60 Castaldo, J (2019) Before Quadriga: How shady ventures in Gerald Cotten's youth led to the creation of his ill-fated cryptocurrency exchange, *The Globe and Mail*, 24 November, https://www.theglobeandmail.com/business/article-before-quadriga-how-shadyventures-in-gerald-cottens-youth-led-to/ (archived at https://perma.cc/U5DF-GNNP)

61 Rich, N (2019) Ponzi schemes, private yachts, and a missing $250 million in crypto: The strange tale of Quadriga, Vanity Fair, 22 November, https://www.vanityfair.com/news/2019/11/the-strangetale-of-quadriga-gerald-cotten (archived at https://perma.cc/K6C9-RWU2)

62 Vanderklippe, N (2019) How did Gerald Cotten die? A Quadriga mystery, from India to Canada and back, *The Globe and Mail*, 1 March, https://www.theglobeandmail.com/world/article-how-didgerald-cotten-die-a-quadriga-mystery-from-india-to-canada/ (archived at https://perma.cc/9Y39-H6EW)

63 BBC (2019) Quadriga: Lawyers for users of bankrupt crypto firm seek exhumation of founder, BBC, 13 December, https://www. bbc. com/news/world-us-canada-50751899 (archived at https://perma. cc/4NTL-ULWC)

64 OSC (2020) *QuadrigaCX: A review by staff of the Ontario Securities Commission, Ontario Securities Commission*, 14 April,

https://www. osc.gov.on.ca/quadrigacxreport/web/files/QuadrigaCX-A-Review-byStaff-of-the-Ontario-Securities-Commission.pdf (archived at https://perma.cc/F92R-9FKN)

65 OSC (2020) *QuadrigaCX: A review by staff of the Ontario Securities Commission, Ontario Securities Commission*, 14 April, https://www. osc.gov.on.ca/quadrigacxreport/web/files/QuadrigaCX-A-Review-byStaff-of-the-Ontario-Securities-Commission.pdf (archived at https://perma.cc/F92R-9FKN)

66 OSC (2020) *QuadrigaCX: A review by staff of the Ontario Securities Commission, Ontario Securities Commission*, 14 April, https://www. osc.gov.on.ca/quadrigacxreport/web/files/QuadrigaCX-A-Review-byStaff-of-the-Ontario-Securities-Commission.pdf (archived at https://perma.cc/F92R-9FKN)

第七章

1 Gibbs, S (2017) Head of Mt. Gox Bitcoin exchange on trial for embezzlement and loss of millions, *Guardian*, 11 July, https:// www. theguardian.com/technology/2017/jul/11/gox-bitcoin-exchange-markkarpeles-on-trial-japan-embezzlement-loss-of-millions (archived at https://perma.cc/5QGM-JS44)

2 Cook, J (2018) The CEO of Bitcoin exchange Mt. Gox described what it was like to discover he had been hacked: 'It felt like I was about to die', Business Insider, 7 March, https://www.businessinsider. com/mt-gox-ceo-mark-karpeles-hacked-i-was-about-to-die-2018-3?r=US&IR=T (archived at https://perma.cc/AW6Q-CARE)

3 McMillan, M (2014) The inside story of Mt. Gox, Bitcoin's $460 million disaster, Wired, 3 March, https://www.wired.com/2014/03/ bitcoin-exchange/ (archived at https://perma.cc/KSV2-QJ58)

4 Hajdarbegovic, N (2014) Mt. Gox founder claims he lost $50k in exchange's collapse, Coindesk, 2 May, https://www.coindesk.com/ mt-gox-founder-claims-lost-50000-exchanges-collapse (archived at https://perma.cc/JVV8-LQ87)

5 Beedham, M (2019) A brief history of Mt. Gox, the $3B Bitcoin tragedy that just won't end, TNW, 9 December, https://thenextweb. com/ hardfork/2019/03/14/a-brief-history-of-mt-gox-the-3b-bitcoin-tragedythat-just-wont-end/ (archived at https://perma.cc/G9YS-UZR5)

6 McMillan, M (2014) The inside story of Mt. Gox, Bitcoin's $460 million disaster, Wired, 3 March, https://www.wired.com/2014/03/bitcoin-exchange/ (archived at https://perma.cc/KSV2-QJ58)

7 Magazine, B (2020) Infographic: An overview of compromised Bitcoin exchange events, Merian Ventures, 24 February, https://www. merianventures.com/perspectives/infographic-an-overview-ofcompromised-bitcoin-exchange-events (archived at https://perma.cc/N28G-QLLA)

8 Magazine, B (2020) Infographic: An overview of compromised Bitcoin exchange events, Merian Ventures, 24 February, https://www. merianventures.com/perspectives/infographic-an-overview-ofcompromised-bitcoin-exchange-events (archived at https://perma.cc/N28G-QLLA)

9 Schwartz, M (2014) Mt. Gox Bitcoin meltdown: What went wrong, Darkreading, 3 March, https://www.darkreading.com/attacks-andbreaches/mt-gox-bitcoin-meltdown-what-went-wrong/d/d-id/1114091 (archived at https://perma.cc/Q88V-6R7L) and Cybereason (nd) The fall of Mt. Gox: Part 1, https://malicious.life/episode/ep-40-the-fall-ofmt-gox-part-1/ (archived at https://perma.cc/DL3C-9SZC)

10 Cybereason (nd) The fall of Mt. Gox: Part 1, https://malicious.life/ episode/ep-40-the-fall-of-mt-gox-part-1/ (archived at https://perma.cc/DL3C-9SZC)

11 Sedgwick, K (2019) Bitcoin history part 17: That time Mt. Gox destroyed 2,609 BTC, Bitcoin.com, 20 September, https://news.bitcoin.com/bitcoin-history-part-17-that-time-mt-gox-destroyed-2609-btc/ (archived at https://perma.cc/BGB6-9J8Q)

12 Smolaks, M (2013) CoinLab sues Mt. Gox Bitcoin exchange for $75 million, Silicon, 3 May, https://www.silicon.co.uk/workspace/coinlab-sues-mt-gox-bitcoin-exchange-for-75-million-115238?cmpredirect (archived at https://perma.cc/ TL8E-7DN8)

13 Dillet, R (2013) Feds seize another $2.1 million from Mt. Gox, adding up to $5 million. TC, 23 August, https://techcrunch.com/2013/08/23/feds-seize-another-2-1-million-from-mt-gox-addingup-to-5-million/ (archived at https://perma.cc/2GZ6-Y8SG)

14 Associated Press (2017) Mt. Gox CEO facing trial in Japan as Bitcoin gains traction, Business Insider, 10 July, https://www.businessinsider. com/ap-mt-gox-ceo-facing-trial-in-japan-as-bitcoin-gains-traction2017-7?r=US&IR=T (archived at https://perma.cc/ U3N5-D8XK)

15 AGP Law Firm/AG Paphitis & Co LLC (2019) Cyprus: Defending reputation is priceless… €38 million compensation for our clients Mayzus being the victims of BTC-E, Mondaq, 30 October, https://www.mondaq.com/cyprus/white-collar-crime-anti-corruptionfraud/858376/defending-reputation-is-priceless-38-millioncompensation-for-our-clients-mayzus-being-the-victims-of-btc-e (archived at https://perma.cc/G9EX-DTLG)

16 Wong, J (2014) 68 per cent of Mt. Gox users still awaiting their funds, survey reveals, Coindesk, 25 July, https://www.coindesk.com/ mt-gox-users-awaiting-funds-survey-reveals (archived at https://perma.cc/U7CC-T728)

17 BBC (2014) MtGox gives bankruptcy details, BBC, 4 March, https://www.bbc.co.uk/news/technology-26420932 (archived at https://perma.cc/BTC4-K3C6)

18 Hornyak, T (2014) FAQ: What happened to Mt. Gox, Computerworld, 6 March, https://www.computerworld.com/article/2488322/faq--whathappened-to-mt--gox.html (archived at https://perma.cc/BX7D-W65Q)

19 Nilsson, K (2020) The 80,000 stolen MtGox Bitcoins, Wizsec, 19 June, https://blog.wizsec.jp/2020/06/mtgox-march-2011-theft.html (archived at https://perma.cc/NC2U-JHGA)

20 Tuwiner, J (2020) What was the Mt. Gox hack? Buy Bitcoin Worldwide, 22 March, https://www.buybitcoinworldwide.com/ mt-gox-hack/ (archived at https://perma.cc/WF49-YGKS)

21 Wieczner, J (2018) Mt. Gox and the surprising redemption of Bitcoin's biggest villain, Fortune, 19 April, https://fortune.com/longform/bitcoinmt-gox-hack-karpeles/ (archived at https://perma.cc/KC6D-4F8C)

22 Byford, S (2014) 'Mt. Gox, where is our money?' The Verge, 19 February, https://www.theverge.com/2014/2/19/5425220/protestat-mt-gox-bitcoin-exchange-in-tokyo (archived at https://perma. cc/9BKW-DPE2)

23 Wieczner, J (2018) Mt. Gox and the surprising redemption of Bitcoin's biggest villain, Fortune, 19 April, https://fortune.com/longform/bitcoin-mt-gox-hack-karpeles/ (archived at https://perma.cc/KC6D-4F8C)

24 Wieczner, J (2018) Mt. Gox and the surprising redemption of Bitcoin's biggest villain, Fortune, 19 April, https://fortune.com/longform/bitcoin-mt-gox-hack-karpeles/ (archived at https://perma.cc/KC6D-4F8C)

25 Wieczner, J (2018) Mt. Gox and the surprising redemption of Bitcoin's biggest villain, Fortune, 19 April, https://fortune.com/

longform/bitcoin-mt-gox-hack-karpeles/ (archived at https://perma.cc/KC6D-4F8C)

26 Wieczner, J (2018) Mt. Gox and the surprising redemption of Bitcoin's biggest villain, Fortune, 19 April, https://fortune.com/longform/bitcoin-mt-gox-hack-karpeles/ (archived at https://perma.cc/KC6D-4F8C)

27 Nilsson, K (2015) The missing MtGox Bitcoins, Wizsec, 19 April, https://blog.wizsec.jp/2015/04/the-missing-mtgox-bitcoins.html (archived at https://perma.cc/8AES-XM9U)

28 Nilsson, K (2017) Breaking open the MtGox case, part 1, Wizsec, 27 July, https://blog.wizsec.jp/2017/07/breaking-open-mtgox-1.html (archived at https://perma.cc/P4RH-VZRZ)

29 Wieczner, J (2018) Mt. Gox and the surprising redemption of Bitcoin's biggest villain, Fortune, 19 April, https://fortune.com/longform/bitcoin-mt-gox-hack-karpeles/ (archived at https://perma.cc/KC6D-4F8C)

30 Patterson, J (2017) Recently arrested, Alexander Vinnik suspected of ties to MtGox theft, Finance Magnates, 26 July, https://www.financemagnates.com/cryptocurrency/news/recently-arrestedalexander-vinnik-suspected-ties-mtgox-theft/ (archived at https://perma.cc/4EF9-GJUY)

31 Patterson, J (2017) Recently arrested, Alexander Vinnik suspected of ties to MtGox theft, Finance Magnates, 26 July, https://www.financemagnates.com/cryptocurrency/news/recently-arrestedalexander-vinnik-suspected-ties-mtgox-theft/ (archived at https://perma.cc/4EF9-GJUY)

32 Brandom, R (2017) Why the feds took down one of Bitcoin's largest exchanges, The Verge, 29 July, https://www.theverge.com/2017/7/29/16060344/btce-bitcoin-exchange-takedown-mt-goxtheft-law-enforcement (archived at https://perma.cc/ WC2R-XYBF)

33 Wieczner, J (2018) Mt. Gox and the surprising redemption of Bitcoin's biggest villain, Fortune, 19 April, https://fortune.com/longform/bitcoin-mt-gox-hack-karpeles/ (archived at https://perma.cc/KC6D-4F8C)

34 Wieczner, J (2018) Mt. Gox and the surprising redemption of Bitcoin's biggest villain, Fortune, 19 April, https://fortune.com/longform/bitcoin-mt-gox-hack-karpeles/ (archived at https://perma.cc/KC6D-4F8C)

35 Baydakova, A (2020) BTC-e operator Vinnik sentenced to 5 years in prison on money laundering charges, Coindesk, 7 December,

https://www.coindesk.com/btc-e-operator-vinnik-sentenced-to-5years-in-prison-on-money-laundering-charges (archived at https://perma.cc/U3AQ-T9TB)

36 The Willy Report (2014) The Willy Report: Proof of massive fraudulent trading activity at Mt. Gox, and how it has affected the price of Bitcoin, 25 May, https://willyreport.wordpress.com/2014/05/25/the-willy-report-proof-of-massive-fraudulenttrading-activity-at-mt-gox-and-how-it-has-affected-the-price-ofbitcoin/ (archived at https://perma.cc/KPZ2-PMBC)

37 The Willy Report (2014) The Willy Report: Proof of massive fraudulent trading activity at Mt. Gox, and how it has affected the price of Bitcoin, 25 May, https://willyreport.wordpress.com/2014/05/25/the-willy-report-proof-of-massive-fraudulenttrading-activity-at-mt-gox-and-how-it-has-affected-the-price-ofbitcoin/ (archived at https://perma.cc/KPZ2-PMBC)

38 Floyd, D (2019) Fraudulent trading drove Bitcoin's $150-to-S1,000 rise in 2013: Paper, Investopedia, 25 June, https://www. investopedia. com/news/bots-drove-bitcoins-150to1000-rise-2013-paper/ (archived at https://perma.cc/WM6Z-MG99)

39 Floyd, D (2019) Fraudulent trading drove Bitcoin's $150-to-S1,000 rise in 2013: Paper, Investopedia, 25 June, https://www. investopedia. com/news/bots-drove-bitcoins-150to1000-rise-2013-paper/ (archived at https://perma.cc/WM6Z-MG99)

40 Floyd, D (2019) Fraudulent trading drove Bitcoin's $150-to-S1,000 rise in 2013: Paper, Investopedia, 25 June, https://www. investopedia. com/news/bots-drove-bitcoins-150to1000-rise-2013-paper/ (archived at https://perma.cc/WM6Z-MG99)

41 Leising, M (2021) Trillian dollar Mt. Gox demise as told by a Bitcoin insider, Bloomberg, 31 January, https://www.bloomberg.com/news/ articles/2021-01-31/-trillion-dollar-mt-gox-demise-as-told-by-abitcoin-insider (archived at https://perma.cc/MWR8-GHNU)

42 Wieczner, J (2018) Mt. Gox and the surprising redemption of Bitcoin's biggest villain, Fortune, 19 April, https://fortune.com/longform/bitcoin-mt-gox-hack-karpeles/ (archived at https://perma.cc/KC6D-4F8C)

43 Pick, L (2015) Report: Karpeles rearrested again, allegedly spent Bitcoins on prostitutes, Finance Magnates, 2 November, https://www. financemagnates.com/cryptocurrency/news/report-karpeles-rearrestedagain-allegedly-spent-bitcoins-on-prostitutes/ (archived at https://perma.cc/NS97-VEXY)

44 Moon, M (2019) Mt. Gox CEO Mark Karpeles cleared of embezzlement, Engadget, 15 March, https://www.engadget.com/2019-03-15-mt-gox-ceo-mark-karpeles-cleared-embezzlement.html (archived at https://perma.cc/7Z5T-KZNX)

45 Leising, M (2021) Trillian dollar Mt. Gox demise as told by a Bitcoin insider, Bloomberg, 31 January, https://www.bloomberg.com/news/ articles/2021-01-31/-trillion-dollar-mt-gox-demise-as-told-by-abitcoin-insider (archived at https://perma.cc/MWR8-GHNU)

46 Moneyweek (2015) Mark Karpeles: The rise and fall of the cat-loving Baron of Bitcoin, Moneyweek, 12 August, https://moneyweek.com/403576/profile-of-mark-karpeles (archived at https://perma.cc/ SL8J-Q3CD)

47 Moneyweek (2015) Mark Karpeles: The rise and fall of the cat-loving Baron of Bitcoin, Moneyweek, 12 August, https://moneyweek.com/403576/profile-of-mark-karpeles (archived at https://perma.cc/ SL8J-Q3CD)

48 Dent, S (2021) Mt. Gox exchange users may finally get to recover some of their lost Bitcoin, Engadget, 18 January, https://www.engadget.com/mt-gox-bitcoin-users-recovery-153025831.html (archived at https://perma.cc/JHQ6-3MFN)

第八章

1 US Department of Justice (2019) Three men arrested in $722 million cryptocurrency fraud scheme, US Department of Justice, 10 December, https://www.justice.gov/usao-nj/pr/three-men-arrested-722-millioncryptocurrency-fraud-scheme (archived at https://perma.cc/8FTJ-KX49)

2 Morelli, B (2018) 50 states in 42 days: Baby Liberty becomes the youngest to travel the US, The Gazette, 7 December, https://www. thegazette.com/50-states-in-42-days-baby-liberty-becomes-theyoungest-to-travel-the-us-20181207 (archived at https://perma.cc/2Z6V-B6FY)

3 Instagram (nd) I'm the youngest person to visit all 50 states. I did it in 42 days at 43 days old! I've been to 45 countries and 4 continents. These are my adventures, Instagram, https://www.instagram.com/ liberty.weeks/ (archived at https://perma.cc/AA36-BWKC)

4 Morelli, B (2018) 50 states in 42 days: Baby Liberty becomes the youngest to travel the US, The Gazette, 7 December, https://www. thegazette.com/50-states-in-42-days-baby-liberty-becomes-theyoungest-to-travel-the-us-20181207 (archived at https://perma.cc/2Z6V-B6FY)

5 Morelli, B (2018) 50 states in 42 days: Baby Liberty becomes the youngest to travel the US, The Gazette, 7 December, https://

www. thegazette.com/50-states-in-42-days-baby-liberty-becomes-theyoungest-to-travel-the-us-20181207 (archived at https://perma.cc/2Z6V-B6FY)

6 Guthrie, A (2019) Anarchy, Bitcoin, and murder in Acapulco, Wired, 1 March, https://www.wired.com/story/anarchy-bitcoin-and-murderin-mexico/ (archived at https://perma.cc/BB9L-2KAY)

7 Prendergast, A (2018) The rise and fall of a Bitcoin mining scheme that was 'too big to fail', Westword, 18 February, https://www.westword.com/news/bitclub-network-was-too-big-to-fail-but-costinvestors-722-million-11642618 (archived at https://perma.cc/68E2-8A2N)

8 Prendergast, A (2018) The rise and fall of a Bitcoin mining scheme that was 'too big to fail', Westword, 18 February, https://www.westword.com/news/bitclub-network-was-too-big-to-fail-but-costinvestors-722-million-11642618 (archived at https://perma.cc/68E2-8A2N)

9 Weill, K (2019) 'It needs to look real': The Bitcoin scam that took buyers for a $722 million ride, The Daily Beast, 16 December, https:// www.thedailybeast.com/bitclub-network-and-the-bitcoin-scam-thattook-buyers-for-a-billion-dollar-ride (archived at https://perma. cc/8LA9-CWM2)

10 Prendergast, A (2018) The rise and fall of a Bitcoin mining scheme that was 'too big to fail', Westword, 18 February, https://www.westword.com/news/bitclub-network-was-too-big-to-fail-but-costinvestors-722-million-11642618 (archived at https://perma.cc/68E2-8A2N)

11 Nikolova, M (2020) Programmer admits helping create cryptocurrency scam BitClub Network, Finance Feeds, 10 July, https://financefeeds.com/programmer-admits-helping-createcryptocurrency-scam-bitclub-network/ (archived at https://perma.cc/ M273-XP93)

12 Prendergast, A (2018) The rise and fall of a Bitcoin mining scheme that was 'too big to fail', Westword, 18 February, https://www.westword.com/news/bitclub-network-was-too-big-to-fail-but-costinvestors-722-million-11642618 (archived at https://perma.cc/68E2-8A2N)

13 Prendergast, A (2018) The rise and fall of a Bitcoin mining scheme that was 'too big to fail', Westword, 18 February, https://www.

westword.com/news/bitclub-network-was-too-big-to-fail-but-costinvestors-722-million-11642618 (archived at https://perma.cc/68E2-8A2N)

14 Barber, G (2019) This alleged bitcoin scam looked a lot like a pyramid scheme, Wired, 10 December, https://www.wired.com/story/alleged-bitcoin-scam-like-pyramid-scheme/ (archived at https://perma.cc/GSR6-56MP)

15 Barber, G (2019) This alleged bitcoin scam looked a lot like a pyramid scheme, Wired, 10 December, https://www.wired.com/story/alleged-bitcoin-scam-like-pyramid-scheme/ (archived at https://perma.cc/GSR6-56MP)

16 Levenson, M (2019) 5 charged in New Jersey in $722 million cryptocurrency Ponzi scheme, *The New York Times*, 11 December, https://www.nytimes.com/2019/12/11/us/cryptocurrency-ponzischeme-nj.html (archived at https://perma.cc/YJ9A-AZPB)

17 United States Attorneys Office District of New Jersey (2019) Three men arrested in $722 million cryptocurrency fraud scheme, United States Department of Justice, 10 December, https://www.justice.gov/ usao-nj/pr/three-men-arrested-722-million-cryptocurrency-fraudscheme (archived at https://perma.cc/8FTJ-KX49)

18 Prendergast, A (2018) The rise and fall of a Bitcoin mining scheme that was 'too big to fail', Westword, 18 February, https://www.westword.com/news/bitclub-network-was-too-big-to-fail-but-costinvestors-722-million-11642618 (archived at https://perma.cc/68E2-8A2N)

19 Prendergast, A (2018) The rise and fall of a Bitcoin mining scheme that was 'too big to fail', Westword, 18 February, https://www.westword. com/news/bitclub-network-was-too-big-to-fail-but-cost-investors-722million-11642618 (archived at https://perma.cc/68E2- 8A2N)

20 Prendergast, A (2018) The rise and fall of a Bitcoin mining scheme that was 'too big to fail', Westword, 18 February, https://www.westword.com/news/bitclub-network-was-too-big-to-fail-but-costinvestors-722-million-11642618 (archived at https://perma.cc/68E2-8A2N)

21 Nikolova, M (2020) Programmer admits helping create cryptocurrency scam BitClub Network, Finance Feeds, 10 July, https://financefeeds.com/programmer-admits-helping-createcryptocurrency-scam-bitclub-network/ (archived at https://perma.cc/ M273-XP93)

22 Prendergast, A (2018) The rise and fall of a Bitcoin mining scheme that was 'too big to fail', Westword, 18 February, https://www.westword.com/news/bitclub-network-was-too-big-to-fail-but-costinvestors-722-million-11642618 (archived at https://perma.cc/68E2-8A2N)

23 Prendergast, A (2018) The rise and fall of a Bitcoin mining scheme that was 'too big to fail', Westword, 18 February, https://www.westword.com/news/bitclub-network-was-too-big-to-fail-but-costinvestors-722-million-11642618 (archived at https://perma.cc/68E2-8A2N)

24 Levenson, M (2019) 5 charged in New Jersey in $722 million cryptocurrency Ponzi scheme, *The New York Times*, 11 December, https://www.nytimes.com/2019/12/11/us/cryptocurrency-ponzischeme-nj.html (archived at https://perma.cc/YJ9A-AZPB)

25 Bitcoin Revolution Philippines (2019) Joe Abel is no longer in BitClub find out why, Bitcoin Revolution Philippines, 1 June, https://www. youtube.com/watch?v=_0WnJOyvzxQ&t=3s (archived at https://perma. cc/RS5K-NZV3)

26 Prendergast, A (2018) The rise and fall of a Bitcoin mining scheme that was 'too big to fail', Westword, 18 February, https://www.westword.com/news/bitclub-network-was-too-big-to-fail-but-costinvestors-722-million-11642618 (archived at https://perma.cc/68E2-8A2N)

27 Prendergast, A (2018) The rise and fall of a Bitcoin mining scheme that was 'too big to fail', Westword, 18 February, https://www.westword. com/news/bitclub-network-was-too-big-to-fail-but-cost-investors-722million-11642618 (archived at https://perma.cc/68E2-8A2N)

28 Network, B (2020) BitClub Network scammers plead not guilty, Weeks wants out, Behind MLM, 17 January, https://behindmlm.com/ mlm/regulation/bitclub-network-scammers-plead-not-guilty-weekswant-out/ (archived at https://perma.cc/C8DR-2GFA)

29 Levenson, M (2019) 5 charged in New Jersey in $722 million cryptocurrency Ponzi scheme, *The New York Times*, 11 December, https://www.nytimes.com/2019/12/11/us/cryptocurrency-ponzischeme-nj.html (archived at https://perma.cc/YJ9A-AZPB)

30 Prendergast, A (2018) The rise and fall of a Bitcoin mining scheme that was 'too big to fail', Westword, 18 February, https://www.westword.com/news/bitclub-network-was-too-big-to-fail-but-costinvestors-722-million-11642618 (archived at https://perma.cc/68E2-8A2N)

31 United States Attorneys Office District of New Jersey (2019) Three men arrested in $722 million cryptocurrency fraud scheme, United States Department of Justice, 10 December, https://www.justice.gov/ usao-nj/pr/three-men-arrested-722-million-cryptocurrency-fraudscheme (archived at https://perma.cc/8FTJ-KX49)

第九章

1 Barkham, P (2012) John McAfee: 'I don't see myself as paranoid', *Guardian*, 20 November, https://www.theguardian.com/world/2012/nov/20/john-mcafee-dont-see-myself-as-paranoid (archived at https:// perma.cc/X7V5-5V6P)

2 Bates, D (2013) Exclusive: Meet the harem of seven women who lived with fugitive software tycoon John McAfee before he fled Belize, Mail Online, 14 January, https://www.dailymail.co.uk/news/article-2262413/ John-McAfee-Meet-SEVEN-women-lived-eccentric-software-tycoonfled-Belize.html (archived at https://perma.cc/4992-XSW2)

3 Althaus, D (2012) Girls, guns and yoga: John McAfee's odd life in 'pirate haven', Reuters, 16 November, https://uk.reuters.com/article/ belize-mcafee-murder-yoga/girls-guns-and-yoga-john-mcafees-oddlife-in-pirate-haven-idINDEE8AF03B20121116 (archived at https://perma.cc/6RDF-YV49)

4 Wise, J (2018) 'My power to demolish is ten times greater than my power to promote': How John McAfee became the spokesman for the crypto bubble, New York, 17 December, https://nymag.com/ intelligencer/2018/12/bath-salts-to-bitcoin-john-mcafees-bizarrecrypto-hustle.html (archived at https://perma.cc/6FXZ-Y3NL)

5 Barkham, P (2012) John McAfee: 'I don't see myself as paranoid', *Guardian*, 20 November, https://www.theguardian.com/world/2012/ nov/20/john-mcafee-dont-see-myself-as-paranoid (archived at https://perma.cc/X7V5-5V6P)

6 Rodrick, S (2015) John McAfee: The prophet of paranoia, Men's Journal, 9 September, https://www.mensjournal.com/features/the-prophet-ofparanoia-20150909/ (archived at https://perma.cc/SX8T-RYQS)

7 Yahoo (2017) John McAfee's lab in Belize raided on suspicions he was making meth, Yahoo, 13 May, https://news.yahoo.com/ johnmcafees-lab-belize-raided-011637364.html (archived at https://perma.cc/J8Y4-SVQG)

8 Musil, S (2012) Fugitive John McAfee arrested by police in Guatemala, Cnet, 5 December, https://www.cnet.com/news/fugitivejohn-

mcafee-arrested-by-police-in-guatemala/ (archived at https://perma.cc/4AGU-DYWG)

9 Honan, M (2012) How trusting in vice led to John McAfee's downfall, Wired, 12 June, https://www.wired.com/2012/12/how-vicegot-john-mcafee-caught/ (archived at https://perma.cc/R5FZ-64RM)

10 Zarrella, J (2012) John McAfee says he faked heart attack to avoid deportation to Belize, CNN, 13 December, https://edition.cnn.com/2012/12/13/justice/florida-john-mcafee/index.html (archived at https://perma.cc/6WRH-L4MC)

11 Griffith, K (2017) 'It was magical': Wife of eccentric cybersecurity millionaire John McAfee opens up about their first meeting – when he hired her as a prostitute while on the run from murder accusations, Mail Online, 12 May, https://www.dailymail.co.uk/news/ article-4500686/John-McAfee-s-wife-opens-life-prostitute.html (archived at https://perma.cc/P6ZZ-6CY6)

12 White, D (2019) Fugitive anti-virus guru John McAfee, 73, arrested with cache of firearms in the Dominican Republic while fleeing rape and murder allegations, *The Sun*, 26 July, https://www.thesun.co.uk/ news/9571247/fugitive-anti-virus-guru-john-mcafee-arrested-cachefirearms-dominican-republic/ (archived at https://perma.cc/4JSA-FMB5)

13 Wise, J (2018) 'My power to demolish is ten times greater than my power to promote': How John McAfee became the spokesman for the crypto bubble, New York, 17 December, https://nymag.com/ intelligencer/2018/12/bath-salts-to-bitcoin-john-mcafees-bizarrecrypto-hustle.html (archived at https://perma.cc/6FXZ-Y3NL)

14 Wise, J (2018) 'My power to demolish is ten times greater than my power to promote': How John McAfee became the spokesman for the crypto bubble, New York, 17 December, https://nymag.com/ intelligencer/2018/12/bath-salts-to-bitcoin-john-mcafees-bizarrecrypto-hustle.html (archived at https://perma.cc/6FXZ-Y3NL)

15 SEC (2020) Case 1:18-cv-08175-ER document 233, SEC, 16 March, https://www.sec.gov/litigation/complaints/2020/comp24771.pdf (archived at https://perma.cc/5ABT-TCHU)

16 Wise, J (2018) 'My power to demolish is ten times greater than my power to promote': How John McAfee became the spokesman for the crypto bubble, New York, 17 December, https://nymag.com/ intelligencer/2018/12/bath-salts-to-bitcoin-john-mcafees-bizarrecrypto-hustle.html (archived at https://perma.cc/6FXZ-Y3NL)

17 Bryan, B (2016) John McAfee's mysterious new company is the hottest stock in America right now, Yahoo Finance, 18 May, https://

finance.yahoo.com/news/john-mcafees-mysterious-companymost-183103324.html (archived at https://perma.cc/8X2V-VFFE)

18 Wise, J (2018) 'My power to demolish is ten times greater than my power to promote': How John McAfee became the spokesman for the crypto bubble, New York, 17 December, https://nymag.com/ intelligencer/2018/12/bath-salts-to-bitcoin-john-mcafees-bizarrecrypto-hustle.html (archived at https://perma.cc/6FXZ-Y3NL)

19 Wise, J (2018) 'My power to demolish is ten times greater than my power to promote': How John McAfee became the spokesman for the crypto bubble, New York, 17 December, https://nymag.com/ intelligencer/2018/12/bath-salts-to-bitcoin-john-mcafees-bizarrecrypto-hustle.html (archived at https://perma.cc/6FXZ-Y3NL)

20 Wise, J (2018) 'My power to demolish is ten times greater than my power to promote': How John McAfee became the spokesman for the crypto bubble, New York, 17 December, https://nymag.com/ intelligencer/2018/12/bath-salts-to-bitcoin-john-mcafees-bizarrecrypto-hustle.html (archived at https://perma.cc/6FXZ-Y3NL)

21 Wise, J (2018) 'My power to demolish is ten times greater than my power to promote': How John McAfee became the spokesman for the crypto bubble, New York, 17 December, https://nymag.com/ intelligencer/2018/12/bath-salts-to-bitcoin-john-mcafees-bizarrecrypto-hustle.html (archived at https://perma.cc/6FXZ-Y3NL)

22 McAfee, J (2017) Bitcoin bouncing back fast from it technical correction, Twitter, 17 July, https://twitter.com/officialmcafee/status/887024683379544065?lang=en (archived at https://perma.cc/HP9V-48WG)

23 Canellis, D (2019) [Best of 2019] Find out how long until John McAfee must eat his own dick (cos Bitcoin), TNW, 17 July, https://thenextweb. com/hardfork/2019/07/17/john-mcafee-bitcoin-bet-million-dick-eattwitter-cryptocurrency/ (archived at https://perma.cc/MJ7L-WNHK)

24 Wise, J (2018) 'My power to demolish is ten times greater than my power to promote': How John McAfee became the spokesman for the crypto bubble, New York, 17 December, https://nymag.com/ intelligencer/2018/12/bath-salts-to-bitcoin-john-mcafees-bizarrecrypto-hustle.html (archived at https://perma.cc/6FXZ-Y3NL)

25 Wise, J (2018) 'My power to demolish is ten times greater than my power to promote': How John McAfee became the spokesman for the crypto bubble, New York, 17 December, https://nymag.com/ intelligencer/2018/12/bath-salts-to-bitcoin-john-mcafees-

bizarrecrypto-hustle.html (archived at https://perma.cc/6FXZ-Y3NL)

26 Stead, C (2018) Verge cryptocurrency reportedly blackmailed by John McAfee ahead of Wraith launch, Finder, 1 January, https://www. finder.com.au/verge-mcafee-blackmail (archived at https://perma.cc/ N2K9-R926)

27 Stead, C (2018) Verge cryptocurrency reportedly blackmailed by John McAfee ahead of Wraith launch, Finder, 1 January, https://www. finder.com.au/verge-mcafee-blackmail (archived at https://perma.cc/ N2K9-R926)

28 Pearson, J (2018) John McAfee appears to move cryptocurrency markets with a single tweet, Vice, 1 October, https://www.vice.com/ en/article/9knnpz/john-mcafee-twitter-coin-of-the-day-cryptocurrencymarkets (archived at https://perma.cc/W9XK-4GJW)

29 McAfee, J (2017) Since there are over 100 new ICOs each week, and since you cannot pump and dump them (longer term investment) it makes no sense to do only one per week. Many of them are gems. I will do at least three per week on a random basis, Twitter, 4 January, https://twitter.com/officialmcafee/status/948684154174099461?lang=en (archived at https://perma.cc/FG6F-MG4D)

30 Liao, S (2018) John McAfee reveals he charges $105,000 per promotional cryptocurrency tweet, The Verge, 2 April, https://www.theverge.com/2018/4/2/17189880/john-mcafee-bitcoin-cryptocurrencytwitter-ico (archived at https://perma.cc/9QYP-QDZF)

31 US Securities and Exchange Commission (2020) SEC charges John McAfee With fraudulently touting ICOs, US Securities and Exchange Commission, 5 October, https://www.sec.gov/news/pressrelease/2020-246 (archived at https://perma.cc/9Y9Z-YGVV)

32 US Securities and Exchange Commission (2020) SEC charges John McAfee With fraudulently touting ICOs, US Securities and Exchange Commission, 5 October, https://www.sec.gov/news/pressrelease/2020-246 (archived at https://perma.cc/9Y9Z-YGVV)

33 Kelion, L (2017) John McAfee says his Twitter account was hacked, BBC, 28 December, https://www.bbc.co.uk/news/technology-42502770 (archived at https://perma.cc/BM5E-2T5R)

34 US Securities and Exchange Commission (2020) SEC charges John McAfee With fraudulently touting ICOs, US Securities and Exchange Commission, 5 October, https://www.sec.gov/news/pressrelease/2020-246 (archived at https://perma.cc/9Y9Z-YGVV)

35 Kelion, L (2017) John McAfee says his Twitter account was hacked, BBC, 28 December, https://www.bbc.com/news/technology-42502770 (archived at https://perma.cc/DL7G-C9BV)

36 McAfee, J (2018) Due to SEC threats, I am no longer working with ICOs nor am I recommending them, and those doing ICOs can

all look forward to arrest. It is unjust but it is reality. I am writing an article on an equivalent alternative to ICOs which the SEC cannot touch. Please have patience, Twitter, 19 June, https://twitter.com/ officialmcafee/status/1008957156819914752 (archived at https://perma.cc/28MY-WJ8V)

37 SEC (2020) Case 1:20-cv-08281 document 1, SEC, 5 October, https://www.sec.gov/litigation/complaints/2020/comp-pr2020-246.pdf (archived at https://perma.cc/B4LN-TQAK)

第十章

1 NBC News (2018) See how many bills it took to buy a chicken in Venezuela, NBC News, 22 August, https://www.nbcnews.com/slideshow/see-how-many-bills-it-took-buy-chicken-venezuela-n902491 (archived at https://perma.cc/9YJX-M8VG)

2 Maduro, N (2020) Venezuela mulls 100,000 bolivar bill. Guess how much it's worth? Aljazeera, 5 October, https://www.aljazeera.com/ economy/2020/10/5/venezuela-mulls-100000-bolivar-bill-guess-howmuch-its-worth (archived at https://perma.cc/EM3M-H2NW)

3 Martinez, A (2018) Salary + 144 eggs: Venezuelan firm offers unusual monthly compensation, Reuters, 16 February, https://www.reuters. com/article/us-venezuela-economy-eggs/salary-144-eggs-venezuelanfirm-offers-unusual-monthly-compensation-idUSKCN1G02B5 (archived at https://perma.cc/JR54-8V3E)

4 Martinez, A (2018) Salary + 144 eggs: Venezuelan firm offers unusual monthly compensation, Reuters, 16 February, https://www.reuters. com/article/us-venezuela-economy-eggs/salary-144-eggs-venezuelanfirm-offers-unusual-monthly-compensation-idUSKCN1G02B5 (archived at https://perma.cc/R3W7-GFXB)

5 Sanchez, V (2019) Venezuela hyperinflation hits 10 million percent. 'Shock therapy' may be only chance to undo the economic damage, CNBC, 3 August, https://www.cnbc.com/2019/08/02/venezuelainflation-at-10-million-percent-its-time-for-shock-therapy.html (archived at https://perma.cc/9JG8-AFKV)

6 Maduro, N (2020) Venezuela mulls 100,000 bolivar bill. Guess how much it's worth? Aljazeera, 5 October, https://www.aljazeera.com/economy/2020/10/5/venezuela-mulls-100000-bolivar-bill-guess-howmuch-its-worth (archived at https://perma.cc/YW4P-N4CR)

7 Araujo, F (2019) Bitcoin v bolivar: Can cryptos save Venezuela? Raconteur, 17 December, https://www.raconteur.net/finance/cryptocurrency/venezuela-cryptocurrencies/ (archived at https://perma.cc/H9B6-63WG)

8 Bello, C (2019) Half a burger? Here's what one month's pay will get you in Venezuela, Euronews, 15 January, https://www.euronews.com/2018/07/02/half-a-burger-here-s-what-one-month-s-pay-will-getyou-in-venezuela (archived at https://perma.cc/JA76-HSVS)

9 Martinez, A (2018) Salary + 144 eggs: Venezuelan firm offers unusual monthly compensation, Reuters, 16 February, https://www.reuters. com/article/us-venezuela-economy-eggs/salary-144-eggs-venezuelanfirm-offers-unusual-monthly-compensation-idUSKCN1G02B5 (archived at https://perma.cc/U4K8-G2J6)

10 Laya, P and Zerpa, F (2018) The cost of a cup of coffee in Caracas just hit 2,000,000 bolivars, BNN Bloomberg, 26 July, https://www. bnnbloomberg.ca/the-cost-of-a-cup-of-coffee-in-caracas-just-hit-2000-000-bolivars-1.1114321 (archived at https://perma.cc/V9ZSAJHP)

11 Laya, P and Yapur, N (2020) Venezuela's Maduro vows to revive petro coin in his annual address, Bloomberg, 15 January, https://www. bloomberg.com/news/articles/2020-01-14/venezuela-s-maduro-vowsto-revive-petro-in-his-annual-address (archived at https://perma. cc/7XF4-HSPS)

12 BBC (2020) PayPal allows Bitcoin and crypto spending, BBC, 21 October, https://www.bbc.co.uk/news/technology-54630283 (archived at https://perma.cc/QHU3-8SF4)

13 Statista (2021) Number of daily active Facebook users worldwide as of 3rd quarter 2020, Statista, 2 February, https://www.statista.com/ statistics/346167/facebook-global-dau/ (archived at https://perma.cc/MT5N-KXR6)

14 Cecchetti, S and Schoenholtz, K (2018) The stubbornly high cost of remittances, Vox EU, 27 March, https://voxeu.org/article/stubbornlyhigh-cost-remittances (archived at https://perma.cc/K3ZZ-8E84)

15 World Bank (2019) Record high remittances sent globally in 2018, World Bank, 8 April, https://www.worldbank.org/en/news/pressrelease/2019/04/08/record-high-remittances-sent-globally-in-2018 (archived at https://perma.cc/R964-VEKM)

亞當斯密30

加密騙局

Crypto Wars: Faked Deaths, Missing Billions and Industry Disruption

作者　艾瑞卡・史坦福（Erica Stanford）
譯者　陳雅馨

堡壘文化有限公司

總編輯　　簡欣彥
副總編輯　簡伯儒
行銷企劃　許凱棣、曾羽彤、游佳霓、黃怡婷
封面設計　廖勁智
責任編輯　簡伯儒
內頁構成　李秀菊

出版　　　堡壘文化有限公司
發行　　　遠足文化事業股份有限公司（讀書共和國出版集團）
地址　　　231新北市新店區民權路108-3號8樓
電話　　　02-22181417　傳真　02-22188057
Email　　 service@bookrep.com.tw
郵撥帳號　19504465 遠足文化事業股份有限公司
客服專線　0800-221-029
網址　　　http://www.bookrep.com.tw
法律顧問　華洋法律事務所　蘇文生律師
印製　　　韋懋實業有限公司
初版1刷　 2023年6月
定價　　　新臺幣500元
ISBN　　　978-626-7240-74-8

國家圖書館出版品預行編目（CIP）資料

加密騙局／艾瑞卡・史坦福（Erica Stanford）著；陳雅馨譯. -- 初版. -- 新北市：
堡壘文化有限公司出版：遠足文化事業股份有限公司發行, 2023.06
　面；　公分. --（亞當斯密；30）
譯自：Crypto wars.
ISBN 978-626-7240-74-8（平裝）

1.CST: 電子貨幣　2.CST: 電子商務　3.CST: 金融犯罪

563.146　　　　　　　　　　　　　　　　112008778